ARGUMENTANDO PELAS CONSEQUÊNCIAS NO DIREITO TRIBUTÁRIO

CB066540

Tathiane dos Santos Piscitelli
Doutora e Mestre em Direito pela Universidade
de São Paulo

ARGUMENTANDO PELAS CONSEQUÊNCIAS NO DIREITO TRIBUTÁRIO

São Paulo

2011/2012

Copyright © 2011 By Editora Noeses
Produção/arte/diagramação: Denise A. Dearo
Capa: Ney Faustini

CIP - BRASIL. CATALOGAÇÃO-NA-FONTE
SINDICATO NACIONAL DOS EDITORES DE LIVROS, RJ.

P755a   Piscitelli, Tathiane dos Santos.
Argumentando pelas consequências no direito tributário / Tathiane dos Santos Piscitelli – São Paulo : Noeses, 2011.
301 p.

Inclui bibliografia
ISBN 978-85-99349-

1. Direito tributário. 2. Direito tributário - teoria. 3. Argumentos consequencialistas. 4. Tributos. I. Título

CDU - 336.2

2011

Todos os direitos reservados

Editora Noeses Ltda.
Tel/fax: 55 11 3666 6055
www.editoranoeses.com.br

Para Miguel e Gustavo

AGRADECIMENTOS

Este livro é resultado de minha tese de doutorado, defendida e apresentada na Faculdade de Direito da Universidade de São Paulo. A elaboração de um trabalho acadêmico nunca é uma empreitada isolada. Por isso, quero registrar minha gratidão a algumas pessoas que me acompanharam nesta jornada.

Em primeiro lugar, devo agradecer ao Rafael, que não apenas possibilitou nossa estada de um ano fora do Brasil, como também participou ativamente da elaboração e construção deste trabalho. Sem a ida à Escócia e, depois, à Alemanha, possivelmente não conseguiria realizar as pesquisas necessárias a este trabalho, nem sequer teria serenidade para escrever e refletir sobre as ideias aqui desenvolvidas. De outro lado, sem seu apoio intelectual e emocional sempre presentes e constantes, o trabalho teria sido muito mais árduo do que se mostrou.

Além disso, passar um ano fora do país torna-se muito mais fácil se tivermos ao nosso lado bons amigos. Por isso, agradeço a todos os amigos que fiz em Freiburg e, especialmente, à Janaísa, companheira de almoços e cafés no cair da tarde. Não poderia, ainda, deixar de mencionar minha querida família, meu pai, Roberto, minha mãe, Wilace, e minhas irmãs, Adriane e Andrea, sempre vibrantes com minhas conquistas, mas especialmente presentes nas horas difíceis.

Gostaria também de agradecer os membros de minha banca de qualificação, os Professores Paulo Ayres Barreto e Ronaldo Porto Macedo, cujas observações foram relevantes e mostram-se refletidas na versão final deste trabalho. Por fim, faz-se absolutamente necessário agradecer ao Professor Paulo de Barros Carvalho, exímio e exigente orientador, que me acompanha desde o mestrado e sem cuja confiança eu jamais teria tido as oportunidades acadêmicas que se desvelaram nesses oito anos de convivência.

São Paulo, dezembro de 2011

SUMÁRIO

Agradecimentos .... **VII**
Prefácio .... **XIII**

CAPÍTULO 1

Introdução 1

CAPÍTULO 2

Os argumentos Consequencialistas 11
1. Que são argumentos consequencialistas? 11
2. Quais consequências considerar? 21

CAPÍTULO 3

Teoria Pura do Direito Tributário 35
1. O Direito Tributário invertebrado: o contexto dogmático do florescimento da concepção pura de direito tributário   37
2. A proposta de Becker: reeducação da atitude mental jurídica tributária 74
   2.1. Primeiro passo da reeducação: compreender a embriogenia do Estado 78
   2.2. Segundo passo da reeducação: aplicar a dualidade Estado-Realidade Natural e Estado-Ficção Jurídica na interpretação e construção do direito tributário . 84

3. Os problemas da concepção 86
   3.1. Críticas no âmbito da teoria do Estado de Becker.. 88
      3.1.1. O Estado não é mero antecedente lógico do direito: a linguagem como fonte das realidades institucionais 88
      3.1.2. O modelo de Estado influi na concepção de direito tributário 93
   3.2. Críticas no âmbito da teoria do Direito de Becker.. 95
      3.2.1. A interpretação para além da subsunção mecânica 95
      3.2.2. A necessidade de uma teoria da argumentação ao lado da teoria das fontes 102
      3.2.3. Argumentos consequencialistas nos julgados do Supremo Tribunal Federal: alguns exemplos 111
4. Os argumentos consequencialistas e o porquê de uma outra concepção de direito tributário 119

CAPÍTULO 4

Uma outra Concepção de Direito Tributário e os Limites Materiais dos Argumentos Consequencialistas 125

1. Delineamentos da concepção proposta 129
2. Primeiro elemento da concepção: o direito tributário como possibilitador material do Estado 139
   2.1. As justificativas históricas 139
   2.2. A dinâmica da obtenção de receitas: as espécies tributárias 182
   2.3. Algumas conclusões preliminares 185
3. Segundo elemento da concepção: o direito tributário como meio assecuratório do Estado Democrático de Direito 186
   3.1. Detalhamento do teste da hipótese: princípios, imunidades e o papel dessas normas na formação da concepção de direito tributário proposta 192

3.2. Realização do aspecto formal do Estado Democrático de Direito: legalidade, isonomia, anterioridade, irretroatividade e capacidade contributiva 198
 a) Legalidade 198
 b) Isonomia 202
 c) Anterioridade e Irretroatividade............................ 205
 d) Capacidade contributiva em seu aspecto objetivo.. 209

3.3. Realização de elementos do Estado Democrático de Direito pela tributação: princípios e bases impositivas como concretizadores da justiça distributiva........... 213

 3.3.1. Princípios que revelam o caráter distributivo da tributação: capacidade contributiva, não-confisco e uniformidade geográfica................. 218
  a) Capacidade contributiva em seu aspecto subjetivo 218
  b) Não-confisco... 221
  c) Os limites da uniformidade geográfica e outros tratamentos diferenciados 224

 3.3.2. As bases impositivas e as técnicas de proporcionalidade, progressividade e seletividade... 225

4. Resultado: uma outra concepção de direito tributário e os argumentos consequencialistas possíveis................... 232

CAPÍTULO 5

Os Argumentos Consequencialistas na prática do Supremo Tribunal Federal.................................. 235

1. A modulação de efeitos dos julgados do Supremo Tribunal Federal e a argumentação pelas consequências . 237

 1.1. Interpretação da não-cumulatividade do IPI e o direito a crédito nas operações isentas e não tributadas 238

 1.2. A revogação da isenção da COFINS das sociedades de profissão regulamentada.. 240

 1.3. Os prazos de prescrição e decadência previstos nos artigos 45 e 46 da Lei n. 8.212/1991 243

1.4. Balanço das decisões: critérios para o tema da modulação e a subjacência dos argumentos consequencialistas 244
1.5. A necessidade de financiar a Administração Pública como razão de decidir 249
2. Um outro argumento consequencialista possível: a realização da justiça fiscal 255
  2.1. A progressividade de alíquotas no IPTU 257
  2.2. A progressividade de alíquotas no ITCMD 259
  2.3. Progressividade de alíquotas da COSIP 260
  2.4. Justiça fiscal como razão de decidir 261
3. Conclusões 268

CAPÍTULO 6
Considerações Finais 271
Referências Bibliográficas 279

PREFÁCIO

O consequencialismo no Direito dá um passo importante com a edição desta obra de Tathiane Piscitelli. Eis aqui outra concepção do fenômeno jurídico pronta para introduzir o pensamento do leitor nos caminhos do Utilitarismo, tão ao gosto do modo de julgar e de agir nos Estados Unidos da América do Norte. Cunhado por Elisabeth Ascombe, o termo vem da Filosofia Moral e encontrou em Richard A. McCormick entusiasta propagador de suas proposições.

Não é demasiado insistir que a técnica vive das construções da ciência, outorgando-lhe o retorno tão esperado para a confirmação de suas teorias e, da mesma forma, o saber científico se alimenta das meditações filosóficas, servindo-lhes de campo fecundo para os testes empíricos justificadores da procedência de suas elaborações cerebrinas. Feliz a mente daquele que viceja nos domínios da liberdade e, portanto, seu espírito pode vagar no espaço infinito das ideias, à cata de paradigmas que o satisfaça!

O Direito costuma ser visto por muitas perspectivas, todas elas nutridas pela convicção de suficiência e aptidão para abranger o conteúdo observado, discutindo-lhe as minúcias. Tais propostas vêm amparadas por suportes axiológicos identificáveis, de modo que não se torna difícil classificá-las e subclassificá-las para a boa compreensão da marcha evolutiva do conhecimento jurídico. Apenas para lembrar, ao lado de uma visão cultural, de corte histórico, sociológico, político, antropológico ou dogmático do Direito e das doutrinas positivistas e realistas, além de outras, há os modelos de caráter institucional, sistêmico, normativo, relacional, linguístico e semiótico, abrindo-se, este último, nas dimensões de acento lógico, semântico ou pragmático. De fato, são muitos os modos de aproximação com a matéria que faz aqui nossos cuidados! Ora, se pensarmos que essas meras tendências se combinam em formações bi, tri ou multilaterais, impregnadas por crenças e ideologias de colorações diversas, certamente começam a aparecer complexidades que o avanço da pesquisa vai acendendo em nosso espírito. Pontes de Miranda, por exemplo, a despeito de praticar um sociologismo positivista, imerso num naturalismo às vezes exacerbado, explorava ao máximo as funções relacionais do direito, conhecedor profundo que sempre foi da teoria das relações e de seus desdobramentos lógicos. A escolha da corrente filosófica onde nosso pensamento vai plantar os alicerces do saber científico torna-se algo penoso exatamente pela presença desses plexos de orientações, organizados antes pelas circunstâncias histórico-culturais da humanidade e só depois pelo planejamento retórico daqueles que são referências intelectuais nos horizontes da especulação científica.

Vamos à obra da Autora. Seu objetivo é sustentar nova concepção do Direito Tributário, estabelecendo corte metodológico mais abrangente que aquele proposto por Alfredo Augusto Becker. Procura contextualizar o pensamento do mencionado autor, assinalando-lhe as deficiências, entre elas o isolamento conceitual dos tributos em face do Direito Financeiro, fator que seria impeditivo para a consideração adequada das finalidades básicas que orientam o Estado. Tathiane elege a obra de Becker como a tese "rival", sublinhando as vantagens de uma concepção que admita argumentos consequencialistas, voltados à tendência de universalização, na medida em que as decisões possam ensejar o maior número de efeitos positivos e abranger a maior quantidade de pessoas.

No quadro desse embate de paradigmas sobressai, segundo a Autora, a grande amplitude da visão que defende, sempre pronta a compreender as razões que conduzem os processos decisórios, provenham eles da Economia, da Ciência Política ou de qualquer setor da atividade social cognoscente. Instala-se, desde logo, flagrante contraste com a "restrita" e "acanhada" maneira como o autor gaúcho, limitaria e aprisionaria o fenômeno jurídico, mais preocupado com a preservação da pureza do objeto "Direito".

Como decorrência dessa análise, renascem os fundamentos da velha e surrada Ciência das Finanças que, imbele, faliu já na metade do século passado. Aquela mesma disciplina que pretendeu estudar o tributo por todos os ângulos possíveis e imaginários, acabou por deixá-lo relegado à condição de figura canhestra, esmaecida, descaracterizada no seu perfil e, finalmente, coberta por densa nebulosidade. Ei-la agora restaurada, revitalizada nos seus fundamentos e apta para prover as informações e argumentos de que necessitam as grandes decisões jurídicas, tendo em vista os padrões de coerência e harmonia que hão de manter com os fins do Estado pós-moderno. Adverte a Autora, porém, que a utilização de argumentos extrajurídicos pode tornar-se utilíssima para a justificação das finalidades estatais de instituição, fiscalização e cobrança de tributos, aduzindo as categorias que compõem a visão consequencialista. Seu discurso é bem tecido, sustentando a proposta sem admitir a coima de mero regresso aos tempos memoriais, em que o Direito Tributário era simples apêndice do Direito Financeiro e do Direito Administrativo, ramos impregnados pelas luzes sempre acesas da Ciência das Finanças.

Pois bem. A despeito de tratar-se de trabalho sério, de boa envergadura, vertido em texto fluente e uniforme, demonstrando ingente esforço de pesquisa, há algo que não pode deixar de ser assinalado, pois a Autora chega a conclusões incisivas, estimulando a dualidade e mesmo a polêmica entre as duas concepções. São notas que comparecem aqui, portanto, na condição de observações à margem do discurso de Tathiane, não propriamente para contestar suas proposições, mas para acentuar o grau de reflexão que suas asserções sugerem. Precisamente porque seu livro abre perspectivas novas para aqueles que se dispuserem a experimentar as recomendações da Autora, compreendendo melhor o sentido das grandes decisões emanadas pelas elevadas Cortes de Justiça do país, é que se tornam oportunas as ponderações que vou fazer. E uma delas se situa no próprio significado da mensagem de Becker. Apesar de seu nome – Teoria Geral do Direito Tributário –, a obra não foi concebida como proposta de cunho teorético. Longe disso, Alfredo, com esse trabalho, revolucionou o mundo jurídico de seu tempo, como se fora um grito rouco, mas insistente, vazado numa retórica inusitada para livros jurídicos, extremamente forte, alertando as consciências para uma situação cientificamente insustentável: os juristas, preparados para manifestar-se sobre as dificuldades de seu mundo específico de atuação, estavam percorrendo segmentos estranhos, falando sobre Economia, doutrinas morais, Política, Antropologia, Sociologia, Psicologia Social, assuntos para os quais não estavam autorizados a fazer declarações mais graves e aturadas. E tudo isso sob o pretexto de fortalecer suas interpretações, expedindo juízos conclusivos sobre matérias de alta indagação jurídica, como efetivamente são os temas tributários, já que tocam em dois valores fundamentais do ser humano: a liberdade e o direito de propriedade. Esse grito a que me refiro se encaixa numa cosmovisão jurídica, como não poderia deixar de ser. Todavia, para quem quiser compreender bem o pensamento de Becker, o foco não deve ser o de sua teoria, mas sim o da porção de significado que esse "grito" assume, no momento histórico em que foi proferido. No prefácio às últimas edições de sua obra, fiz questão de consignar o depoimento de Dino Jarach: "ainda que não concorde com certas conclusões, devo reconhecer tratar-se do livro mais inteligente que li nos últimos tempos".

Alfredo Augusto não se conformava com algo que tinha por muito simples: o jurista não tem preparo, acadêmico, técnico científico ou profissional para emitir juízos em outros campos, que não o seu, o estritamente jurídico. Quando o faz, não emprega, como é óbvio, a linguagem científica própria da área, mas os jargões do falar natural, ordinário, cotidiano, aquele mesmo que está franqueado a todos. Não nos esqueçamos que os economistas conhecem mais Economia que o jurista, ocorrendo outro tanto com os especialistas dos demais segmentos do saber. A opinião do jurista, nesses terrenos, segue a sorte dos palpites, das opiniões vulgares, comuns a todo o povo. Ora, como admitir que argumentos desse nível, na ordem do conhecimento, venham a compor o raciocínio que vai justificar a decisão jurídica? O magistrado pode ater-se a eles para construir sua convicção e alimentar os termos do discurso, porém nunca para oferecer os fundamentos da decisão jurídica que vai expedir. Tal linha de intersecção deve ficar bem clara: informações de índole estranha serão muito úteis para enriquecer a sequência discursiva, mas quando for o momento de sustentar a decisão jurisdicional somente serão admitidos os de caráter exclusivamente jurídico e é esse o domínio de que cuida a Ciência do Direito em sentido estrito. E levando ao exagero, para ilustrar a ideia, comentava Becker: "do jeito que as coisas caminham, logo logo os bacharéis em Direito estarão subscrevendo prescrições médicas e expedindo receitas de medicamentos".

O grito de Becker encontrou eco, no Brasil e fora dele. Influenciou e continua influenciando gerações. A pureza do Direito, pela qual tanto lutou, é condição inafastável para atribuir-lhe dignidade científica. E representa um passo decisivo para que o jurista, em se respeitando, possa respeitar também as outras instâncias do saber, possibilitando ampla conversação entre disciplinas, a que chamamos de interdisciplinariedade. Aliás, disciplinariedade e interdisciplinariedade são termos que se coimplicam: um depende do outro, pelo que a disputa pela primazia nos leva ao paradoxo, pois o conhecimento disciplinar é pressuposto da visão interdisciplinar que, como o nome está denunciando, remete inexoravelmente ao primeiro.

A breve nota que adscrevi dista de ser uma rejeição à tese consequencialista. Trata-se de uma palavra de alerta para os perigos do excesso no manejo de materiais extrajurídicos e uma advertência histórica gerada por tudo quanto passou a sociedade brasileira na sua experiência com os tributos. O Direito quer-se conhecido como ciência e cabe à Teoria Jurídico-Científica fazê-lo. Seu emprego na disciplina das condutas intersubjetivas, nos anseios pela concretização dos valores fundamentais, na busca incessante da realização do bem comum, entretanto, há de receber o apoio de todos os demais saberes, jurídicos ou não, e será certamente nesse espaço grandioso que tais conhecimentos virão enriquecer a compreensão das diretrizes significativas dos nossos tribunais. Preservemos a pureza das ciências para podermos ingressar no plano técnico de sua aplicação às realidades a que se destinam. O consequencialismo, no nosso caso, inspira o momento técnico em que nos propomos buscar os efeitos do objeto jurídico para atingirmos certos ideais. Não é o instante mais recomendável para indagarmos da pureza intrínseca do instrumento "Direito". Aloja-se melhor nos domínios da pragmática da comunicação jurídica.

Agora, o tom polêmico que rescende deste prefácio, creio eu, advém do mérito da tese de Tathiane. Exsurge das linhas de seu trabalho e é conduzido, do começo ao fim, em bom estilo e com competência, apresentando excelente comentário sobre a proposta consequencialista, ao mesmo tempo em que questiona o pensamento de Becker, submetendo-o a sucessivos testes de coesão e de coerência. Está aqui, portanto, um livro que revive as tradicionais disputas científicas da Academia brasileira, rendendo espaço às saudáveis opções do leitor interessado.

De minha parte, como sou admirador do eminente papel histórico que Alfredo Augusto Becker desempenhou na evolução dos estudos de Direito Tributário e também um entusiasta dos novos caminhos que a leitura dos textos filosóficos proporciona, recebo a contribuição da Autora com enorme satisfação, principalmente por ter acompanhado as vicissitudes de seu empenho. Sei muito bem que não é fácil a uma advogada como ela, tão apreciada e solicitada nos seus ofícios docentes, encontrar tempo para compor texto de tal categoria, com reflexões, juízos e informações da mais elevada qualificação científica. As dificuldades de projetos como este, porém, se resolvem sempre no plano do esforço, do trabalho efetivo e da determinação incondicionada. Meus parabéns à jovem e talentosa professora.

São Paulo, 21 de novembro de 2.011

Paulo de Barros Carvalho
Professor Emérito e Titular da PUC/SP e da USP

Capítulo 1
INTRODUÇÃO

Nas decisões tributárias mais recentemente proferidas pelo Supremo Tribunal Federal é possível encontrar diversos argumentos favoráveis e contrários aos contribuintes que seriam classificados de "argumentos não jurídicos". Exemplos desses argumentos seriam considerações relativas à queda do nível de receitas públicas, tendo em vista uma decisão que reconhecesse a inconstitucionalidade de certo tributo ou mesmo ponderações sobre os efeitos econômicos negativos que um reconhecimento desse tipo provocaria seja nas finanças públicas, seja nos balanços das empresas privadas.

Afirmações como essas, que qualificam determinados julgamentos dos Tribunais como "políticos" ou "econômicos", enquadram-se em uma concepção específica de direito tributário, cuja principal característica está na separação desta área do direito financeiro ou, de forma mais ampla, da atividade financeira do Estado: o objeto do direito tributário e, por consequência, as questões que podem ser suscitadas na decisão de casos que envolvam esta matéria, não devem ser contaminadas pelo discurso financeiro, sob pena de nos afastarmos do dado jurídico que deve conduzir o julgamento. O direito tributário se encerra no momento da arrecadação do tributo. A aplicação dos recursos ou seu destino não interessam a essa disciplina.

Um autor exemplar dessa concepção de direito tributário é Alfredo Augusto Becker, cuja obra[1] se tornou emblemática pela veemência com que o autor combate o "Direito Tributário invertebrado", caracterizado pela "metamorfose do Orçamento Público e do Direito Tributário" que, por sua vez, resulta na perda da "atitude mental jurídica, sem a qual não há Direito, nem há Jurista". A proposta de Becker é a de separar, definitivamente, o direito tributário da Ciência das Finanças, pois, apenas assim, a análise daquela área poderia ser tida como verdadeiramente jurídica e, portanto, realizada a partir de uma "atitude mental jurídica"[2]:

> "O maior equívoco no Direito Tributário é a contaminação entre princípios e *conceitos jurídicos e* princípios e conceitos *pré-jurídicos* (econômicos, financeiros, políticos, sociais, etc.).
>
> Essa contaminação prostitui a *atitude mental jurídica*, fazendo com que o juiz, a autoridade pública, o jurista, o advogado e o contribuinte desenvolvam (sem disto se aperceberem) um raciocínio pseudo-jurídico. Deste raciocínio pseudo-jurídico resulta, fatalmente, a conclusão invertebrada e de borracha que se molda e adapta ao caso concreto segundo o critério pessoal (arbítrio) do intérprete do direito positivo (regra jurídica). Em síntese: aquele tipo de raciocínio introduz clandestinamente a *incerteza* e a *contradição* para dentro do mundo jurídico; incertezas e contradições que conduzem ao manicômio jurídico tributário e à terapêutica e à cirurgia do desespero".

O trecho acima citado merece atenção por destacar o estilo utilizado no decorrer de toda obra: Becker se utiliza de termos médicos para denunciar a confusão existente no estudo do direito tributário, deixando bem claro que, na sua

---

1. BECKER, Alfredo Augusto. *Teoria Geral do Direito Tributário*. São Paulo: Lejus, 2002.
2. BECKER, Alfredo Augusto. *Teoria Geral...*, cit., p. 40.

visão, tratava-se de uma patologia. A separação conceitual (e não meramente didática, apesar de uma implicar a outra) entre direito tributário e Ciência das Finanças não podia mais esperar. O caminho proposto para tanto foi o reexame dos conceitos e princípios de direito tributário, para se chegar à conclusão de que o único dado que importa na construção dessa disciplina (e na aplicação das regras jurídicas respectivas) é o jurídico, devendo ficar de fora toda e qualquer justificativa sobre o dever de pagar tributos, que possa contaminar a obrigação tributária com "dados da realidade". Trata-se de uma concepção "pura" de direito tributário.

O objetivo do presente trabalho será estabelecer o conteúdo possível dos argumentos consequencialistas em matéria tributária. Por *argumentos consequencialistas* entenda-se, neste momento inicial, aqueles que se preocupam com as consequências do julgado, assim como se verifica nos exemplos acima citados (perda da arrecadação, impacto econômico etc.). Contudo, para a delimitação de tal conteúdo é necessário estabelecer os valores inerentes ao direito tributário, já que são estes o critério segundo o qual se faz possível estabelecer a substância admissível de tais argumentos. Essa afirmação está em consonância com a teoria de Neil MacCormick – autor que melhor tratou desse tipo de raciocínio judicial e, por essa razão, será o fio teórico condutor da tese. Em poucas palavras, a consequência lógica de toda decisão judicial é sua universalização e tal universalização será indesejada (tornando as consequências inaceitáveis e passíveis de serem indicadas como razões para a decisão) se subverter os valores imbricados à área do direito em questão:

> "Conjuntos de leis focam em certos valores ou complexos de valores. É exatamente em face desses valores que nós testamos e eliminamos soluções rivais em casos problemáticos. Ao considerar as consequências jurídicas de decidir através de suas implicações para casos hipotéticos, nós descobrimos de uma decisão nos compromete a tratar universalmente como correta

uma ação que subverte ou falha em ter respeito suficiente aos valores em jogo, ou a tratar como erradas formas de conduta que não incluem tal subversão ou falha"³.

Uma teoria como a de Becker, que busca estabelecer uma concepção "pura" de direito tributário, porque livre de todo e qualquer valor que se mostre externo às normas jurídicas, como será visto no capítulo seguinte, não é suficiente para resolver a pergunta do trabalho. Isso porque, para Becker, a única justificativa do direito tributário está no dever jurídico do contribuinte em pagar o tributo e, assim, no poder de coação do Estado.

Para que seja possível cumprir o objetivo proposto, esta obra deve apresentar uma concepção diferente de direito tributário, que dê conta de justificar quais os valores envolvidos na atividade de tributação, para mostrar como influem na determinação do conteúdo possível dos argumentos consequencialistas, sem que isso resulte na consideração de dados "econômicos", "políticos" ou "metajurídicos", como frequentemente se qualificam as decisões judiciais que, porventura, sejam justificadas pelas consequências.

Portanto, apenas a partir do estabelecimento dessa concepção é que se torna possível apontar as possibilidades argumentativas em casos tributários: até qual momento se está diante de uma argumentação estritamente jurídica e a partir de quando passamos para considerações que não podem ser qualificadas como tais?

---

3. "Established bodies of law focus on given values or complexes of value. It is against those very values that we test and eliminate rivel rulings in problematic cases. In considering the juridical consequences of a ruling by way of its implications for hypothetical cases, we discover whether a ruling commit us to universally treating as right deeds that subvert or fail of sufficient respect for the values at strake, or treating as wrongs forms of conduct which include no such subversion or failure". MACCORMICK, Neil. *Rhetoric and the Rule of Law: a Theory of Legal Reasoning*. Oxford University Press: Oxford, 2005, p. 114.

ARGUMENTANDO PELAS CONSEQUENCIAS NO DIREITO TRIBUTÁRIO

  O julgamento ocorrido no Supremo Tribunal Federal acerca do direito a crédito de IPI (Imposto sobre Produtos Industrializados) nas operações tributadas à alíquota zero (isentas) e não tributadas se apresenta como um instrumento adequado, pelo menos neste momento inicial, para representar os problemas que se pretende solucionar. A disputa esteve centrada na divergência interpretativa relativa ao artigo 153, § 3º da Constituição, que disciplina o princípio da não-cumulatividade para o IPI. Em 5.3.1998, o Plenário do Supremo Tribunal Federal julgou o Recurso Extraordinário n. 212.484 e decidiu pela existência de direito a crédito de IPI mesmo nos casos de entrada de produtos isentos. Posteriormente, no Recurso Extraordinário n. 357.277, julgado em 2002, o Tribunal estendeu esse entendimento às operações tributadas à alíquota zero.

  O argumento central de ambas as decisões estava na consideração de que não havia qualquer limitação expressa no texto constitucional quanto à impossibilidade do direito a crédito: diferentemente do que ocorria com o ICMS[4], no IPI, o legislador constituinte não estabeleceu quaisquer condições ou restrições para o exercício de tal direito. Por essa razão, mesmo as operações anteriores que não sofressem ônus tributários[5] seriam passíveis de gerar créditos para os contribuintes.

---

4. Artigo 153, § 3º, CR: "O imposto previsto no inciso IV [IPI]:
[...] II – será não-cumulativo, compensando-se o que for devido em cada operação com o montante cobrado nas anteriores".
Artigo 155, §2º, CR: "O imposto previsto no inciso II [ICMS] atenderá ao seguinte:
I – será não-cumulativo, compensando-se o que for devido em cada operação relativa à circulação de mercadorias ou prestação de serviços com o montante cobrado nas anteriores pelo mesmo ou outro Estado ou pelo Distrito Federal;
II – a isenção ou não-incidência, salvo determinação em contrário da legislação:
a) não implicará crédito para compensação com o montante devido nas operações ou prestações seguintes;
b) acarretará a anulação do crédito relativo às operações anteriores".
5. Sem prejuízo da distinção teórica entre isenção e não tributação, o trabalho fará referência a "entradas não tributadas" para abarcar todas essas situações. O foco aqui, é no efeito prático do instituto (ou seja, não pagamento

Como resultado dos julgados, diversos contribuintes passaram a pleitear em juízo o direito ao crédito então reconhecido, aplicável não somente aos casos em que a entrada do bem era tributada, mas também para as situações de isenção e não tributação. Em primeira e segunda instâncias, de uma forma geral, os pleitos eram concedidos. Contudo, por força de recursos interpostos pela União, tais casos continuaram chegando no Supremo Tribunal Federal e, até meados de 2003, a posição do Tribunal se manteve.

Consoante será detalhado no capítulo 05, foi o Recurso Extraordinário n. 370.682 que reabriu a discussão do tema, ao ser encaminhado pelo Ministro Ilmar Galvão, único vencido na tese anterior, para a apreciação do Plenário. Sobre isso, relata o Ministro: "recentemente, ao apreciar, a Primeira Turma, em agravo manifestado contra despacho que tivera por não ofensivo ao princípio da não-cumulatividade acórdão que reconheceu a contribuintes do IPI direito a crédito presumido relativo à matéria-prima não sujeita ao referido imposto, no montante de **R$ 250 milhões**, foi sugerido a este Relator que pedisse vista do recurso e o mantivesse no aguardo da reapreciação, pelo Plenário, da questão de crédito presumido do IPI sobre matéria-prima adquirida sob os regimes de isenção e alíquota zero e, ainda, de não-tributação" (grifos no original).

Ainda que a questão central do caso esteja na extensão do princípio da não-cumulatividade do IPI, a discussão foi levada a Plenário porque envolvia grandes somas de recursos e, assim, um risco relevante para a arrecadação tributária. Isso fica bastante claro no trecho inicial do voto acima transcrito,

---

do tributo), ainda que se esteja ciente dessa diferença teórica. Sobre o tema, ver CARVALHO, Paulo de Barros. *Curso de Direito Tributário*. São Paulo: Saraiva, 2002, e CARVALHO, Paulo de Barros. "Isenções tributárias do IPI, em face do princípio da não-cumulatividade (parecer)". *Revista Dialética de Direito Tributário*, n. 33, São Paulo: Dialética, pp. 142-66.

do Ministro Ilmar Galvão, que destaca a quantia envolvida em um dos casos julgados pelo Supremo Tribunal Federal (R$ 250 milhões). O resultado foi a reversão da tese em favor da Fazenda, para negar o direito a crédito de IPI anteriormente reconhecido. Como se tratava de uma questão já debatida pelo Tribunal, os Ministros que julgaram contra a orientação antes predominante tiveram o ônus de apresentar excelentes razões para a modificação da jurisprudência e, assim, quebra da segurança jurídica, como alegado pelos contribuintes e, amplamente rechaçado pelo Tribunal, conforme se nota do voto do Ministro Sepúlveda Pertence:

> "Trata-se, na verdade, da reversão de um precedente, um precedente impressionante, tomado por nove votos contra um, no qual – permita-me o Ministro Cezar Peluso – não se discutiu apenas a isenção. O problema do crédito nos insumos adquiridos com isenção se discutiu no RE n. 212.484. [...]
>
> A Fazenda não deixou nunca que o tema morresse, e o destino do que eu não diria virada de jurisprudência, mas de reversão de um precedente, é o que se veio a dar, em função da mudança da composição do Tribunal e da rediscussão longa do assunto, nesses casos em que hoje se suscita a questão de ordem".

O Ministro Ricardo Lewandowski, defensor da modulação dos efeitos do julgado, de outro lado, salienta:

> "[...] os contribuintes, fiados em entendimento pacificado na Suprema Corte do País, por quase uma década, visto que as primeiras decisões datam do final dos anos 90, passaram a creditar-se, de forma rotineira, do IPI decorrente das operações que envolviam a entrada de insumos isentos, tributados com alíquota zero ou não tributados. Por tal motivo, e considerando que não houve modificação no contexto fático e nem mudança legislativa, mas sobreveio uma alteração substancial no entendimento do Supremo Tribunal Federal sobre a

> matéria, possivelmente em face de sua nova composição, entendo ser conveniente evitar que um câmbio abrupto de rumos acarrete prejuízo aos jurisdicionados que pautaram suas ações pelo entendimento pretoriano até agora dominante. Isso, sobretudo, em respeito ao princípio da segurança jurídica [...]".

Mesmo não tendo sido a modulação dos efeitos deferida para o caso em análise, pois o Tribunal entendeu que tal instrumento somente seria aplicável às decisões que concluam pela inconstitucionalidade de dispositivos legais, os magistrados que julgaram contra a aplicação apenas prospectiva da decisão tiveram de apresentar justificativas relacionadas com o por quê da ausência de quebra de segurança jurídica neste caso. O voto do Ministro Cezar Peluso é exemplar nesse sentido:

> "Alega a requerente que mudança de entendimento do Supremo – admitida por suposição – no curso de outros processos sobre o mesmo tema acarretaria *"fortíssimo impacto sobre a esfera de direitos de todo aquele universo empresarial"*, que, ao longo dos anos pautou *"seus negócios segundo a linha de decisões que durante esse tempo veio sendo adotada"*.
>
> Não me convence o argumento, *data vênia*, pois a empresa somente teria direito ao crédito, em definitivo, após o trânsito em julgado da decisão que lho reconhecesse.
>
> Se se apropriou do crédito no curso do processo – e custa a crer que o tenha feito, porque, de regra, empresas de porte razoável com alguma orientação jurídica provisiona espécie e acompanha as ações judiciais, mensalmente – agiu por conta e risco, suposto *influenciado* pela jurisprudência anterior, mas ciente de que seu hipotético direito só estaria garantido após o trânsito em julgado da decisão".

Para uma concepção pura de direito tributário, como aquela defendida por Becker, a decisão do Supremo Tribunal

Federal é condenável em todos os aspectos. Em primeiro lugar, porque a motivação pela qual o caso foi levado, novamente, ao Plenário não foi jurídica, mas tão somente econômica. O Ministro Ilmar Galvão chama a atenção de seus pares para a reanálise do tema especialmente porque aquele caso envolvia elevados recursos financeiros: R$ 250 milhões. Ora, essa consideração não interessa para aqueles que defendem que o direito tributário começa na incidência (ou na possibilidade desta, com a positivação de determinadas situações como passíveis de desencadear a tributação) e termina na arrecadação. Se o caso envolve elevadas quantias e pode representar um enriquecimento indevido do contribuinte ou mesmo uma perda substancial para a Fazenda pouco importa para a resolução dos problemas estritamente jurídicos que o juiz deve enfrentar e resolver. Além disso, a modificação do entendimento anteriormente firmado (e, de certa forma, sedimentado) pelo Supremo Tribunal Federal representa relevante quebra da segurança jurídica dos contribuintes e a solução mais adequada seria, diante dessa reversão, a modulação dos efeitos do julgado, para que sua eficácia fosse, apenas, prospectiva. Ao contrário disso, o Supremo decidiu pela retroação dos efeitos da decisão e apresentou dois argumentos para justificar essa posição. Em primeiro lugar, destacou que a modulação de efeitos não teria lugar no presente caso, já que não se tratava de declaração de inconstitucionalidade de dispositivo legal, mas apenas do estabelecimento do conteúdo de um dispositivo da Constituição. De forma complementar, alguns Ministros ainda destacaram que a alteração do precedente não resultaria em ofensa à segurança jurídica, já que os contribuintes que se apropriaram de créditos de IPI o fizeram por sua conta e risco, já que inexistia decisão final com eficácia *erga omnes* proferida pelo STF sobre o tema.

Contudo, de acordo com a concepção de direito tributário que esta obra tem por objetivo apresentar, a decisão do Supremo não é, em princípio, condenável – não pelo menos a partir dos mesmos motivos que a concepção pura de direito tributário proporia. Isso porque de acordo com a primeira, levar um caso a julgamento tendo por motivação também os efeitos econômicos que a decisão do Tribunal terá, não se apresenta, de antemão, como um problema e isso decorre do fato de se considerar que a atividade financeira do Estado e a função instrumental dos tributos de fornecer receitas para a Administração desempenhar as atividades que lhe são próprias, estão na base do direito tributário e, assim, não podem ser ignoradas. Com isso quer-se afirmar que o propósito pelo qual o direito tributário existe da forma como hoje conhecemos não está desvinculado dessa função mantenedora e, por essa exata razão, decisões judiciais que levem em conta tais dados não devem ser apontadas como julgamentos políticos ou "meta-jurídicos". **Tais argumentos, como se pretende demonstrar com a obra, são tão jurídicos quanto aqueles que defendem a segurança dos contribuintes.** Todavia, esse tipo de afirmação implica a adoção de uma dada concepção de direito tributário, não necessariamente semelhante à atual.

Diante disso, para o bom êxito do objetivo aqui perseguido, faz-se necessário, em primeiro lugar, apresentar a concepção de direito tributário da qual a obra discorda e nisto se inclui o delineamento das razões pelas quais ela foi concebida e do caminho para se chegar lá. Após, será apresentada uma concepção rival de direito tributário, que pretende dar um tratamento distinto às questões tributárias e às formas pelas quais é possível resolvê-las, ainda dentro de um cenário jurídico – ou seja, sem passar para considerações políticas ou extrajurídicas. Essa outra forma de olhar recebe de maneira diferente determinados argumentos (consequencialistas) suscitados no âmbito das discussões tributárias, que o primeiro modo descarta, sob o receio de construir um "Direito Tributário invertebrado". Antes, porém, algumas considerações sobre o que se entende por "argumentos consequencialistas" são necessárias – este será o objeto do próximo capítulo.

Capítulo 2
OS ARGUMENTOS CONSEQUENCIALISTAS

1. **Que são argumentos consequencialistas?**

Os argumentos consequencialistas são parte do processo de justificação judicial. Antes de qualificá-los e de identificar quais consequências devem ser consideradas no processo de tomada de decisão, faz-se necessário contextualizá-los nesse panorama mais amplo de justificação.

O tema da justificação das decisões judiciais está diretamente ligado à teoria da argumentação jurídica, já que os juízes justificam a escolha de uma das soluções rivais diante da apresentação de argumentos (razões) cujo objetivo é demonstrar que aquela decisão é a correta[6]. Não se trata, pois, de

---

6. Sobre o tema, Alexy e MacCormick, respectivamente: "Raciocínio jurídico será entendido aqui sendo uma atividade linguística que ocorre em várias situações diferentes, do tribunal à sala de aula. Essa atividade está preocupada [...] com a correção de afirmações normativas. [...] A postulação pela correção envolvida na asserção de qualquer afirmação jurídica é a postulação que, sujeita aos constrangimentos estabelecidos por essas condições limitantes, a asserção é racionalmente justificada". Na versão em inglês: "Legal reasoning will be understood here as a linguistic activity which occurs in many differents situations from courtroom to classroom. This linguistic activity is concerned [...] with the correctness of normativ statments. [...] The claim to correctness

questionar a validade da decisão, mas apenas de verificar, normativamente, se se está diante de uma boa ou má decisão. Sobre o que significa justificação jurídica, John Bell é bastante esclarecedor[7]:

> "[...] isso [justificação jurídica] envolve mais do que simplesmente demonstrar a adequação de um argumento em uma determinada premissa. Igualmente, isso não significa detalhar as razões psicológicas que guiaram a pessoa a uma decisão. Como Perry e Perelman sugeriram, a justificação jurídica essencialmente envolve a apresentação de razões capazes de convencer outros da correção das conclusões de um indivíduo.

---

involved in the assertion to any legal statment is the claim that, subject to the constraints set by these limiting conditions, the assertion in rationally justifiable". ALEXY, Robert. *A Theory of Legal Argumentation: the Theory of Rational Discourse as Theory of Legal Justification*. Trad. Ruth Adler e Neil MacCormick. Oxford University Press: Oxford, 1989. P. 15-6. "Toda razão prática trabalha sob a presunção de que deve haver algumas matérias em relação as quais as opiniões podem ser certas ou erradas. Ela procede sobre uma pretensão a correção, uma postulação implícita a ser correta, não simplesmente em ser seguramente ou confidentemente afirmada". No original: "All pratical reasoning works on the pressupposition that there may be some matters upon which opinion can be right or wrong. It proceeds under a pretension to correctness, an implicit claim to being correct". MACCORMICK, Neil. *Rhetoric...*, cit., p. 277. No mesmo sentido, Hare, ao discorrer sobre o princípio da prescritividade inerente aos julgamentos morais. HARE, R.M. *Sorting out Ethics*. Oxford University Press, 2004.

7. BELL, John. "The Acceptability of Legal Arguments", *in* MACCORMICK, Neil, BIRKS, Peter (ed.). *The Legal Mind – Essays for Tony Honoré*. Oxford: Claredon Press, 1986, pp. 45-65. No original (p. 49): "[...] this [legal justification] involves more than simply demonstrating the entailment of an argument from certain premises. Equally, it does not mean detailing the psychological reasons which led a person to a decision. [...] As Perry and Perelman have suggested, legal justification essentially involves providing reasons capable of convincing others of the rightness of one's conclusions. One succeeds in justifying a decision by providing reasons which are more cogent in favour of one's point of view than those which tell against it. To the extent that such intersubjective reasons are proffered for the result, justification can be seen to be an appeal to reason, rather than merely to emotion, or to the authority of the decision-maker".

> Uma pessoa obtém sucesso ao justificar uma decisão ao prover razões que são mais cogentes em favor de um certo ponto de vista do que aquelas que são contrárias a este. Na medida em que tais razões intersubjetivas são oferecidas para o resultado, justificação pode ser vista como um apelo à razão, ao invés de que simplesmente à emoção ou à autoridade daquele que decide".

A argumentação jurídica sob o ponto de vista normativo e, assim, entendida como uma atividade regrada, sujeita à avaliação, foi objeto de estudo de diversos autores, desde Theodor Viehweg, com o surgimento da tópica jurídica[8]. Como o objeto deste capítulo não é nem avaliar criticamente tais teorias, nem expô-las com detalhes, mas sim apresentar os instrumentos a partir dos quais a obra será desenvolvida, entende-se que essa finalidade pode ser alcançada por uma rápida apresentação das teorias de Chaïm Perelman e MacCormick (que pode ser visto como um aplicador dos fundamentos lançados por Perelman).

Perelman desenvolveu uma teoria normativa da argumentação, segundo a qual os julgamentos jurídicos não são arbitrários e relegados à ideologia do intérprete, mas sim direcionados por algum tipo de regramento em que os juízes indicam a solução adequada para o caso concreto. Em seu pensamento, vale destacar dois pontos essenciais.

O primeiro relaciona-se à insuficiência do raciocínio lógico formal para resolver casos em que emergem controvérsias jurídicas. Perelman destaca a diferença entre justificação e demonstração e salienta que o raciocínio silogístico, o qual pressupõe a dedução da conclusão de premissas maiores, não basta para a solução de casos jurídicos que se caracterizam pela existência de controvérsia sobre o direito aplicável. Existindo controvérsia – como sempre há – o juiz deve não apenas

---

8. ATIENZA, Manuel. *As Razões do Direito – Teorias da argumentação jurídica*. Trad. Maria Cristina Guimarães Cupertino. São Paulo: Landy, 2002.

demonstrar que a norma geral se aplica ao caso concreto, mas, igualmente, *justificar* tal aplicação:

> "O que é específico na forma em que temas são resolvidos no direito é que a decisão é obtida por recurso a um juiz, normalmente designado com antecedência e quem, no procedimento de estados modernos, não se considera cumprido apenas com uma decisão que resolve o conflito, mas deve, em adição, justificar e mostrar que tal decisão está em conformidade com o direito que está em vigor. O julgamento pronunciado não é considerado como um conjunto de premissas das quais uma conclusão é deduzida, mas como uma decisão justificada pelas razões apresentadas"[9].

A partir dessa assunção, conclui-se que o raciocínio jurídico é um caso elaborado de raciocínio prático[10], "pois concerne

---

9. E, continuando: "[...] quando o juiz profere uma decisão, sua responsabilidade e integridade estão em jogo; as razões que ele dá para justificar sua decisão e refutar as objeções reais ou eventuais que podem ser feitas contra ele, provêem uma amostra de racionalidade prática, mostrando que sua decisão é justa e que conforma com o direito, i.e., que a decisão leva em conta todas as diretivas que o sistema jurídico fornece, as quais ele é responsável por aplicar [...]. PERELMAN, Chaïm. *Justice, Law, and Argument – Essays in Moral and Legal Reasoning*. Trad. Vários. Netherlands: D. Reidel Publishing Company, 1980, pp. 128-9. No original, de ambos os excertos: "What is specific in the way matters are resolved in law is that decision is obtained by recourse to a judge, normally designated in advance and who, in the procedure of modern states, cannot be satisfied only with a decision which settles the conflict, but must in addition justify it and show that is in conformity to the law that is in force. The pronounced judgment is not given as a collection of premises from which a conclusion is deduced, but as a decision justified by adduced reasons. [...] when the judge makes a decision, his responsibility and his integrity are at stake, the reasons he gives to justify his decision and to refute the real or eventual objections which could be made against him, furnish a sample of practical reasoning, showing that his decision conforms to law, i.e., that the decision takes account of all directives which the legal system has given, and that he is responsible to apply [...]".
10. Essa colocação foi retomada e desenvolvida por Alexy: "[...] o centro da tese do caso especial é: a postulação pela correção é igualmente suscitada no

essencialmente a uma ação ou a uma disposição para agir: justifica-se uma escolha, uma decisão, uma pretensão"[11] e, dessa forma, não se confunde com a demonstração formal, não sendo esta bastante para cumprir com o requerimento da justificação. O raciocínio jurídico teria, para Perelman, um objetivo argumentativo de persuadir e convencer àqueles aos quais é dirigido (a "audiência"), pela apresentação de razões capazes de justificar a decisão e de salientar a sua razoabilidade e consonância com o ordenamento[12]:

> "Argumentação é a técnica que nós usamos em controvérsia[s], quando nós estamos preocupados com criticar e justificar, objetar e refutar, perguntar e dar razões. É à argumentação que temos recorrido quando

---

discurso jurídico, mas essa postulação, diferentemente daquela do discurso prático geral, não está preocupada com a absoluta racionalidade da proposição normativa em questão, mas apenas em mostrar que a proposição pode ser racionalmente justificada dentro da moldura da ordem jurídica válida e vigente". O objetivo da teoria do raciocínio jurídico de Alexy é, exatamente, responder o que conta como uma justificação racional no discurso jurídico. Na versão em inglês: "[...] the core of the special case thesis: the claim to correctness is indeed also raised in legal discourse, but this claim, unlike that in general practical discourse, is not concerned with the absolute rationality of the normative statement in question, but only with showing that it can be rationally justified within the framework of the validity prevailing legal order". ALEXY, Robert. *A Theory of Legal Argumentation*..., cit., p. 220 (sobre o tema, pp. 211-220).
11. PERELMAN, Chaïm. "Juízos de valor, justificação e argumentação". *Retóricas*. Trad. Maria Ermantina de Almeida Prado Galvão. São Paulo: Martins Fontes, 2004, p.168.
12. PERELMAN, Chaïm. *Justice, Law, and Argument*..., cit., p. 108. No original: "Argumentation is the technique that we use in controversy when we are concerned with criticizing and justifying, objecting and refuting, of asking and giving reasons. It is to argumentation that we have recourse when we discuss and deliberate, when we try to convince or persuade, when we give reasons for or against, when we justify our choices and decisions. [...] What characterizes the justification of norms are the reasons that we have for formulating or modifying them, for proposing or criticizing them, for adopting or rejecting them, for interpreting them one way or another, for conforming to them or violating them".

nós discutimos e deliberamos, quando nós tentamos convencer e persuadir, quando nós damos razões favoráveis ou contrárias. [...] O que caracteriza a justificação de normas são as razões que nós temos para formulá-las ou modificá-las, para propô-las ou criticá-las, para adotá-las ou rejeitá-las, para interpretá-las de uma forma ou de outra, para agir de acordo com elas ou para violá-las".

O objetivo da argumentação, portanto, seria o de persuadir e convencer a audiência pela utilização de argumentos racionais e esta seria outra característica marcante de sua teoria: a importância conferida à "audiência", ou seja, àqueles a quem o discurso argumentativo se dirige. O valor de um argumento seria determinado pela sua capacidade de convencer a audiência universal, o que significa a adesão de todo ser racional[13]. Daí se afirmar que a concordância da audiência universal é o critério de racionalidade e objetividade na argumentação[14, 15].

Após, de forma consentânea, Neil MacCormick e Robert Alexy apresentaram suas teorias do raciocínio judicial e da argumentação, respectivamente, e que visaram, de um ponto de vista geral, ao mesmo objetivo: tratar do processo de tomada de decisão como um processo regrado (e, assim, também da atividade de argumentação), além de identificar os critérios segundo os quais é possível avaliar uma decisão como boa ou ruim. Sobre o tema, MacCormick e Alexy, respectivamente:

---

13. PERELMAN, Chaïm, OLBRECHTS-TYTECA, Lucie. *Tratado da argumentação – A nova retórica*. Trad. Maria Ermentina de Almeida Prado Galvão. São Paulo: Martins Fontes, 2005.
14. ALEXY, Robert. *A Theory of Legal Argumentation*..., cit., pp. 155-73. ATIENZA, Manuel. *As Razões do Direito*..., cit., pp. 81-132.
15. "Uma argumentação dirigida a um auditório universal deve convencer o leitor do caráter coercitivo das razões fornecidas, de sua evidência de sua validade intertemporal e absoluta, independente das contingências locais ou históricas"PERELMAN, Chaïm, OLBRECHTS-TYTECA, Lucie. *Tratado da argumentação*..., cit., p. 35.

> "[...] argumentação pública é em si mesma uma atividade conduzida dentro de cânones normativos mais ou menos vagos ou claros, implícitos ou explícitos. [...] Qualquer estudo de raciocínio jurídico é, portanto, uma tentativa de explicitar o critério assim como o que constitui um tipo de argumento em direito que seja bom ou mau, aceitável ou inaceitável"[16].
>
> "o que é requerido é, ao invés, um modelo segundo o qual, de um lado, possa levar em conta tanto as convicções comumente defendidas quanto os resultados de discussões jurídicas anteriores e, de outro lado, deixe espaço para um critério de correção. A teoria a ser apresentada aqui postula, dentre outras coisas, prover justamente este modelo"[17].

Ao final de suas ponderações, Alexy identifica as regras que devem conduzir a justificação das decisões judiciais e a atividade de argumentação no direito. Ainda que esta teoria seja em grau de importância tão relevante quanto a de MacCormick, apenas a última será utilizada como instrumental teórico da obra. A razão para tanto está no fato de que foi MacCormick que mais longamente tratou da possibilidade de as consequências da decisão integrarem o processo de justificação. Contudo, isso não significa desacordo ou desconsideração da teoria de Alexy. O pensamento de MacCormick será o utilizado simplesmente porque reflete a teoria que mais se adequa com os propósitos deste trabalho, cujo foco está nos argumentos consequencialistas em direito tributário.

---

16. "[...] public argumentation in itself an activity conducted within more or less vague or clear, implicit or explicit, normative canons. [...] Any study of legal reasoning is therefore an attempt to expiscate and explain the criteria as to what constitutes a good or bad, an acceptable or unacceptable type of argument in law". MACCORMICK, Neil. *Legal Reasoning and Legal Theory*. Clarendon Law Series, Oxford University Press: Oxford, 1978. Pp. 12-3.

17. "What is required is rather a model which on the one hand can take into account both commonly held convictions and the results of prior legal discussions, and on the other hand leaves room for criteria of correctness. The theory to be presented here claims, amongst other things, to provide just such a model". ALEXY, Robert. *A Theory of Legal Argumentation...*, cit., p. 11.

Para MacCormick, a argumentação jurídica possui duas funções: a de persuadir e a de justificar tanto as postulações das partes em disputa quanto a decisão judicial proferida pelo magistrado. A função de persuadir já era ressaltada por Perelman:

> "[...] como a argumentação visa obter a adesão daqueles a quem se dirige, ela é, por inteiro, relativa ao auditório que procura influenciar. [...] Propomo-nos a chamar de *persuasiva* a uma argumentação que pretende valer só para um auditório particular e chamar de *convincente* àquela que deveria obter a adesão de todo ser racional"[18].

MacCormick não nega que a persuasão exerça um papel importante na argumentação jurídica, mas ressalta que não se trata de dar "receitas de como fazer com que os piores argumentos pareçam as melhores razões"[19]. O ponto de MacCormick, que é um desenvolvimento da teoria de Perelman[20], é o de que a persuasão está vinculada com a existência de argumentos justificados e, assim, de boas razões para o direito ou dever que se postula existir. A existência de "boas razões" necessariamente implica razões universais (ou universalizáveis) a partir das quais é possível justificar a decisão adotada:

> "[...] o que devemos falar sobre sua [argumentação no direito] persuasão? Estamos no final lidando apenas com a capacidade dos argumentos de se moverem de uma audiência particular para uma mente particular, resultando na aceitação de uma nova crença? Ou, existe, verdadeiramente, uma qualidade de persuasão racional de forma que alguns argumentos são realmente melhores que outros e podem ser recebidos

---

18. PERELMAN, Chaïm. *Tratado da argumentação...*, cit., pp. 21-31.
19. MACCORMICK, Neil. *Rhetoric...*, cit., p. 20.
20. MACCORMICK, Neil. *Rhetoric...*, cit.

como igualmente convincentes por conta dessa qualidade que possuem, enquanto aqueles que os possuem em grande medida que outros devem ser conhecidos como argumentos melhores?"[21]

Assim, se a persuasão somente tem lugar diante de razões justificadas, identifica-se um papel adicional à teoria da argumentação: o de ser capaz de identificar quais razões podem ser qualificadas como "boas", como condição para persuadir a audiência. A partir disso, MacCormick afirma que o processo que "vale a pena estudar é o processo de argumentação como um processo de justificação"[22]. Referido processo, conforme já salientado por Perelman, não se esgota na apresentação de argumentos lógicos-dedutivos e, assim, na demonstração de que há uma regra geral que se adequa à situação concreta. O silogismo ou a argumentação lógica-dedutiva é um momento importante da tomada de decisão e, segundo MacCormick, é uma exigência do Estado de Direito[23], mas a justificação não se encerra nele. Na medida em que existem soluções rivais para o caso em juízo, é necessário recorrer a uma justificação de "segunda ordem", que envolve o teste das possíveis decisões em face dos critérios normativos segundo os quais uma decisão é considerada correta (o que significa bem justificada).

Tais critérios envolvem a consideração de argumentos consequencialistas e a verificação da consistência e coerência da decisão com a ordem jurídica. Para MacCormick, a justificação de segunda ordem está preocupada como o que faz sentido no mundo (jurídico)[24], enquanto o argumento silogístico

---

21. MACCORMICK, Neil. *Rhetoric...*, cit., p. 255.
22. MACCORMICK, Neil. *Legal reasoning...*, cit., p. 15. "Hence, the essential notion is that of giving [...] good justifying reasons for claims defences or decisions. The process which is worth studying is the process of argumentation as a process of justification".
23. MACCORMICK, Neil. *Rhetoric...*, cit., especialmente capítulos 3 e 4.
24. MACCORMICK, Neil. *Legal reasoning...*, cit., pp.105-6.

estabelece a moldura segundo a qual referidos critérios fazem sentido enquanto argumentos jurídicos[25]:

> "Decisões jurídicas lidam com o 'mundo real' assim como o fazem as hipóteses científicas e fazem isso não *in vacuo*, mas no contexto de um corpo de 'conhecimento' – neste caso, o corpo do sistema jurídico normativo, ao invés de um corpo de teoria descritiva e explanatória. Mais diretamente, decisões jurídicas devem fazer sentido no mundo e devem, também, fazer sentido no contexto do sistema jurídico. [...] E exatamente como a justificação científica envolve testar uma hipótese contra a outra, e rejeitar aquele que falha nos testes relevantes, eu argumentarei que **a justificação de segunda ordem no direito envolve testar soluções rivais umas contra as outras e rejeitar aquelas que não satisfazem os testes relevantes** – os testes relevantes sendo relativos ao que faz sentido no mundo e o que faz sentido no contexto do sistema jurídico" (destaques não contidos no original)[26].

Em resumo, a justificação de uma decisão judicial pressupõe a observância dos seguintes passos: identificada a norma geral e abstrata aplicável ao caso, o juiz deve justificar porquê aquela solução estabelecida por essa norma está correta. Nesse "apontar da correção", o magistrado deve apresentar as razões (universais ou universalizáveis, como adiante será

---

25. MACCORMICK, Neil. *Rhetoric...*, cit., p. 42.
26. MACCORMICK, Neil. *Legal reasoning...*, cit., p. 103. No original: "[...] legal decisions deal with the 'real world' as do scientific hypotheses, and that they do so not *in vacuo* but in the context of a whole body of 'knowledge' – in this case, the whole corpus of the normative legal system, rather than a corpus of descriptive and explanatory theory. To put it crudely, legal decisions must make sense in the worlf and they must also make sense in the context of the legal system". [...] And just as scientific justification involves testing one hypothesis against another, and rejecting that which fails relevant tests, so (I shall argue) second-order justification in the law involves testing rival possible rulings against each other and rejecting those which do not satisfy relevant tests – the relevant tests being concerned with what makes sense in the world, and with what makes sense in the context of the system".

detalhado) pelas quais a decisão é não é contraditória com o sistema jurídico (teste da consistência) e, de outro lado, razões segundo as quais a decisão realiza os fins e valores perpetrados pelo sistema (teste da coerência). Por fim, o teste final das consequências: o juiz deve apresentar as razões pelas quais a decisão possui consequências jurídicas aceitáveis.

As duas primeiras etapas de justificação das decisões não serão detalhadas, ainda que se esteja ciente de sua importância e imprescindibilidade. Discorrer sobre os testes da coesão e coerência seria, entende-se, desnecessário já que fugiria do objetivo principal da obra que é o de estabelecer a extensão material dos argumentos consequencialistas em direito tributário. Além disso, o intento deste capítulo é, apenas, o de fornecer o instrumental teórico do trabalho e, assim, informar o que se entende por argumentos consequencialistas e não descrever ou desenvolver uma teoria sobre o processo de tomada de decisão judicial. Portanto, o próximo item terá por tema específico a apresentação da teoria consequencialista de MacCormick e, com isso, entende-se que tais argumentos estarão devidamente delineados, permitindo que se passe à análise propriamente tributária que a obra irá desenvolver.

2. Quais consequências considerar?

A tese que MacCormick defende é a de que as consequências de uma decisão podem figurar como razões jurídicas para a justificação da solução adotada. Contudo, como de uma decisão judicial podem advir diversos tipos de consequências, faz-se necessário identificar a qual classe de consequências refere-se o autor. Sobre isso, destaca a necessidade de separar as implicações ou consequências fáticas de uma decisão e as consequências lógicas – apenas estas últimas é que seriam relevantes para o conteúdo da decisão[27].

---

27. MACCORMICK, Neil. "On Legal Decisions and their Consequences: from Dewey to Dworkin". *New York University Law Review*. Vol. 58, maio de 1983, n. 2, pp. 239-58.

As consequências fáticas de um dado julgamento são, na verdade, os resultados causais provenientes da solução jurídica adotada. Trata-se de decorrências factuais direta ou indiretamente implicadas pela decisão. Como resultados fáticos e, portanto, imprevisíveis, não podem, de forma racional, figurarem como razões para a decisão. Sobre isso, vale citar a ponderação de MacCormick:

> "Nós podemos razoavelmente e inteligentemente dizer que o juiz, por meio de sua decisão, causou o desespero do réu e a exultação do autor. Em termos gerais, o que quer que seja causado pelo resultado de um ato é a consequência causal do ato. [...] nós temos visto que decisões jurídicas devem ter um resultado e podem ter ambos os tipos de "consequências" genéricas. Mas enquanto permanecemos focamos nas decisões particulares e nos seus resultados particulares, eu temo que não teremos ainda atingido o ponto que nos ajuda a clarificar o papel do consequencialismo na justificação jurídica de decisões"[28].

Além disso, em outro estudo, o autor deixa claro que o raciocínio consequencialista que desenvolve não é focado na estimada mudança comportamental por conta da decisão – ainda que, de fato, o posicionamento do Judiciário atue como causa para as escolhas das pessoas, com destaque ao direito tributário, conforme o próprio autor pondera[29]. Uma teoria consequencialista direcionada para a avaliação do comportamento

---

28. MACCORMICK, Neil. *On Legal Decisions and their Consequences...*, cit., pp. 247-48. No original: "We can reasonably and intelligibly say that the judge by his decision caused the defendant's despair and the plaintiff's exultation. In general terms, whatever is caused by the result of an act is the casual consequence of the act. [...] we have seen that legal decisions must have a result and can have both other sorts of generic 'consequences'. But while we remain focused on the particular decision and its particular results, consequences and outcomes, I fear we still have not reached a point that helps us in clarifying a role for consequentialism in legal justification of decisions.
29. MACCORMICK, Neil. *Rhetoric...*, cit., p. 110.

que as pessoas iriam desenvolver por conta do julgamento seria meramente probabilística e contingencial e este não é o intento de MacCormick. Portanto, o presente trabalho, ao tratar dos argumentos consequencialistas que jogam um papel relevante na justificação das decisões tributárias, não pretende afirmar que os juízes devem considerar o efeito que a decisão terá no comportamento das pessoas. Esse tipo previsão é, reitere-se, probabilística e, por isso, não representa um argumento consequencialista genuíno.

De outro lado, ao falar-se em "consequência" da decisão, deixando-se de lado as questões comportamentais, é possível que se pense na consequência estrita do julgado; ou seja, no conteúdo da própria decisão. Sendo as decisões judiciais normas jurídicas, estarão, como tais, estruturadas em antecedente e consequente[30]: dada a realização (jurídica[31]) do fato F, deve ser a consequência C. Tal "consequência" constitui a própria decisão, implicada pela declaração do fato: "tendo-se em vista a realização do fato gerador do imposto sobre a renda, deve o executado pagar o imposto respectivo, nos termos da exigência formulada pela Fazenda Nacional". Nessa representação, claramente se vê (i) o antecedente da norma individual e concreta, que é o reconhecimento de que o fato jurídico previsto na norma geral e abstrata ocorreu; e (ii) o consequente respectivo, que constitui uma relação jurídica, de acordo com a qual o executado tem o dever de pagar o imposto de renda declarado como devido. Antecedente e consequente formam a decisão judicial; *são constitutivos dela*: a relação jurídica formada é o resultado do ato de decidir e, como tal é

---

30. Sobre a análise do direito a partir da lógica e, assim, uma "teoria formal do direito", veja VILANOVA, Lourival. *As estruturas lógicas e o sistema de direito positivo*. São Paulo: Noeses, 2005. No mesmo sentido, CARVALHO, Paulo de Barros. *Direito tributário, linguagem e método*. São Paulo: Noeses, 2008.
31. O que implica formalização do fato social em linguagem jurídica competente. Sobre o tema, CARVALHO, Paulo de Barros. *Direito Tributário – Fundamentos jurídicos da incidência*. São Paulo: Saraiva, 2006.

conclusivo do processo que o antecede, é *esse* resultado que deve ser justificado, inclusive pela ponderação de outras consequências advindas de tal decisão.

Então, nitidamente percebe-se que, mesmo sendo a formação de uma relação jurídica com um determinado conteúdo uma consequência lógica-implicacional da decisão, essa consequência, estritamente considerada, não será um fator no processo de justificação, pois ela mesma é o objeto desse processo; é o conteúdo dessa relação jurídica formada que deve ser justificado[32] em face de outras consequências resultantes da solução do caso de uma ou outra maneira. A questão é saber que "outras consequências" são essas?

O tipo de consequência que exerce um papel relevante na argumentação jurídica é, igualmente, formal. Porém, em substância, ela não se confunde com essa consequência em sentido estrito da decisão, que é a formação de uma dada relação jurídica com um determinado conteúdo. **As consequências relevantes em face das quais a decisão deve ser justificada são as consequências lógicas vinculadas ao princípio da universalidade**.

Em poucas palavras, de acordo com MacCormick, as decisões judiciais introduzem um padrão normativo de conduta, que deve ser observado (do ponto de vista jurídico e não apenas moral) por todos os cidadãos e autoridades, por exigência do princípio de justiça formal. Por essa razão, a atividade de justificar decisões judiciais implica a apresentação de razões universais (ou universalizáveis) em favor da solução dada ao caso concreto, pois, uma vez proferida, a decisão se torna um "tipo de regra para todas as pessoas"[33]. Assim, todas as decisões

---

32. MACCORMICK, Neil. *On Legal Decisions and their Consequences...*, cit.
33. "The universalized decision does become a kind of rule for everyone else. At least become a rule that other judges should follow overrule except where they can distinguish it". MACCORMICK, Neil. *Rhetoric...*, cit., p. 103. Nessa afirmação, parece claro o vínculo com o pensamento de Hare, para quem a universalidade insere um elemento não prescritivo no julgamento moral,

teriam por consequência lógica sua universalidade e uma decisão justificada deveria apresentar as razões pelas quais tal universalização seria aceitável.

É possível interpretar a tese dos argumentos consequencialistas de MacCormick como incorporação da teoria de Hare[34], sendo a demanda da justiça formal uma variante da aplicação dos princípios da universalidade e prescritividade, nos termos em que colocados por Hare – apesar de o projeto teórico deste autor ser o estabelecimento de um método racional para responder questões morais e, assim, dizer as regras que, uma vez seguidas, resultam em um "pensar racional" e, portanto, não possuam relação direta com o raciocínio judicial. O objetivo da obra não é demonstrar em que medida essa incorporação ocorre. Contudo, entende-se que, pela apresentação de alguns elementos da teoria de Hare, a compreensão dos argumentos consequencialistas se torna mais evidente.

De um ponto de vista geral, para Hare,[35] os julgamentos morais são *universalmente* prescritivos e essa universalidade introduz "um elemento não-prescritivo em seus sentidos"[36].

---

tornando-se a regra um "fato" para aquele que está sob seu comando. Ainda sobre o tema: "Decidir um caso e justificar a decisão requer que a decisão seja universalizável, pelo menos implicitamente, e o mérito de proposições jurídicas rivais e universais (mesmo se universais mas estreitamente definidas) avaliadas qualitativamente. Então, razões devem ser dadas para a alternativa preferida, a preferida linha de decisão para esse caso e casos semelhantes". ("To decide a case and to justify the decision requires that it be universalized, at least implicity, and the merit of rival possible universal (even if universal but narrowly defined) propositions of law assessed qualitatively. Then reasons should be given for the preferred alternative, the preferred line of decision for this and like cases"). MACCORMICK, Neil. *Rhetoric*..., cit., pp. 102-3.

34. Segundo MacCormick, trata-se de uma analogia, mas não identidade com Hare. MACCORMICK, Neil. *Rhetoric*..., cit., p. 103.

35. HARE, R.M. *Sorting*..., cit., seções 1.6 e 1.7.

36. HARE, R.M. *Sorting*..., cit., p. 19. No original: "As Aristotle and Kant both saw, moral judgments are not merely prescriptive but *universally* prescriptive. And the prescrivity of the moral prescription easily introduces a non-prescriptive ekement into its meaning".

Segundo Hare, todos os julgamentos de valor são feitos por razões, "ou seja, por conta de *alguma coisa sobre* o sujeito do julgamento"[37], que não é, em si mesma, uma propriedade moral, mas um padrão externo a essa atribuição valorativa. Sendo um padrão, é uma exigência *lógica* que todas as outras situações idênticas em suas propriedades universais[38] tenham o mesmo resultado ("serão bonitas as garotas que tiverem tais e tais características"), mesmo se a garota avaliada for a filha ou esposa daquele que realiza o julgamento. Isso significa que a postulação deve ser universal *independentemente do papel que aquele que a realiza exerce no momento do julgamento.*

Portanto, as propriedades lógicas atribuídas às proposições que manifestam julgamentos morais são: prescritividade e universalidade. Ou seja, ao fazer uma afirmação moral ("roubar é errado") deve-se (i) agir de acordo com o conteúdo da sentença (e, portanto, não roubar, diante das mesmas circunstâncias); e (ii) atribuir esse mesmo julgamento a outras situações idênticas nas propriedades relevantes, *estando-se na figura do ladrão ou da vítima:*

> "Se julgamentos morais são prescritivos, como tem sido arguido, então, ao fazer um, estou pedindo que se aja de acordo com ele, e, se sincero, deve desejar isto. Mas se eles são também universalizáveis, eu estou, ao fazer um [julgamento moral] implicitamente fazendo julgamentos idênticos para todas as situações idênticas nas suas propriedades universais, não importa qual papel particular os indivíduos, incluindo eu mesmo, ocupam nelas. A questão sobre quais prescrições morais estou preparado a produzir, então se resolve no que eu

---

37. HARE, R.M. *Sorting...*, cit., p. 21.
38. "Uma propriedade é universal se, a fim de especificá-la, não é necessária menção a qualquer indivíduo". HARE, R.M. *Sorting...*, cit., p. 23. No original: "A property is universal if, in order to specify it, it is not necessary to mention any individual".

estou preparado a desejar para todas as situações de um dado tipo, não importa qual papel eu ocupe[39].

A partir dessa consideração, é possível ponderar não mais sobre a correção lógica de um julgamento moral, mas sobre sua adequação material. Hare afirma que a questão sobre quais julgamentos estamos preparados para emitir se resolve a partir da consideração das duas características acima apresentadas. Devo emitir um julgamento como "roubar é errado" se estiver preparado para observar essa prescrição *universalmente*, não importando qual papel eu ocupe na situação. Essa é a *consequência lógica* de uma afirmação moral: "para produzir uma prescrição moral eu devo aceitar as consequências (mesmo as consequências hipotéticas) de a prescrição ser obedecida, não importa qual papel eu ocupe"[40]:

> "Segue da universalidade que se eu agora digo que eu devo fazer uma certa coisa a uma certa pessoa, eu estou comprometido com a visão de que exatamente a mesma coisa deve ser feita para mim, se eu estiver na mesma situação que esta pessoa, incluindo as mesmas características pessoais e, em particular, os mesmos estados motivacionais"[41].

---

39. HARE, R.M. *Sorting...*, cit., p. 25. No original: "If moral judgments are prescriptive, as has been argued, in making one, I am asking that it be acted on, and, if sincere, must will this. But if they are also universalizable, I am, in making one, implicitly making identical judgments for all situations identical in their universal properties, no matter what role particular individuals, including myself, occupy in them. The question of what moral prescriptions I am prepared to issue thus resolves itself into of what I am prepared to will for all situations of a given kind, no matter what role I occupy".
40. "[...] to issue a moral prescription I must accept the consequences (even the hypothetical consequences) of its being obeyed whatever role I occupy". HARE, R.M. *Sorting...*, cit., p. 25.
41. HARE, R.M. *Moral Thinking – Its Level, Method and Point*. Oxford: Clarendon Press, 1981.P. 108. No original: "It follows from universability that if I now say that I ought to do a certain thing to a certain person, I am committed to the view that the very same thing ought to be done to me, were I in

Trata-se, aqui, de observar o princípio de justiça formal que, para Hare, é um requerimento da universalidade, cuja base é lógica e, assim, nada diz sobre a justiça substancial: "Estaremos sendo formalmente injustos se fizermos julgamentos morais diferentes sobre casos idênticos"[42].

Aplicando-se esse pensamento ao direito, é possível afirmar que, sendo tanto a universalidade quanto a justiça formal princípios lógicos e não substantivos (o segundo derivado do primeiro), as decisões judiciais têm como consequências *lógicas* não apenas a constituição de relações jurídicas, mas, igualmente, a criação da obrigatoriedade de se observar o padrão normativo por ela criado, salvo a existência de razões (igualmente universais) que superem as primeiras[43]. O consequencialismo de MacCormick tem sua base fundada nesse tipo de consequência.

MacCormick afirma que a atividade de justificação é a fonte para responder a pergunta sobre quais consequências contam como relevantes[44]. Conforme mencionado, justificar uma decisão, de um ponto de vista geral, equivale a apresentar razões universais ou universalizáveis que a suportem. A universalização, afirma, é uma *condição* da justificação, seja no direito, seja no raciocínio moral[45]. De acordo com Hare, "dar uma razão para qualquer ação envolve referência (implícita ou explícita) a uma regra, máxima ou princípio. [...]

---

exactly his situation, including having the same personal characteristics and in particular the same motivational states".

42. "We are being formally unjust if we make different moral judgements about identical cases, and act on them". HARE, R.M. *Moral Thinking*..., cit., p. 157.

43. No mesmo sentido, Robert Alexy e Chaïm Perelman, sobre o princípio da inércia. ALEXY, Robert. *A Theory of Legal Argumentation*..., cit.. PERELMAN, Chaïm, OLBRECHTS-TYTECA, Lucie. *Tratado da argumentação*..., cit. e PERELMAN, Chaïm. *Justice, Law, and Argument*..., cit., capítulo 14.

44. Cf. MACCORMICK, Neil. *Legal Reasoning*..., cit., MACCORMICK, Neil. *On Legal Decisions and their Consequences*..., cit. MACCORMICK, Neil. *Rhetoric*..., cit.

45. MACCORMICK, Neil. *Rhetoric*..., cit., capítulo 5.

Assim, dar uma razão para a ação é, primeiro, dizer alguma coisa sobre a ação e, segundo, dizer ou sugerir que este 'alguma coisa sobre a ação' é uma razão para fazê-la"⁴⁶. Na apresentação de razões que justifiquem decisões judiciais, não é diferente:

> "O porquê da justificação é um nexo universal no seguinte sentido: para um dado ato ser correto por conta de uma dada característica ou conjunto de características de uma situação, o mesmo ato, materialmente, deve ser [entendido como] correto em todas as situações em que, materialmente, a mesma característica ou características estão presentes"⁴⁷.

Dizer que uma decisão deva estar fundamentada em razões universais resulta na aplicação do mesmo resultado para os casos que se mostrem iguais em suas características essenciais. Mesmo que não haja situações absolutamente idênticas (já que, no mínimo, as condições de tempo e espaço de ocorrência do fato serão diferentes), é uma demanda da justiça formal (e, assim, do Estado de Direito, como diria MacCormick) que situações semelhantes sejam tratadas da mesma forma. Esse raciocínio, de forma alguma, estabelece uma visão conservadora ou pretende afirmar que, uma vez apresentadas, as razões (universais) sejam absolutas. Tais razões podem ser derrotadas em outra ocasião, desde que se

---

46. HARE, R.M. "Universability". *Proceedings of the Aristotelian Society*, New Series, vol. 55 (1954-1955), pp. 295-312. No original: "[...] giving a *reason* for any action involves reference (explicit or implicit) to a rule, maxim or principle. [...] For to give a reason for an action is first, to say something, about the action, and secondly, to say or imply that this 'something about the action' is a reason for doing it".
47. MACCORMICK, Neil. *Rhetoric*..., cit., p. 91. No original: "The because of justification is a universal nexus, in this sense: for a given act to be right because of a given feature, or a set of features, of a situation, materially the same act must be right in all situations in which materially the same feature or features are present".

apresentem outras razões, igualmente universais. Por essa razão, MacCormick fala em uma "universalização qualificada": a regra a partir da qual a decisão foi tomada prevalece em casos semelhantes, a não ser que haja razões suficientemente fortes para realizar afirmações diferentes das primeiras[48].

Sendo a decisão judicial o resultado da atividade de justificação e, assim, da apresentação de razões que melhor expliquem porque aquela solução apontada é a correta e, de outro lado, tendo em vista que a condição para a justificação é a universalidade das razões então apresentadas, tem-se que a decisão, mesmo que válida apenas entre as partes em disputa, possui como *consequência* o fato de inserir no ordenamento um padrão normativo de conduta, aplicável para os outros casos que apresentem características semelhantes a este, objeto de julgamento. A decisão introduz "um tipo de regra para todos" e essa característica não depende de um sistema de *common law*. O requerimento da justiça formal decorre do Estado de Direito e, como tal, aplicável a todos os sistemas jurídicos que tenham essa propriedade.

Portanto, pode-se afirmar que decisões judiciais carregam a característica lógica da universalidade: uma vez eleitas as razões para justificar a solução adotada, essas razões, porque universais, devem ser aplicadas a outros casos semelhantes. A teoria da argumentação jurídica de MacCormick defende que uma parte essencial e decisiva do processo de justificação das decisões é a avaliação de suas consequências. Uma decisão bem justificada seria aquela que, além de consistente e coerente com o ordenamento jurídico, é aceitável em suas consequências.

Se o que se pretende é responder se *a universalização da decisão é aceitável*, pode-se dizer que a consequência com a qual essa teoria se preocupa é a consequência lógica da

---

48. MACCORMICK, Neil. *Rhetoric*..., cit., pp. 93-4.

decisão ligada ao princípio da universalidade. Segundo Hare, um julgamento somente deverá ser emitido se estivermos preparados para cumprir com a sua prescrição *universalmente*. De forma semelhante, MacCormick afirma que uma decisão judicial somente poderá ser prolatada se a universalidade de seu conteúdo (e, assim, de suas razões) for aceitável. Daí porque fala-se na consequência que segue *logicamente* da decisão; a universalidade é uma característica *lógica* e não substancial; é uma *implicação* da decisão.

Contudo, perguntar pela aceitabilidade da universalização da decisão equivale a, a partir de uma consideração formal, apresentar uma questão material. Ou seja, pondera-se se as consequências da universalização da decisão são aceitáveis e, portanto, se a decisão materialmente pode ser aplicada a todos (ainda que de forma potencial), sem afronta à ordem jurídica. Em um certo sentido, é clara a semelhança com o pensamento de Hare, o qual afirma que "para produzir uma prescrição moral eu devo aceitar as consequências (mesmo as consequências hipotéticas) de a prescrição ser obedecida, não importa qual papel eu ocupe"[49].

A medida de aceitabilidade das consequências de decisões judiciais, para MacCormick, pode ser estabelecida considerando-se os valores relevantes da área do direito em que a discussão se estabeleceu e, conforme mencionado linhas acima, adequa-se à solução dada por Hare diante dessa mesma questão, qual seja, a de avaliar as consequências em face dos princípios morais aplicáveis à situação em disputa. Sobre isso, vale retomar a citação de MacCormick:

> "Problemas jurídicos aparecem em contextos jurídicos, e novas decisões em casos problemáticos são tomadas a partir de conjuntos de leis. Conjuntos de leis focam em

---

49. "[...] to issue a moral prescription I must accept the consequences (even the hypothetical consequences) of its being obeyed whatever role I occupy". HARE, R.M. *Sorting...*, cit., p. 25.

certos valores ou complexos de valores. É exatamente em face desses valores que nós testamos e eliminamos soluções rivais em casos problemáticos. Ao considerar as consequências jurídicas de decidir através de suas implicações para casos hipotéticos, nós descobrimos se uma decisão nos compromete a tratar universalmente como correta uma ação que subverte ou falha em ter respeito suficiente aos valores em jogo, ou a tratar como erradas formas de conduta que não incluem tal subversão ou falha. Ambas as consequências são inaceitáveis porque causam injustiça"[50].

No que interessa ao presente trabalho, a identificação dos valores do direito tributário precedem a determinação do conteúdo possível dos argumentos consequencialistas nesta área. Ora, se a consequência com a qual devemos nos preocupar é aquela vinculada à universalidade da decisão, **um argumento consequencialista válido (ou seja, que esteja focado nas consequências que importam) deverá tratar da aceitabilidade da aplicação universal da decisão em face dos valores do direito tributário.** Caso uma dada decisão subverta algum desses valores, seria possível defender que a sua consequência não é aceitável e, logo, há razões que justificam a não prolação da decisão nestes termos.

A questão que se coloca, agora, seria a de *como* identificar esses valores. Sobre isso, postula-se que a delimitação de uma concepção de direito tributário que se entende defensável é o ponto central dessa determinação, já que contempla os

---

50. "For legal problems arise in legal settings and new rulings in problematic cases build out from established bodies of law. Established bodies of law focus on given values or complexes of values. It is against those very values that we test and eliminate rival rulings in problematic cases. In considering the juridical consequences of a ruling by way of its implications for hypothetical cases, we discover whether a ruling commits us to universally treatings as right deeds that subvert or fail of sufficient respect for the values at stake, or to treating as wrong forms of conduct which include no such subversion or failure. Either consequence is unacceptable because it wreaks injustice". MACCORMICK, Neil. *Rhetoric*..., cit., p. 114.

valores inerentes a essa prática. Desde logo, adiante-se que essa concepção terá como contraponto aquela de Becker, brevemente apresentada no capítulo 01. Nos termos do presente trabalho, o direito tributário é um conjunto normativo cujo núcleo é a necessidade de prover recursos ao Estado que se revela pela discriminação das competências tributárias. Os meios pelos quais as receitas serão obtidas igualmente integram a concepção e agregam a ela outros valores, que completam a descrição de tal prática. Tendo-se em vista que esse delineamento não é óbvio nem tampouco usual na doutrina tributária, deve-se justificar por que se entende que esta concepção melhor reflete o direito tributário na forma como ele se apresenta no direito positivo. Para tanto, faz-se necessária a apresentação da concepção rival, pois, dessa forma, será possível apresentar as falhas existentes em tal demarcação e, desse modo, propor uma outra concepção que, além de revelar valores imbricados na prática tributária, mas nem sempre trazidos à tona, é capaz de contemplar os argumentos consequencialistas, imprimindo-lhes um conteúdo jurídico relativamente determinado.

Consoante mencionado na introdução, o capítulo 03 discorrerá sobre a concepção rival, que é aquela defendida por Becker, e o capítulo 04, a partir das críticas então estabelecidas, tratará de apresentar uma outra concepção de direito tributário, que a obra julga mais adequada. Ao final, o capítulo 05 indicará como essa outra concepção pode ser aplicada e os benefícios práticos que apresenta, especialmente tendo-se em conta a argumentação pelas consequências no âmbito do Supremo Tribunal Federal.

Capítulo 3
TEORIA PURA DO DIREITO TRIBUTÁRIO

O objetivo desse capítulo é apresentar, com detalhes, a concepção atual de direito tributário em sua versão mais radical: aquela propagada por Alfredo Augusto Becker. Um intento como este pressupõe não apenas o delineamento da teoria desse autor como também o desvelamento das bases teóricas existentes por detrás dessa forma de pensar, as quais, entende-se, ajudarão na compreensão das razões pelas quais essa concepção de direito tributário se firma e ecoa até os dias de hoje.

Antes de adentrar no tema do capítulo propriamente dito e de apresentar sua estrutura, cumpre responder a uma indagação que pode, de plano, ser suscitada pelo leitor: **por que Becker?** A resposta é simples. Becker se apresenta como um autor cujo intento foi, exatamente, desconstruir o estudo do direito tributário tal como ele vinha sendo conduzido até então. Visivelmente indignado com o estado de coisas no qual a tributação se inseria, pretendeu provocar a comunidade jurídica pela denúncia do "manicômio tributário". O resultado foi um trabalho coerente com suas premissas, de purificação e salvação do direito tributário, mas que não mais se adequa ao quadro atual, seja pela evolução legislativa e doutrinária desse ramo, seja pela consideração, cada vez mais presentes, nos julgados Supremo Tribunal Federal, de argumentos que seriam tidos como "não tributários" pelo autor, que seriam resultantes de um "direito tributário invertebrado". Assim, tendo-se em vista a necessidade de levar as decisões do STF a sério, deve-se buscar a construção de uma concepção de direito tributário que seja coerente com os problemas que referida área atualmente suscita e, como decorrência, desvele os argumentos implícitos às decisões tributárias, que não são trazidos à tona em grande medida por receio de serem considerados "políticos, econômicos", ou, simplesmente, extrajurídicos. Sendo assim, justifica-se a eleição de Becker como rival exatamente porque ele se apresenta como o oposto radical da concepção que se pretende apresentar e, por esse motivo, é compreensiva de grande parte das críticas que poderão ser feitas à obra. Pelo estudo e detalhamento da obra de Becker, entende-se, que este trabalho expõe as justificativas pelas quais a concepção que será defendida como alternativa a de Becker se sustenta e, assim, porque pode ser considerada como uma possibilidade melhor de compreender o direito tributário.

Superado esse esclarecimento inicial, segue-se a estrutura do capítulo: inicialmente, será oferecida uma descrição das teorias que antecederam o pensamento de Becker e que, de certa forma, o influenciaram na defesa de uma dada concepção de direito tributário não só propagada por ele, mas por grande parte da doutrina passada e presente. O objetivo dessa etapa será demonstrar como era o referido "estado de coisas" por ocasião da publicação da obra de Becker e, assim, contra quem, especificamente, ele escrevia e porquê. Faz-se importante reiterar que Becker representa o autor ideal para o cumprimento desse passo, já que, diferente de outros autores, nega com veemência que o fundamento do tributo seja a necessidade de manutenção do Estado, a partir do exercício da soberania estatal. Tais afirmações se revelam na concepção de Estado que o autor adota: trata-se de uma força social, anterior ao direito e desvinculada da tributação.

Com isso, reitere-se que **o objetivo da presente obra não é se voltar contra as concepções de direito tributário que, por opção metodológica, apartam os elementos atinentes à atividade financeira do Estado do âmbito da prática tributária**. Além disso, nem sequer busca-se afirmar que, do ponto de vista didático, seria recomendável a união do direito tributário e do direito financeiro. O intento da obra é outro. É apenas demonstrar que, pela consideração do papel que o direito tributário tem na Constituição do Estado, é possível legitimar argumentos cujo teor revele, por exemplo, a função mantenedora dos tributos, para alçar-lhes o *status* de argumentos jurídicos, tão legítimos quanto a defesa da segurança jurídica dos contribuintes.

Passada a etapa de contextualização, pretende-se apresentar a concepção formada de direito tributário, e apontar como tal concepção reflete-se, ainda hoje, no tratamento do direito tributário. Por fim, cumpridas todas essas etapas, em um último tópico, serão apontadas as dificuldades que essa concepção apresenta, como forma de justificar a proposta por uma outra, que dê conta de solucionar questões relacionadas, por exemplo, com a destinação das contribuições sociais e com o uso de argumentos consequencialistas no direito tributário.

1. O Direito Tributário invertebrado: o contexto dogmático do florescimento da concepção pura de direito tributário

O principal alvo da concepção pura de direito tributário é a teoria integralista de Benvenuto Griziotti, que surge como uma reação à análise estritamente econômica do fenômeno financeiro. Antes dele, a Escola Econômica, liderada por Maffeo Pantaleoni[51, 52], fundou a Ciência das Finanças e não elegeu

---

51. Cf. BOGGERI, Maria Luisa, SUNDELSON, J. Wilner. "Italian Theories of Fiscal Sciences". *Political Science Quarterly*, vol. 53, n. 2, jun/1938, pp. 249-267.
52. Acerca da teoria de Pantaleoni, Griziotti destaca: "Pantaleoni, de fato, acredita que a repartição das despesas públicas é um fato que resulta do

como primeira forma de aproximação de seu objeto (a atividade financeira do Estado) a consideração de seus aspectos jurídicos; o autor parte da assunção de que a atividade financeira nada mais era do que uma atividade econômica tipicamente estatal: uma Ciência independente da economia, mas fundamentalmente econômica em sua natureza. Faziam parte dessa Escola, entre outros, Antonio de Viti de Marco e Luigi Einaudi.

O ponto de partida comum a ambos era o fato de que, na mesma medida em que a economia privada estuda a atividade do indivíduo, com vistas à satisfação de suas necessidades (individuais), a economia pública tem por objetivo investigar as formas pelas quais o Estado obtém meios para a realização das necessidades coletivas. A Ciência das Finanças, então, é o estudo da Economia do Estado. Confira[53, 54]:

---

juízo que a inteligência média existente no Parlamento forma em torno aos graus finais comparados e de utilidade das várias despesas e do ônus causado pela correspondente exação dos meios. É necessário que exista um equilíbrio entre a utilidade da despesa e o sacrifício da expropriação e que o grau final de utilidade de cada unidade individual de despesa, sendo o montante igual, sejam iguais todos os outros". No original: "Il. P., infatti, riticne che il riparto delle spese pubbliche è un fatto che risulta dal giudizio che la intelligenza media compresa nel Parlamento forma intorno ai gradi finali comparati e di utilità delle varie spese e di pena cagionata dalla corrispondente esazione dei mezzi. Bisogna che vi sia un equilibrio fra l'utilità della spesa e il sacrificio del prelevamento e che il grado finale di utilità di ogni singolo capo di spesa, a parità di ammontare, sia uguale a ogni altro". GRIZIOTTI, Benvenuto. *Studi di scienza delle finanze e diritto finanziario*. Milano: Giuffrè, 1956, p. 502.
53. "L'economia privata studia l'attività dell'individuo, diretta al soddisfacimento di bisogni individuali; l'economia pubblica, o finanziaria studia l'attività produttrice dello Stato, diretta al soddisfacimento di bisogni collettivi". VITI DE MARCO, Antonio de. *I primi principii dell'Economia Finanziaria*. Roma: Attilio Sampaolesi Editore, 1928, p. 12.
54. "La scienza della finanza è la scienza delle leggi secondo le quali gli uomini provvedono al soddisfacimento di certi bisogni particolari, che per distinguerli dai bisogni ordinari privati, si chiamano pubblici. [...] Dalla definizione ora data appare che la scienza economica generale studia le leggi con cui si provvede dagli uomini al soddisfacimento dei bisogni in generale; e la scienza finanziaria invece studia le leggi con cui dai medesimi uomini si

> "A economia privada estuda a atividade do indivíduo, direta à satisfação das necessidades individuais; a economia pública ou financeira estuda a atividade produtora do Estado, direta à satisfação das necessidades coletivas".
>
> "A ciência das finanças é a ciência das leis segundo as quais os homens, visando à satisfação de certas necessidades particulares que, para distingui-las das necessidades ordinárias privadas, são chamadas públicas. [...] De acordo com a definição ora fornecida, parece que a ciência econômica geral estuda as leis com as quais se provêem aos homens a satisfação das necessidades em geral; e a ciência financeira, ao invés, estuda as leis com as quais aos mesmos homens se provêem a satisfação das necessidades públicas em espécie. É claro, por isso, que entre a economia política e ciência financeira existe a mesma relação como aquela entre ciência geral e ciência particular".

Viti de Marco situa o estudo da atividade financeira do Estado no quadro de uma "Teoria da produção e do consumo dos bens públicos", cuja análise com método e objeto determinados é realizada pela Ciência das Finanças; trata-se de enxergar aquela atividade como econômica e considerar "o fenômeno financeiro como parte integrante do fenômeno econômico geral"[55]. Em sua obra, o autor estuda as formas pelas quais o Estado obtém receitas para a satisfação das necessidades coletivas, equiparando-o a qualquer outra empresa[56]:

---

provvede al soddisfacimento dei bisogni pubblici in specie. È chiaro perciò che tra economia politica e scienza finanziaria vi è lo stesso rapporto come da scienza generale a scienza particolare. EINAUDI, Luigi. *Principî di scienza della finanza*. Milano: Giulio Einaudi Editore, 1948, p. 3.

55. VITI DE MARCO, Antonio de. *I primi principii...*, cit., pp. 11-32.

56. "Lo Stato costituisce il suo capitale come ogni altra azienda. Può, anzitutto, possedere un suo originario patrimonio, da cui ricaverà un reddito annuale. In secondo luogo, può ricorrere al prestito, può ricorrere al prelevamento straordinario di una quota parte del patrimonio dei cittadini, o al prelevamento annuo di una quota parte del loro reddito. [...] I mezzi che lo

"O Estado constitui o seu capital como qualquer outra empresa. Pode, em primeiro lugar, possuir um patrimônio originário, do qual obterá um rendimento anual. Em segundo lugar, pode recorrer ao empréstimo, pode recorrer à arrecadação extraordinária de uma cota parte do patrimônio dos cidadãos, ou à arrecadação anual de sua renda. [...] Os meios que o Estado anualmente procura e anualmente gasta são registrados em seu balanço como "entradas" e como "despesas". Toma-se o ano como unidade de tempo, ao qual se referem os balanços privados e o balanço do Estado".

Tomando como ponto de início as mesmas assunções, segundo as quais a atividade financeira situava-se no campo da Economia Pública, Luigi Einaudi é menos radical que Viti de Marco e salienta que a identificação de uma Ciência Financeira não decorre propriamente da necessidade de se construir uma ciência econômica para as necessidades públicas; trata-se tão somente de estabelecer uma divisão didática para dar lugar a uma disciplina e não a uma ciência autônoma, com metodologia e princípios próprios. De outro lado, tendo-se em vista que o autor parte da consideração de que algumas (ainda que não todas) necessidades públicas deverão, necessariamente, ser providas pelo Estado[57], a delimitação do objeto de

---

Stato annualmente si procura ed annualmente spende, si registrano nel suo bilancio come 'entrate' e come 'spese'. Si prende l'anno come unità di tempo, a cui si riferiscono i bilanci privati e il bilancio dello Stato". VITI DE MARCO, Antonio de. *I primi principii...*, cit. p. 34.

57. Sobre o tema, destaca: "As razões pelas quais parece inoportuno considerar que as necessidades públicas devem ser satisfeitas por empreitadas privadas em regime de divisão de trabalho não são, porém, igualmente fortes para todas as necessidades públicas: existem algumas para as quais se pensa que isto seja impossível, outras para as quais se começa a duvidar, e, por fim, outras para as quais não se veria nenhum inconveniente. Assim, a defesa do território nacional: poder-se-ia prover como se provê a produção dos pães? Todos estaremos de acordo ao considerar isto absolutamente absurdo porque, dada a organização do estado moderno, é impossível deixar a formação do exército aos agentes privados. [...] A necessidade da defesa nacional é considerada universalmente uma necessidade 'pública', nota-se porque todos

estudo da Ciência das Finanças depende da identificação não apenas das necessidades específicas que reclamam a presença estatal, mas, em especial, da caracterização da contrapartida econômica do cumprimento de tais necessidades pelo Estado. Assim, trata-se de indagar como o Estado irá obter meios para garantir as comodidades requeridas pelos cidadãos e estabelecer uma classificação útil entre esses meios[58]. Logo, a indagação central está em delimitar as formas pelas quais o Estado pode obter meios de custeio dos serviços públicos, considerados de um ponto de vista geral. A classificação dos tipos das receitas públicas passa pelos preços públicos, preços quase-privados, preços políticos, impostos e contribuições. A diferença básica entre eles está no grau de divisibilidade da necessidade atendida.

Em Einaudi fica mais claro, portanto, como o estudo da Ciência das Finanças depende, em um primeiro momento, da identificação das possíveis espécies tributárias (impostos, contribuições, taxas, sem prejuízo de outras formas de obtenção de receita) e, em certa medida, da própria definição do que seja tributo, a fim de ser possível identificar critérios segundo os quais uma dada prestação se subsome ao objeto de investigação das finanças. Em uma segunda

---

são de acordo ao considerar que a sua satisfação deva ser assunto do estado e não das empresas privadas". No original: "Le ragioni per le quali sembra inopportuno di ritenere che i bisogni pubblici abbiano ad essere soddisfatti da intraprese private in regime di divisione del lavoro non sono però ugualmente forti per tutti i bisogni pubblici: ve ne sono alcuni per cui si pensa che ciò sia impossibile, altri per i quali si comincia a dubitare, infine altri per i quali non si vedrebbe in ciò nessun inconveniente. Cosí alla difesa del territorio nazionale, si potrebbe provvedere come si provvede alla produzione del pane? Tutto saremmo d'accordo nel considerare ciò assolutamente assurdo perché, data l'organizzazione dello stato moderno, è impossibile lasciare la formazione dell'esercito ad agenzie private. [...] Il bisogno della difesa nazionale è considerato dall'universale un bisogno 'pubblico', appunto perché sono d'accordo nel ritenere che il suo soddisfacimento debba essere assunto dallo stato e non da imprese private". EINAUDI, Luigi. *Principî...*, cit., p. 5.
58. GRIZIOTTI, Benvenuto. *Studi di Scienza delle Finanze...*, cit., pp. 488-490.

etapa, faz-se importante a análise do papel que os tributos têm no financiamento das despesas estatais e quais as condições para tanto (legalidade, capacidade contributiva, etc.). A partir disso já é possível ver como a formação do objeto do direito tributário resultou da avaliação das necessidades públicas e do papel que os particulares adquirem no financiamento dos serviços prestados. Trata-se de saber como obter meios para esse financiamento e qual a classificação jurídica respectiva.

No Brasil, essa metodologia de estudo da atividade financeira, como parte integrante do fenômeno econômico mais geral, foi adotada por Amaro Cavalcanti que, diferente de Pereira do Rego[59], apresenta um estudo mais específico das finanças públicas ao invés de tratar da atividade financeira como mais uma das atividades da Administração Pública, em uma obra de direito administrativo. Ao contrário, dedicou um livro inteiro apenas à "Ciência Financeira", ainda que com pretensões estritamente práticas e não inteiramente descolado do direito administrativo[60]. Logo no início da obra, ao tratar das "primeiras noções" relativas à natureza e ao objeto da "Sciencia Financeira", destaca[61]:

---

59. Pereira do Rego estuda o fenômeno financeiro pelas lentes do direito administrativo, como era bastante comum no fim do século XIX. PEREIRA DO REGO, Vicente. *Elementos de Direito Administrativo Brasileiro, para uso das Faculdades de Direito do Imperio*. 2ª edição. Recife: Typographia Commercial de Geraldo Henrique de Mira & C., 1860.

60. No prefácio da primeira edição (1896), Amaro Cavancanti reconhece a carência de livros que tratem dos ramos da administração pública e esclarece: "Não tivemos a intenção de escrever um *tratado* da sciencia financeira; mas um simples *resumo elementar* da materia, coordenada de accôrdo com os principios theoricos geralmente admittidos, e illustrada com os factos da legislação e praticas de nosso paiz. [...] Servimos, porém, ao nosso proposito; porquanto, em vez de obra de *elevação scientifica*, o que temos em mente, é um *livro* de *informação*, ou, si parecer melhor, um *estudo prático* da doutrina financeira". CAVALCANTI, Amaro. *Elementos de Finanças (Estudo theorico-pratico)*. Rio de Janeiro: Imprensa Nacional, 1896, p. V.

61. CAVALCANTI, Amaro. *Elementos de Finanças*..., cit., pp. 3-4.

> "Os factos da ordem economica são hoje especialmente partilhados por duas sciencias distinctas, ainda que baseadas sobre principios geraes da mesma natureza, para não dizer, de completa identidade. A diferença ou distincção manifesta-se, sobretudo, entre ambas pelo *objecto peculiar*, que cada uma dellas se propõe. Essas duas sciencias são: a 'Economia Politica' e a 'Economia Financeira' ou 'Sciencia das Finanças'.
>
> [...]
>
> Quando se trata dos factos diversos, que concernem á *producção, repartição, circulação* e *consumo* das *riquezas*, e das leis ou regras geraes, a que taes actos estão sujeitos, – em vista das necessidades e fins dos individuos ou das associações privadas (associações *commerciaes, industriaes, etc.*); ahi temos o dominio proprio da 'Economia Politica'.
>
> Quanto, embora tratando-se dos mesmos actos, factos e regras geraes, tem-se em vista, não as *necessidades privadas*, mas a satisfação das *necessidades publicas*, representadas por associações desta natureza, como a *Municipalidade*, a *Provincia* e o *Estado*; ahi temos, agora, o dominio especial da 'Sciencia Financeira'".

Conforme se percebe da leitura de Amaro Cavalcanti, o objetivo dessa Ciência é estudar as formas pelas quais o Estado adquire recursos e os emprega na satisfação de suas necessidades. Trata-se, nas palavras do autor, da[62]:

> "*doutrina da Economia do Estado*. Ella ensina os principios e as normas de *bem constituir* esta economia, de *bem empregal-a* e *bem administral-a*, em vista dos fins e misteres da vida pública".

Nesse contexto, o estudo das receitas adquire fundamental importância e ainda mais especialização do que pelas lentes do direito administrativo, em que as entradas

---

62. CAVALCANTI, Amaro. *Elementos de Finanças...*, cit., p. 7.

constituem mais um capítulo de um estudo muito mais amplo: o intento é investigar com mais detalhes as formas pelas quais o Estado irá obter recursos para financiar as despesas respectivas e, apesar de reconhecer a existência de fontes diversas de receitas (como o crédito público e a exploração do patrimônio estatal), o autor destaca que os impostos são a fonte de receita mais produtiva e presente nos Estados modernos[63, 64]:

> "Chama-se *imposto* a contribuição pecuniaria (ou susceptivel de estimação *pecuniaria*), arrecadada dos habitantes do paiz, para o fim de ocorrer as despezas do serviço publico.
>
> São numerosas as definições dos autores sobre o que deve entender por *imposto*; mas em geral, é elle reputado como uma divida, que *incumbe individualmente* a todos aquelles, que vivem sob a proteção do Estado".

Da definição bem se vê o imposto como *contribuição* (literal) ao financiamento das despesas estatais, sendo esse dever dos cidadãos, de contribuírem com os custos da manutenção do Estado, a base do que o autor chama de "fundamento histórico e racional do imposto"[65]:

> "O Estado não é uma entidade, *aparte* dos individuos que o compõem; os fins do Estado são outros tantos fins da vida social ou commum dos proprios individuos; para satisfazer a esses fins, que aliás constituem a propria razão de ser do Estado, precisa este de *meios*, com os quaes possa occorrer as respectivas despezas, sejam estas transitorias ou permanentes; – e como taes meios devem ser fornecidos pelos próprios individuos, aos quaes o *bem commum*, realisado pelo Estado, aproveita;

---

63. CAVALCANTI, Amaro. *Elementos de Finanças...*, cit., p. 83.
64. CAVALCANTI, Amaro. *Elementos de Finanças...*, cit., p. 169.
65. CAVALCANTI, Amaro. *Elementos de Finanças...*, cit., pp. 170-171.

– segue-se logicamente dahi, – de um lado, a obrigação de *contribuir*, e de outro, o direito de *exigir essa prestação econômica*, á que dá-se o nome de imposto".

Ainda que o autor reconheça a possibilidade teórica de os impostos serem não apenas instrumentos fiscais, mas, também, instrumentos de "reforma ou melhoramento social"[66], é interessante notar que, na visão exposta, tal uso manifestava evidente injustiça, já que o direito de o Estado se apropriar de receitas dos particulares somente poderia ser exercido mediante *"um fim certo e determinado, sob pena de converter-se em um abuso funesto"*. Esse fim é a *"necessidade de prover a despeza publica: é esta a sua razão de ser"*[67]. Essas passagens demonstram, com clareza, como se mostrava impensável cogitar de tributação sem o fim imediato de financiamento das necessidades estatais e como tal conexão era evidente[68].

Portanto, para Amaro Cavalcanti, o único fundamento racional dos impostos reside na necessidade de os cidadãos contribuírem para a despesa pública e, pois, proverem os meios para a subsistência do Estado, que lhes garante a própria existência jurídica (como sujeitos de direito)[69].

---

66. "O poder publico deve crear certos impostos, que, pela sua natureza e materia tributável (*a fortuna, o capital, a renda*) e pelos processos da sua applicação (*a tarifa progressiva*, por exemplo) sejam capazes de satisfazer ao duplo fim: – produzir abundante receita para o Thesouro, – e concorrer para uma *distribuição economica melhor* na vida commum". CAVALCANTI, Amaro. *Elementos de Finanças...*, cit., p. 171.
67. CAVALCANTI, Amaro. *Elementos de Finanças...*, cit., p. 172.
68. A obviedade dessa conexão era, inclusive, reconhecida pelo próprio autor: "A razão de ser do imposto, ou antes, o *direito* que tem o poder publico de exigil-o, e o *dever* que incumbe aos particulares satisfazel-o, são cousas estas, por si mesmas, tão evidentes, e já hoje tão vulgarmente sabidas e incontestadas, que dispensam a tarefa de discutil-as, para o fim de demonstrar sua legitimidade e procedência". CAVALCANTI, Amaro. *Elementos de Finanças...*, cit., p. 170.
69. Trata-se de um "dever commum da collectividade", que deve concorrer para os fins do Estado. CAVALCANTI, Amaro. *Elementos de Finanças...*, cit., p. 224. A citação transcrita se encontra na página 174.

"[...] o Estado ou a Republica é uma condição necessaria de todo o homem civilisado; este não póde subsistir, engrandecer-se e elevar-se individual ou socialmente, a não ser no Estado ou pelo Estado; conseguintemente, deve concorrer para os encargos do mesmo com os seus serviços, trabalho e dinheiro, como o faz igualmente ácerca dos outros misteres e necessidades próprias da sua subsistencia".

Em outros termos: – no regimen democratico é o proprio povo quem crêa o Estado e os modos da sua existencia, segundo lhe parecem mais convenientes; segue-se que o imposto, sendo meio de prover ao Estado creado pelo povo, este deve pagal-o sem o menos sentimento de objecção, por ser uma consequencia do seu proprio acto e vontade, aliás muito consentânea com o seu bem-estar e interesses".

A partir dessas considerações que delimitam o conceito de imposto (tributo), o autor passa à análise de pontos mais específicos, como as condições da incidência, lançamento, repercussão, evasão e classificação, que, atualmente, são tidos como temáticas tipicamente tributárias, além da aplicação do princípio da legalidade seja na criação, seja no lançamento da exação[70]:

Apenas dois anos depois, em 1898, Veiga Filho publicou seu "Manual da Sciencia das Finanças", com o objetivo de fornecer, aos estudantes de direito, noções elementares sobre esta disciplina, necessárias tanto em função da reforma do ensino superior em 1891, que a incluiu como obrigatória nos currículos das Faculdades de Direito quanto em face da evolução, notável para o autor, da atividade financeira, *"gerando em todos os espiritos o convencimento de que, sem o concurso della, jamais se poderá dotar os povos com os beneficios ou melhoramentos moraes e materiaes reclamados pela civilisação"*[71].

---

70. CAVALCANTI, Amaro. *Elementos de Finanças...*, cit., pp. 180 e ss.
71. VEIGA FILHO, João Pedro da. *Manual da Sciencia das Finanças*. São Paulo: Espindola & Comp., 1906, pp. V-VII (prefácio da primeira edição, datada de agosto de 1898).

Contudo, a orientação metodológica de Veiga Filho já se apresenta distinta da de Amaro Cavalcanti, pois nega que a Ciência das Finanças seja um ramo da economia política para defender que se trata de uma "parte da sciencia da administração politica a qual é, por sua vez, um ramo da sciencia politica ou do Estado"[72, 73]:

> "Só o Estado pode attender e satisfazer às necesidades communs aos homens, as quaes, dia a dia, se augmentam na vida civil. Da justa retribuição do Estado ou ao pessoal encarregado do governo e administracao publica decorrem tambem a necessidade da *despeza* e o consequente *uso da riqueza material*, sem a qual impossível seria aquelle nobra officio.
>
> "A sciencia das finanças está intimamente relacionada ao fim social, às atribuições e funcções do Estado. Ella se occupa, não só da natureza dos phenomenos financeiros e das leis que os regem, como tambem dos principios segundo os quaes se obtém os *meios* ou uma certa quantidade de bens materiaes para ocorrer-se á necessidade da despeza publica – e da melhor maneira de serem os mesmos applicados".

Não obstante essas questões classificatórias, a receita continua sendo objeto de estudo da Ciência das Finanças, uma vez que constitui os meios materiais com os quais o Estado irá fazer frente às despesas. A análise e classificação dessas receitas passa, então, necessariamente, pela investigação dos tributos, que aparecem como mais um elemento da atividade financeira do Estado, ao lado das despesas, orçamento e endividamento, do que propriamente como uma categoria à parte, que mereça devida e especial atenção[74]:

> "A divisão da sciencia é portanto em quatro partes: – despeza, receita, orçamento e credito publico.

---

72. VEIGA FILHO, João Pedro da. *Manual...*, cit., p. 7.
73. VEIGA FILHO, João Pedro da. *Manual...*, cit., pp. 2-3.
74. VEIGA FILHO, João Pedro da. *Manual...*, cit., pp. 3-4.

> A divisão por nós proposta se affasta da comummente seguida e que não é mais do que a descripção exacta e resumida da série de actos successivos, identicos, inseparaveis que se condizem reciprocamente, caracterizando, por completo, o phenomeno financeiro. [...] Assim, financeiramente, não se pode despender sem arrecadar ou ganhar e vice-versa; não se pode despender e arrecadar sem calcular, precaver ou premunir".

De outro lado, segundo o autor destaca ao exaltar a importância da Ciência das Finanças, o interesse geral do desenvolvimento desses estudos decorre do fato de o "imposto" ser o principal assunto das finanças[75]. Mais adiante salienta que a organização financeira pressupõe a organização política e administrativa – ou seja, as formas pelas quais a Administração irá obter meios para dar conta das despesas públicas depende da forma de Estado que se coloca (federação, confederação, Estado unitário). Prossegue, afirmando que nenhuma organização financeira será bem instituída se não cumprir com as seguintes condições[76]:

> "– equitativa repartição do tributo, de modo que elle não recáia sómente sobre uma só classe para não provocar o descontentamento popular; – simplicidade e clareza nas leis fiscaes, afim de se obter uma arrecadação facil e barata, isto é commoda para o contribuinte e productiva para o Estado; – competência e estabilidade dos funccionarios encarregados da gestão das finanças; – contabilidade e fiscalisação para não haver confusão ou obscuridade nas verbas orçamentarias e assegurar-se a realidade e legalidade das contas; – responsabilidade dos agentes".

Os elementos acima descritos, nos dias de hoje, pertencem tanto ao campo de estudos do direito tributário (determinação

---

75. VEIGA FILHO, João Pedro da. *Manual*..., cit., p. 13.
76. VEIGA FILHO, João Pedro da. *Manual*..., cit., pp. 23-24.

de bases impositivas, distribuição equânime da tributação, simplificação e eficiência do sistema tributário) quanto do direito financeiro (fiscalização, transparência, destinação de verbas públicas). Não obstante isso, naquele momento de formação e delimitação desses pequenos temas, a doutrina passa a enxergá-los não mais como integrantes do direito administrativo, mas sim como parte do direito financeiro, que era a contrapartida prática da Ciência das Finanças. Se, por um lado, cabia à Ciência das Finanças estudar tais institutos, de outro, era de competência do direito financeiro regulá-los[77]:

> "O direito financeiro compreende todas as regras por que se deve dirigir a administração geral da fazenda nacional, no que é relativo á despeza, receita, orçamento e credito publico; á arrecadação, fiscalisação e dstribuição das rendas publicas; ao desempenho das attribuições de todos os encarregados da guarda e applicação dos dinheiros nacionaes; á tomada de suas contas; e á maneira de se lhes fazer effectiva a responsabilidade".

Para Veiga Filho, a justificativa para a existência de tributos, de um ponto de vista geral, era a necessidade de meios para a "governação do Estado e a defeza nacional"[78]. Desses tributos, o principal recurso do Estado consistia nos impostos[79].

---

77. VEIGA FILHO, João Pedro da. *Manual*..., cit., p. 26.
78. VEIGA FILHO, João Pedro da. *Manual*..., cit., pp. 93-94.
79. "*Tributo* é o termo generico que abrange todas as contribuições e até serviços. *Imposto* é a contribuição exigida em virtude de um serviço geral e indivisível ex. a governação do Estado e é arrecadado como um direito preexistente, um facto *a priori*. *Taxa* é a contribuição exigida em virtude de um serviço, especial, divisível, provocado e é cobrada como uma remuneração ou retribuição de um facto *a posteriori*, ex. um acto judiciario, a expedição de um telegrama". VEIGA FILHO, João Pedro da. *Manual*..., cit., p. 94, nota 1. Note-se que do ponto de vista da finalidade, Veiga Filho não discorda de Einaudi, que também atrela a arrecadação de tributos ao cumprimento de algumas das necessidades públicas, dentre elas a defesa nacional, como visto acima. A diferença, portanto, é meramente classificatória: a Ciência

Interessante notar que a definição de *imposto* envolvia a figura da *contribuição*; imposto, nesse sentido, seria a contribuição do particular para o desenvolvimento das atividades estatais indivisíveis[80]. Ele é o centro de estudos do tópico "receita", presente na Ciência das Finanças[81].

O pensamento de Veiga Filho se insere na oposição à Escola Econômica, liderada pelo italiano Luigi Cossa[82], que passa a afirmar que as finanças públicas pertencem à ciência política e não à econômica[83, 84]:

---

das Finanças era ou não uma especialização da Economia do Estado. Para Veiga Filho, a resposta só poderia ser negativa.

80. "Impostos indirectos são todas as contribuições arrecadadas em virtude de tarifas impessoaes e que recaem sobre certos factos intermittentes, constatados dia a dia. [...] Impostos directos são todas as contribuições arrecadas por meio de listas nominativas e que recaem sobre certos factos permanentes, periodicamente constatados". VEIGA FILHO, João Pedro da. *Manual...*, cit., pp. 135-136.

81. No título relativo ao estudo da Receita Pública de seu livro, Veiga Filho dedica seis dos dez capítulos especificamente aos impostos (definição, classificação, discriminação de rendas, espécies) e mais um desses dez aos diversos regimes tributários que o Brasil já experimentou, até a República. O que esse detalhamento da figura dos impostos demonstra é exatamente o argumento que se busca desenvolver neste tópico da presente obra: o direito tributário, como disciplina e prática, forma-se a partir da consideração da necessidade de financiamento estatal. **É essa demanda específica que especializa o direito tributário, a ponto de separá-lo da Ciência das Finanças (e, posteriormente, do direito financeiro), que outrora foi separada do direito administrativo.**

82. Cf. BOGGERI, Maria Luisa, SUNDELSON, J. Wilner. "Italian Theories of Fiscal Sciences"...., cit.

83. "Il patrimonio pubblico, che comprende il *demanio fiscale* e i *tributi (contribuizioni)* tanto *nazionali*, quanto *locali*, non deve confondersi né col patrimonio dei *privati*, né, in una monarchia, con quello del *sovrano*. La *scienza delle finanze* è la dottrina del *patrimonio pubblico*. Essa insegna il modo migliore di *costituirlo, amministralo* ed *impiegarlo*. [...] La scienza delle finanze è un ramo della *politica*, intesa nel suo significato più ampio di *dottrina del governo*: perciò dicesi anche *politica finanziaria*. Essa entra in quella parte della *politica interna* che si chiama *scienza della pubblica amministrazione*". COSSA, Luigi. *Primi Elementi di Scienza delle Finanze*. Milano: Ulrico Hoepli Editore, 1905, pp. 4-5.

84. "A ciência das finanças não è, como muitos crêem, um *apêndice* da economia política. Esta, de fato, não se restringe à investigação das *causas* e das

> "O patrimônio público, que compreende a *administração fiscal* e os *tributos (contribuições)* tanto *nacionais* quanto *locais*, não deve ser confundido nem com o patrimônio dos *privados* nem, em uma monarquia, com aquele do *soberano*.
>
> A *ciência das finanças* é a doutrina do *patrimônio público*. Ela ensina o modo melhor de *constituir-lo, administrá-lo* e *empregá-lo*. [...]
>
> A ciência das finanças é um ramo da *política*, entendida em seu significado mais amplo de *doutrina do governo*: por isso se diz também *política financeira*. Esta entra naquela parte da *política interna* que se chama *ciência da administração pública*".

Foi Benvenuto Griziotti que levou essa consideração às últimas consequências, para defender que o sistema fiscal é um instrumento de ação política. Assim, propõe separação entre "direito financeiro" e "Ciências das Finanças" e inaugura uma nova forma de estudar o fenômeno financeiro. Este autor não tem por objetivo descartar a chamada "Ciência das Finanças", mas sim delimitar-lhe o objeto com maior precisão, já que a análise do fenômeno financeiro da forma até então conduzida nem era capaz de esclarecer os contornos da atuação estatal, nem sequer de auxiliar em sua sistematização.

---

consequências econômicas das providências *fiscais*. Os princípios gerais do *direito* e da *política* são *fontes* da ciência das finanças tanto quanto aqueles de *economia política*. As questões financeiras devem, por isso, ser consideradas no tríplice aspecto da *justiça*, da *conveniência* e do *benefício social*. O estudo dessas três disciplinas é, portanto, uma condição essencial para bem aprender os elementos da ciência das finanças". No original: "La scienza delle finanze non è, come da molti si crede, un *appendice* dell'*economia politica*. Essa infatti non si restringe all'indagine delle *cause* e delle *conseguenze economiche* dei provvedimenti *fiscali*. I principii generali del *diritto* e della *politica* sono *fonte* della scienza delle finanze, non meno di quelli dell'*economia politica*. Le questioni finanziarie si debbono perciò considerare nel triplice aspetto della *giustizia*, della *convenienza* e del *tornaconto* sociale. Lo studio di quelle tre discipline è quindi una condizione essenziale per ben apprendere gli elementi della scienza delle finanze". COSSA, Luigi. *Primi Elementi*..., cit., p. 6.

A consequência era o desconhecimento de seu objeto próprio, que, para o autor, está desconectado dos aspectos econômicos do país no qual tal atividade se desenvolve[85]:

> "Os efeitos de uma tal situação da ciência não se encontram apenas na literatura, mas também na jurisprudência, que procede como uma nave sem bússola em um mar desconhecido. O vício fundamental dos nossos estudos é a falta de um conhecimento exato do fenômeno financeiro, o defeito de um sistema de noções fundamentais, de princípios diretivos".

Acerca da doutrina de Griziotti, escreve Dino Jarach[86]:

> "Já desde o início de suas investigações científicas, Griziotti reage em face das doutrinas econômicas das finanças públicas, porque observa que as decisões e as eleições que cumpre ao Estado para repartir o peso dos gastos públicos entre as distintas categorias e gerações de contribuintes são determinadas por critérios políticos e não por critérios econômicos. Para ele, é política tanto a decisão referente ao gasto como a que se refere aos ingressos [...]".

---

85. "Gli effetti di una tale situazione della scienza non si palesano soltanto nella letteratura, ma pure nelle giurisprudenza, che procede molto spesso come navicella senza bussola in un mare sconosciuto. Il vizio fondamentale dei nostri studi è la mancanza di un'esatta conoscenza del fenomeno finanziario, il difetto di un sistema di nozioni fondamentali, di principi direttivi. GRIZIOTTI, Benvenuto. *Studi di Scienza delle Finanze*..., cit., p. 6.

86. JARACH, Dino. "La teoría financiera de Benvenuto Griziotti", in GRIZIOTTI, Benvenuto. *Princípios de Ciencia de las Finanzas*. Trad. Dino Jarach. Buenos Aires: Roque Depalma Editor, 1959, p. XXIV (introdução). No original: "Ya desde el inicio de sus investigaciones científicas, Griziotti reacciona frente a las doctrinas económicas de las finanzas públicas, porque observa que las decisiones y las elecciones que cumple el Estado para repartir la carga de los gastos públicos entre las distintas categorías y generaciones de contribuyentes, son determinadas por criterios políticos y no por criterios económicos. Para él es política tanto la decisión referente al gasto como la que se refiere a los ingresos [...]".

Ao lado da melhor identificação do objeto da Ciência das Finanças, conectando-a à feição política das ações estatais que se relacionam à criação e arrecadação de receitas, Griziotti pretende inaugurar uma nova forma de estudá-la: coordenada com a análise do "direito financeiro" – o qual, apesar de possuir o mesmo objeto daquela ciência, estudava-a sob outra perspectiva.

Trata-se, portanto, de, em primeiro lugar, separar o estudo da economia da análise científica do direito financeiro[87], para, após, "colocar em evidência como elementos essenciais primários independentes caracterizam a atividade fiscal do Estado e ilustrar a existência autônoma, a tarefa científica, o conteúdo e os limites de duas disciplinas distintas, mas concorrentes e integrantes no estudo dessa atividade: a ciência das finanças e o direito financeiro"[88, 89].

---

87. "[...] basta a constatação, na atividade financeira do Estado, de forças diversas daquelas operantes na atividade econômica por obrigação metodológica isolar para abstração essas forças mesmas e torná-las objeto de uma nova e especial ciência, deixando à economia política o estudo de todas aquelas forças que são comuns à atividade do Estado e de todos os outros entes públicos e privados". No original: "[...] basta la constatazione, nell'attività finanziaria dello Stato, di forze diverse da quelle operanti nell'attività economica per dovere a cagione di metodo isolare per astrazione queste forze stesse e farne oggetto di nuova e speciale scienza lasciando all'economia politica lo studio di tutte quelle forze che sono comuni all'attività dello stato e di tutti gli altri enti pubblici e privati". GRIZIOTTI, Benvenuto. *Studi di Scienza delle Finanze...*, cit., pp. 7-8.
88. "Mio intento principale è di porre in evidenza come elementi essenziali primari a se stanti caratterizzano l'attività fiscale dello Stato e di illustrare l'esistenza autonoma, il compito scientifico, il contenuto e i limiti di due discipline distinte ma concorrenti e integratisi nello studio di questa attività: la scienza delle finanze e il diritto finanziario". GRIZIOTTI, Benvenuto. *Studi di Scienza delle Finanze...*, cit., p. 8.
89. O desenvolvimento dessa tese aparece, pela primeira vez, em uma aula proferida por Griziotti, em 1914, na Universidade da Catania. Contudo, de acordo com o próprio autor, essa "teoria geral do direito financeiro coordenado com a ciência das finanças" é formulada definitivamente apenas em 1927, na Argentina, com a publicação de *Impuestos directos y Reforma impositiva*, e em 1929, na Itália, com os volumes de *Principi di política, diritto e scienza*

O caminho, reitere-se, seria afastamento da teoria econômica para se reconhecer que a satisfação e determinação de necessidades públicas, realizadas pela atividade financeira do Estado, que se resume na obtenção de recursos para o cumprimento das despesas públicas, vinculadas àquelas necessidades, são partes integrantes da função política do Estado[90]. Disso decorre que tanto a essência da atividade financeira quanto as relações que dela nascem são políticas[91] e é a partir dessa consideração que o direito financeiro e a Ciência das Finanças devem ser estudados:

> "De um lado aparece, a cada instante que se queira, o Estado, que no seu cálculo de ordem política, determina com um só pensamento as despesas e as entradas; do outro o contribuinte, que, no julgar da ação política do Estado, examina os ônus públicos que deve suportar, revisa todas as contribuintes particulares que ele transfere ao tesouro, seja para o pagamento de impostos, taxas devidas, seja para o pagamento de serviços

---

delle finanze e *Studi di diritto tributario*. Referências em: GRIZIOTTI, Benvenuto. *Studi di Scienza delle Finanze...*, cit., p. 56.

90. "[...] em relação à autonomia das finanças da economia, pode-se afirmar que *os meios financeiros diferem-se dos meios econômicos*, sob o aspecto qualitativo e quantitativo, espacial e temporal, seja pela maior variedade de procedimentos supra indicados, seja pela elasticidade e rapidez da sua formação". No original: "[...] per quanto riguarda la autonomia delle finanze dall'economia, si può affermare che *i mezzi finanziari differiscono dai mezzi economici*, sotto l'aspetto qualitativo e quantitativo, spaziale e temporale, sia per la maggior varietà dei procedimenti appena sopra indicati, sia pela elasticità e rapidità della loro formazione". GRIZIOTTI, Benvenuto. *Studi di Scienza delle Finanze...*, cit., p. 59.

91. "Da un lato appare, ad ogni istante che si voglia, lo Stato, che bel suo calcolo d'ordine politico, determina con un sol pensiero le spese e le entrate; dall'altro il contribuente, che nel giudicare il complesso dell'azione politica dello Stato esamina gli oneri pubblici che deve sopportare, passa in rassegna tutti i singoli contributi che egli dà al tesoro sia per il versamento di imposte, tasse dazii sia per il pagamento di servizi pubblici o di beni venduto dallo Stato al di sopra del loro costo di produzione". GRIZIOTTI, Benvenuto. *Studi di Scienza delle Finanze...*, cit., p. 11.

públicos ou de bens vendidos pelo Estado acima do seu custo de produção. Uma avaliação e um juízo político de uma e de outra parte!"

Tendo-se em vista essas postulações, Jarach salienta a possibilidade de constituir o que Griziotti chamou de "Ciência Pura das Finanças"[92]:

> "Como consequência dessa posição que vê nas finanças públicas tão somente um processo de distribuição das necessidades orçamentárias com critério político, a ciência das finanças pode ser concebida como ciência pura, não com o objeto de estudar em abstrato um esquema ideal ou um sistema geral de troca econômica entre serviços estatais e preços ou retribuições pagas pelos cidadãos, mas sim com o de examinar 'os problemas de racionalização dos princípios adotados pelo legislador para distribuir a carga financeira ou dos que se queria adotar".

Em que pese o termo "Ciência das Finanças" ainda ser aplicável nessa teoria, claramente verifica-se uma evolução em relação ao momento anterior. Agora, o objeto dessa ciência está mais delimitado e vinculado, claramente, à atividade financeira do Estado, considerando seu aspecto político[93]. Em

---

92. "Como consecuencia de esta posición que ve en las finanzas públicas tan sólo un proceso de distribución de las necesidades presupuestarias con criterio político, la ciencia de las finanzas puede concebirse cual ciencia pura, no con el objeto de estudiar en abstracto un esquema ideal o un sistema general de cambio económico entre servicios estatales y precios o retribuciones pagadas por los ciudadanos, sino con el de examinar 'los problemas de la racionalización de los principios adoptados por el legislador para distribuir la carga financiera o de los que se querría que adoptase". JARACH, Dino. "La teoría financiera de Benvenuto Griziotti"..., cit., p. XXVI.

93. Isso não quer dizer que a análise que Griziotti faz seja sociológica: "os estudos políticos devem ser distintos daqueles sociológicos das finanças. O fenômeno financeiro é político porque as diretivas das finanças são políticas e porque os sujeitos (Estado), procedimentos (coativos), fins (estatais) das

contrapartida, por ora, não se faz possível identificar o direito tributário despregado do direito financeiro ou mesmo da Ciência das Finanças – apesar da evolução constante dos institutos e dos métodos de aproximação do fenômeno financeiro, as normas que hoje denominamos tributárias eram vistas, apenas, pelas lentes das Finanças Públicas. Tanto assim que o próprio Griziotti, ao defender uma dada reforma tributária a justifica diante da necessidade de obtenção de recursos pelo Estado, no pós-guerra[94].

Como desenvolvimento das posturas inicialmente apresentadas, ao avaliar a proposta inicial do estudo coordenado entre direito financeiro e Ciência das Finanças, Griziotti desenvolve mais detidamente a afirmação de que uma coordenação como essa é necessária não apenas para fins de sistematização e clareza dessa prática, mas, também, para conferir maior segurança jurídica aos contribuintes: trata-se, na visão do autor, de superar um estudo formal, para preocupar-se com o *porquê* do poder financeiro, com o fundamento substancial das entradas e não propriamente com a técnica normativa de incidência tributária, que teria aspecto meramente formal. O intento seria a determinação da *causa jurídica* da entrada, que[95]:

---

finanças têm caráter político. Portanto, estamos no campo *intrínseco* das finanças e da ciência das finanças com o estudo do elemento político; no campo *extrínseco*, ou seja, da sociologia financeira [...] com as considerações das relações sociológicas". No original: "gli studi politici devono essere distinti da quelli sociologici delle finanze. Il fenomeno finanziario è politico, perché le direttive della finanza sono politiche e perché soggetto (stato), procedimenti (coattivi), fini (statali) della finanza hanno carattere politico. Quindi siamo nel campo *intrinseco* della finanza e della scienza delle finanze con lo studio dell'elemento politico; nel campo *estrinseco* ossia della sociologia finanziaria [...] con la considerazione dei rapporti sociologici". GRIZIOTTI, Benvenuto. *Studi di Scienza delle Finanze...*, cit., pp. 93-94.
94. GRIZIOTTI, Benvenuto. *Studi di Scienza delle Finanze...*, cit., pp. 19-31.
95. "[...] indica la funzione o lo scopo obbiettivo e la natura di ogni entrata. Dove l'autorità dello Stato non si esplica come forza bruta nel prevalere sulla volontà dei contribuenti, come in guerra o nella tirannide, è l'interesse pub-

"[...] indica a função ou o propósito objetivo e a natureza de cada entrada. Onde a autoridade do Estado não se explica como força bruta ao prevalecer a sua vontade sobre a do contribuinte, como na guerra ou na tirania, é o interesse público a causa das arrecadações dos tributos, mas isso está de acordo com o interesse dos particulares".

A teoria que está por detrás dessas considerações é a da interpretação funcional, que prima pela identificação da *ratio legis* das normas. No caso específico das entradas fiscais, essa *ratio* "é dada pela função particular de troca direta ou indireta"[96, 97]. Para Griziotti[98],

"a causa jurídica justifica a imposição fiscal devida, o imposto excessivo, o imposto duplicado (múltiplo) e a distingue da entrada extrafiscal e da extorsão arbitrária. [...] A causa do imposto é necessária para justificar cada transferência patrimonial e para tutelar, a todo

---

blico la causa dei prelevamenti dei tributi, ma esso concorda con l'interesse dei privati". E, mais adiante: "La causa giuridica giustifica la imposizione fiscale dovuta, la sovrimposta e la imposta plurima e le distingue dall'entrata extrafiscale e dall'estorsione arbitraria, quanto dall'imposta sperequata od eccessiva, dalla doppia imposizione che avviene quando si esigono due imposte per la medesima causa [...]". GRIZIOTTI, Benvenuto. *Studi di Scienza delle Finanze...*, cit., p. 64.

96. GRIZIOTTI, Benvenuto. *Studi di Scienza delle Finanze...*, cit., p. 66.

97. Em outro texto, esclarece que a causa do direito financeiro está na capacidade contributiva. GRIZIOTTI, Benvenuto. *Studi di Scienza delle Finanze...*, cit., p. 85.

98. "La causa giuridica giustifica la imposizione fiscale dovuta, la sovrimposta e la imposta plurima e le distingue dall'entrata extrafiscale e dall'estorsione arbitraria [...]. La causa dell'imposta è necessaria per giustificare ogni trasferimento patrimoniale e per tutelare contro i tiranni come contro il fisco esoso in ogni tempo i cittadini dalle pretese incostituzionali o comunque indebite e ha quindi la stessa funzione della causa nel diritto ammistrativo, quanto nel diritto privato, ma è diversa da ciascuna di esse per le varie specifiche funzioni che esercita nei vari diritti". GRIZIOTTI, Benvenuto. *Studi di Scienza delle Finanze...*, cit., p. 64.

tempo, os cidadãos contra os tiranos, contra o fisco abusivo, das pretensões inconstitucionais ou de qualquer modo indevidas, e possui, portanto, a mesma função da causa no direito administrativo, quanto no direito privado, mas é diversa em cada uma dessas, pelas várias específicas funções que exercem nos vários direitos".

A partir dessa doutrina das causas desenvolvem-se ainda mais as postulações de Griziotti, para chegar ao ponto de considerar a ciência das finanças como "ciência complexa"[99], cujos fins somente podem ser atingidos pelo estudo dos quatro aspectos que compõem a atividade financeira: político, econômico-social, jurídico e técnico. Conforme relata Sainz de Bujanda, a análise do fenômeno financeiro sob o enfoque político faz com que o estudioso conheça as diretrizes de tal atividade, enquanto o econômico indaga-lhe a função que desenvolve[100], o jurídico a causa justificativa da lei e o técnico verifica a operação em virtude da qual se produz o ingresso[101]. Nas palavras de Griziotti[102]:

---

99. Cf. JARACH, Dino. "La teoría financiera de Benvenuto Griziotti"..., cit. e SAINZ DE BUJANDA, Fernando. *La autonomía del Derecho financiero en el cuadro de disciplinas de las Facultades de Derecho*. Madrid: Universidad de Madrid, Seccion de Publicaciones, 1958.
100. Sem que isso represente qualquer contradição com a negação inicial da teoria econômica da Ciência das Finanças. Mesmo reconhecendo a necessidade de analisar o aspecto econômico, Griziotti salienta que se trata, apenas, de buscar os efeitos econômicos da atividade financeira, sem que ela mesma consista nesses efeitos. Sobre o tema: JARACH, Dino. "La teoría financiera de Benvenuto Griziotti"..., cit.
101. SAINZ DE BUJANDA, Fernando. *La autonomía del Derecho financiero*..., cit., p. 18.
102. "[...] la ricerca funzionale nell'applicazione o nell'interpretazione delle entrate fiscale non è altro che l'indagine sulla intenzione del legislatore o della *ratio legis* compiuta con l'uso della scienza delle finanze e del diritto finanziario ossia con criteri politici e scientifici, giuridici e tecnici precisi per avere la maggiore esattezza possibile dei risultati, per riuscire alla *certezza sostanziale della giusta imposta*, in luogo della certezza formale del diritto". GRIZIOTTI, Benvenuto. *Studi di Scienza delle Finanze*..., cit., p. 66.

> "[...] a investigação funcional na aplicação ou na interpretação das entradas fiscais não é outra senão a indagação sobre a intenção do legislador ou da *ratio legis* obtida com o uso da ciência das finanças e do direito financeiro, ou seja, com critérios políticos e científicos, jurídicos e técnicos precisos para obter a maior exatidão possível dos resultados, para atingir a *certeza substancial do imposto justo*, no lugar da certeza formal do direito".

Em resumo, Griziotti apresenta uma proposta inovadora em relação aos estudos que até então vinham sendo desenvolvidos: em primeiro lugar, promove a coordenação da Ciência das Finanças e do direito financeiro em torno da atividade financeira do Estado, que se manifesta no exercício da função política deste, para, então, postular a necessidade de realizar um estudo substancial dessas práticas, cujo foco seja o motivo que justifica a criação do tributo (além de outras entradas fiscais) e não propriamente a forma pela qual a incidência ou o dever de pagar surgem do ponto de vista jurídico.

No Brasil, é possível encontrar autores que classificaram a Ciência das Finanças como pertencente à Ciência Política e detentora de vários aspectos passíveis de análise, pela incorporação da teoria de Griziotti. Dentre eles, cite-se, por todos, Alberto Deodato[103]:

> "A Ciência das Finanças não é uma ciência jurídica. Não é ramo do Direito. Está dentro do quadro das Ciências Políticas. De fato: as Ciências Políticas abrangem a Política propriamente dita, a Administração Social e a Administração Política. Nossa Ciência, estando incluída

---

103. DEODATO, Alberto. *Manual de Ciência das Finanças*. São Paulo: Saraiva, 1984, pp. 11-12. Na mesma linha de raciocínio, mas não tão condundentes como Deodato: PACIULLI, José. *Direito Financeiro – Ciência das Finanças, Finanças Públicas, Direito Tributário*. São Paulo: Saraiva, 1973 e BERNARDES, C. de Alvarenga, ALMEIDA FILHO, J. Barbosa de. *Direito Financeiro e Finanças*. São Paulo: Atlas, 1967.

> na Administração Política, claro que é um ramo de Ciência Política. É dentro das máximas de ensino da Ciência das Finanças que se traçam os rumos da Política Financeira que, hoje, constitui uma cadeira nos cursos de Economia e que nós afloraremos neste Manual.
>
> Não tem vida isolada nossa Ciência. Se todas elas são ramos de um sistema de conhecimentos humanos, cada ciência tem com algumas mais afinidades, mais analogias, que com outras. Assim, a Ciência das Finanças mais se entrosa com a Economia Política, com a História, com a Estatística, com a Contabilidade".

Contudo, a teoria integralista de Griziotti resultou em problemas práticos mais diretamente relacionados com o ensino da Ciência das Finanças. Como, na visão do autor, está-se diante de uma Ciência que engloba diversas áreas distintas, os professores deveriam ser, a um só tempo, "economistas, políticos, juristas e técnicos" para harmonizar todas as informações necessárias ao estudo de tal disciplina[104]. Essa proposta não foi adiante. A separação didática entre a Economia Financeira e o Direito Financeiro e a inserção deste no quadro das Escolas de Direito, garantindo uma análise estritamente jurídica, surge como reação a Griziotti[105] e parece retomar a proposta inicial de Otto Mayer[106] que, já em 1850, via a atividade financeira do Estado como parte integrante do Direito Administrativo. Com isso, salienta Sainz de Bujanda[107]:

---

104. Sobre isso, GRIZIOTTI, Benvenuto. "Per l'unità della cattedra di diritto finanziario e scienza delle finanze". *Rivista di Diritto Finanziario e scienza delle finanze*, 1942, *apud* SAINZ DE BUJANDA, Fernando. *La autonomía del Derecho financiero*..., cit., p. 18.
105. SAINZ DE BUJANDA, Fernando. *La autonomía del Derecho financiero*..., cit.
106. MAYER, Otto. *Derecho Administrativo Alemán*. Tomo I, Parte General. Trad. do original francês por Horacio H. Heredia e Ernesto Krotoschin. Buenos Aires: Editorial Depalma, 1949
107. SAINZ DE BUJANDA, Fernando. *La autonomía del Derecho financiero*..., cit., p. 22.

> "[...] na doutrina italiana dominante ambas as ciências [*i.e.* Economia Financeira e Direito Financeiro] não se confundem e nem se integram em uma disciplina superior, mas possuem um conteúdo próprio e irredutível, sem que se deixe de reconhecer, por isso, as profundas conexões conceituais que entre elas existem".

Acerca disso, destaque-se que o direito administrativo foi a primeira forma de aproximação teórica das receitas públicas obtidas pela expropriação do patrimônio dos particulares e, assim, a porta de entrada para o estudo dos tributos. Isso decorre da identificação dos tributos como importante meio de financiamento das atividades estatais e, assim, como viabilizador da realização das necessidades públicas. Em Otto Mayer é clara essa conexão, obtida a partir da definição de Administração que o autor adota: a atividade do Estado direcionada a realização de seus fins, sob o imperativo da ordem jurídica[108]:

> "[...] A administração mesma, todavia, se subdivide: distinguem-se vários ramos da administração. Os grupos se formam segundo a distribuição prática dos assuntos. A distinção bem conhecida dos cinco ministérios: relações exteriores, guerra, justiça, fazenda e interior e das bases. Os três primeiros desses ramos possuem a particularidade de ter por centro, cada uma, uma espécie de atividade, a qual, por si mesma, é excludente da ideia de administração. A administração não

---

108. MAYER, Otto. *Derecho*..., cit., p. 15. "La administración misma todavía se subdivide; distínguense varias ramas de la administración. Los grupos se forman según la distribución práctica de los asuntos. La distinción bien conocida de los cinco ministerios: relaciones exteriores, guerra, justicia, hacienda e interior, das las bases. Las tres primeras de esas ramas poseen la particularidad de tener por centro, cada una, cierta especie de actividad, la cual, por sí misma, es exclusiva de la idea de administración. La administración no comprende más que lo que se hace en torno de ella y en su interés. La administración de la hacienda, por el contrario, y la del interior, son administraciones puras".

compreende mais do que se faz em torno dela e de seu interesse. **A administração da fazenda, ao contrário, e a do interior, são administrações puras**.

Ao afirmar que a administração da fazenda e a do interior (equivalente à Casa Civil) são administrações puras, em contraposição com as demais, Otto Mayer pretende afirmar que as outras divisões, em maior ou menor medida, podem ser, igualmente, integrantes de outras atividades pelas quais o Estado realiza seus fins (*i.e.* justiça e legislação). Já a administração das receitas e despesas públicas (fazenda) e dos negócios internos (interior) somente podem ser partes integrantes da Administração, na busca pela concretização dos objetivos estatais. Tratou-se, antes de tudo, de uma análise estritamente jurídica do direito administrativo[109].

Especificamente no que diz respeito à atividade financeira do Estado, compreendida nessa subdivisão de "fazenda", Otto Mayer cuida do poder tributário na parte especial de sua obra, como um detalhamento de mais uma atividade pertencente à Administração. Assim, trata de temas relacionados aos métodos de imposição tributária, formas de exercício deste poder, condições e, inclusive, obtenção forçosa da dívida tributária e penalidades. Em resumo, afirma[110]:

> "O poder tributário é o poder público que atua no interesse das rendas do Estado. O poder público persegue dito fim de maneira mais direta impondo aos sujeitos obrigações de pagar impostos em benefício do Estado".

A proposta de uma análise jurídica do fenômeno financeiro foi seguida por vários outros autores naquela ocasião, em especial os de língua italiana, que incorporaram os temas

---

109. Cf. prefácio da tradução francesa, realizada pelo próprio Otto Mayer. MAYER, Otto. *Derecho*..., tomo I, cit., p. XXIV.
110. MAYER, Otto. *Derecho*..., tomo II, cit., p. 261.

de finanças públicas ao direito administrativo para colocar os tributos juntamente com os instrumentos pelos quais o Estado realiza as necessidades públicas. Dessa feita, a exemplo de Otto Mayer, a descrição do que deve ser entendido como tributo, as formas de imposição, as condições para tanto e outros elementos estão detalhados como capítulos do direito administrativo.

Nessa direção, Lorenzo Meucci considera que o dever que o cidadão possui de pagar tributos decorre não apenas da legalidade estrita, mas, essencialmente, de uma imposição moral, relacionada com o dever social de compartilhamento de despesas e viabilização de serviços públicos. Em face desse dever, o Estado possui um direito à tributação, que não se aparta do dever da administração de prover serviços públicos[111]:

> "O imposto, portanto, é uma expropriação sobre a riqueza nacional, que reveste a índole de uma obrigação do contribuinte, de natureza moral e jurídica. É justificada, portanto, sua definição geral: *quota de valores devidos ao Estado para sustentar os ônus públicos.* [...] O imposto, como meio social, representa a ordem, a justiça, a honra da pátria: é causa favorável".

Note-se que a definição de imposto do autor não deixa dúvidas em vincular a prestação pecuniária devida pelos cidadãos à tarefa de financiamento das despesas estatais. Essa transferência de recursos, para Meucci, justifica-se especialmente pelo dever moral que os indivíduos possuem em prover

---

111. "La imposta pertanto è una prelevazione sulla ricchezza nazionale, che riveste l'indole di un obbligo del contribuente, di natura morale e giuridica. È giustificata dunque la sua generale definizione: *quota di valori dovuta allo Stato per sostenere i pubblici carichi.* [...] La imposta, come mezzo sociale, rappresenta l'ordine, la giustizia, l'onore della patria: è causa favorevole". MEUCCI, Lorenzo. *Istituzioni di Diritto Amministrativo.* 6ª edição. Torino: Fratelli Bocca Editori, 1909, p. 464.

recursos financeiros ao Estado, inclusive como forma de realização da justiça distributiva[112]. A partir disso, discorre acerca de diversos elementos tipicamente tributários: delimitação e definição de sujeitos ativo e passivo na relação jurídica tributária, espécies de tributos, lançamento e determinação da base de cálculo[113].

No Brasil, mesmo que a partir de uma orientação metodológica distinta[114], Pereira do Rego igualmente vincula a tributação à tarefa precípua de prover recursos ao Estado, como forma de compensação pelos serviços prestados[115],[116]:

> "O imposto é pois o preço da protecção prestada pelo Governo em nome da sociedade. Esse preço é pago pelos proprietários territoriaes e pelos rendeiros á conta das rendas liquidas das suas terras; pelos capitalistas das differentes classes á conta dos seus productos

---

112. MEUCCI, Lorenzo. *Istituzioni*...cit., p. 462.
113. MEUCCI, Lorenzo. *Istituzioni*...cit., pp. 465-517. As definições mesmas dos institutos de direito tributário não são relevantes para o presente trabalho (*i.e.*, a delimitação do que o autor entende por lançamento ou as espécies de impostos possíveis), já que o objetivo, neste momento, é demonstrar qual era o tratamento dado à questão da tributação, de um ponto de vista geral.
114. Pereira do Rego define "imposto" a partir de Montesquieu e Meucci expressamente se afasta de tal orientação. Para Pereira do Rego, "o imposto é pois *justificado* pela utilidade publica. O estabelecimento da força publica, a conservação e actividade de todas as mólas do Governo, exigem subsídios que devem ser considerados por cada cidadão como uma divida sagrada. Montesquieu definia o imposto '*uma porção que cada cidadão dá dos seus bens para obter a segurança dos outros, e gozar d'elles mais agradavelmente*'. Considerado como divida industrial deve o imposto recahir, não só sobre a propriedade senão tambem sobre a industria, o consummo, os gózos, e a propria existencia dos individuos. Todos estes bens são com effeito producto da vigilância do Governo sobre todos os ramos da Administração. Devem pois ser todos sujeitos ao imposto". PEREIRA DO REGO, Vicente. *Elementos de Direito Administrativo Brasileiro*..., cit., p. 215.
115. "O *imposto* é a parte consignada pela Lei ao Governo na distribuição da riqueza publica como retribuição dos serviços que elle presta em nome da sociedade". PEREIRA DO REGO, Vicente. *Elementos*..., cit., p. 214.
116. PEREIRA DO REGO, Vicente. *Elementos*..., cit., pp. 214-215.

presumidos; pelos trabalhadores industriosos, commerciantes, e mercenarios, á conta dos seus lucros e salarios presumidos. Tal é o imposto geral e directo sobre as rendas".

A partir dessa definição, discorre sobre as espécies de impostos existentes (diretos e indiretos), com algum detalhamento relativo aos fatos geradores e justificativas de criação. De todo modo, o interessante de se destacar, novamente, não é o conceito de imposto ou contribuição (sinônimos para Pereira do Rego) ou os tipos de incidência referidos, mas sim a forma pela qual tributo é definido: simplificadamente, seria uma contrapartida aos serviços públicos, estudada e compreendida como parte integrante do direito administrativo, já que se tratava de angariar recursos para o financiamento do Estado e funções respectivas. O vínculo entre a atividade financeira e a tributação, mesmo que em fase embrionária de desenvolvimento, é inegável.

A mesma orientação pode ser vista Errico Pressutti, também administrativista, que reconhece como necessidade inerente à existência do Estado a obtenção de recursos financeiros. Para atingir essa finalidade, o Estado poderia se valer de duas práticas: agir como agente privado e amealhar recursos com fundamento na autonomia da vontade dos indivíduos ou agir através da tributação e, assim, impor a expropriação de dinheiro dos particulares por uma norma de direito público[117]. A exemplo dos demais, e por conta do estágio

---

117. "A mais geral das necessidades determinadas pela existência do Estado e pela atividade de seus órgãos é aquela do dinheiro. A atividade que é desenvolvida pela administração pública para a satisfação desta necessidade pode-se distinguir em duas grandes categorias: atividade de direito público e atividade de direito privado". No original: "Il più generale dei bisogni determinati dall'esistenza stessa dello Stato e dall'attività dei suoi organi, è quello del denaro. L'attività, che viene spiegata dalle pubbliche amministrazioni, per la soddisfazione di questo bisogno si può distinguere in due grandi categorie attività di diritto pubblico; attività di diritto privato".

inicial de desenvolvimento do direito tributário ou mesmo do direito financeiro como disciplina autônoma, Presutti trata dos aspectos relacionados à tributação como parte integrante do direito administrativo. Conhecer as razões, formas e métodos de imposição dos ônus tributários[118] equivale a compreender mais uma das tarefas da Administração Pública, ao lado de outros "institutos fundamentais do direito administrativo"[119].

Portanto, a superação da Ciência das Finanças na forma como proposta por Griziotti, a partir de uma perspectiva integradora, representava um retorno às bases que formaram o direito tributário: tratava-se de voltar os olhares para o fim do século XIX, para resgatar o momento em que a atividade financeira era analisada com recortes jurídicos. A saída para acabar com a "confusão" criada por Griziotti era desenvolver uma teoria que não se importasse com considerações alheias ao fenômeno da incidência. É exatamente nesse contexto que surge o livro de Becker, influenciado de forma decisiva por Achille Donato Giannini e Antonio Berliri, apenas para citar a doutrina italiana.

Para Giannini, o estudo do direito tributário de forma separada tanto do direito financeiro quanto do contexto mais geral da atividade financeira do Estado justifica-se, em primeiro lugar, em função de um paradoxo: as relações jurídicas

---

PRESUTTI, Errico. *Istituzioni di Diritto Amministrativo Italiano*. 2ª edição, vol. I. Roma: Athenaeum, 1917, pp. 261-262.

118. Nesse sentido, discorre sobre os tipos de tributos – impostos, que são divididos entre indiretos e diretos, taxas e tributos especiais, os quais possuem as características do que hoje se conhece como "contribuições". PRESUTTI, Errico. *Istituizioni..*, cit., pp. 264-278.

119. PRESUTTI, Errico. *Istituizioni..*, cit., pp. 200 e ss. Na mesma direção, Cino Vitta, que em seu tratado de direito administrativo, dedica um capítulo inteiro para tratar de questões bastante técnicas relacionadas com as "finanças", abordando além dos tipos de impostos existentes, também assuntos ligados à responsabilidade tributária e espécies de tributos. VITTA, Cino. *Diritto Amministrativo*. 2ª edição, vol. II. Torino: Unione Tipografico-Editrice Torinense, 1937, pp. 287 e ss.

disciplinadas pelo direito financeiro (inclusive aquelas tributárias) são muitas e diversas. Cada uma delas, se analisadas separadamente, são capazes de constituir um ramo, senão autônomo do direito, muito especializado. É o caso, como afirma Giannini, da disciplina das leis orçamentárias, daquela relativa ao controle das contas públicas, das formas e possibilidades de obtenção de receitas pelo Estado. Contudo, em que pese essa grande heterogeneidade, o tratamento das receitas obtidas pelo exercício da tributação, que se integra, neste momento, ao direito financeiro, apresenta-se bastante homogêneo: o direito tributário, que é essa área específica do direito financeiro, tem por objetivo disciplinar as relações atinentes à criação, instituição e cobrança de tributos.

Diante desse aparente paradoxo (*i.e.*, o todo – direito financeiro – é menos homogêneo que as partes que o compõem – como o direito tributário), Giannini justifica a possibilidade de separação do direito tributário do direito financeiro, para então, ser possível e mais cientificamente acurado, estudar, apenas, as normas relativas à tributação, já que essas sim possuem um encadeamento lógico e sistemático mais consistente do que o amontoado de normas que integram o direito financeiro[120]:

---

120. "Il diritto finanziario si scompone quindi in varie parti, aventi ciascuna un suo proprio carattere giuridico: l'istituto del bilancio, mediante il quale sono determinate le rispettive attribuzioni degli organi supremi dello Stato nella gestione finanziaria, deriva dal diritto costituzionale; i rapporti concernenti l'imposizione e la riscossione dei tributi costituiscono, invece, una categoria caratteristica di rapporti amministrativi; la gestione del patrimonio statale e delle pubbliche imprese rientra piuttosto in quell'altra sezione del diritto amministrativo, che disciplina la cosiddetta attività privata degli enti pubblici. Appunto per la eterogenea natura degli argomenti di ciu è intessuto il diritto finanziario sembra più conforme ad un esatto criterio sistematico assumere ad oggetto di una distinta disciplina giuridica quella sola parte del diritto finanziario che riguarda l'imposizione e la riscossione dei tributi, le cui norme, effettivamente, si prestano ad essere coordinate in un sistema scientifico, come quelle che regolano, in modo organico, una materia ben definita: il rapporto giuridico tributario, dalle sue origini alla sua attuazione".

"O direito financeiro divide-se, portanto, em várias partes, possuindo cada uma delas sua característica jurídica própria: o instituto do orçamento, mediante o qual são determinadas as respectivas atribuições dos órgãos supremos do Estado na gestão financeira, deriva do direito constitucional; as relações concernentes à imposição e à arrecadação dos tributos constituem, ao invés, uma categoria característica das relações administrativas; a gestão do patrimônio estatal e das empresas públicas pertencem, em contrapartida, àquela outra sessão do direito administrativo, que disciplina a mencionada atividade privada dos entes públicos.

Exatamente pela natureza heterogênea dos argumentos pelos quais o direito financeiro é entrelaçado, parece mais condizente com um critério sistemático exato assumir como objeto de uma disciplina jurídica distinta apenas aquela parte do direito financeiro que cuida da imposição e recolhimento de tributos, cujas normas, efetivamente, prestam-se a ser coordenadas em um sistema científico, como aquele que regula, de modo orgânico, uma matéria bem definida: a relação jurídica tributária da sua origem à sua incidência".

Sendo assim, a autonomia do direito tributário justifica-se pelas características especiais que, nas palavras do autor, "este ramo de direito administrativo apresenta perante os outros"[121]. Contudo, essa autonomia, para Giannini, não deve ser reconhecida em um sentido absoluto, como se "constituísse um mundo fechado, estranho ao resto do ordenamento jurídico"; não é disso que se trata. Apenas porque as normas relativas à tributação revelam certa homogeneidade, sendo possível a identificação clara de um objeto de estudo, tem-se a autonomia dessa área, sem que isso resulte em uma desconexão conceitual com o direito administrativo, de forma mais geral, e com o direito financeiro, de forma mais específica.

GIANNINI, Achille Donato. *I concetti fondamentali del Diritto Tributario*. Torino: Unione Tipografico-Editrice Torinese, pp. 4-5.
121. GIANNINI, Achille Donato. *I concetti...*, cit., p. 5.

De outro lado, dizer que o direito tributário não é autônomo conceitualmente dessas áreas maiores das quais ele resulta, não implica retomar o raciocínio de Griziotti e defender o integralismo ou mesmo a propagação da Ciência das Finanças. Giannini dedica diversas páginas dos seus *Concetti* para refutar a posição de Griziotti e defender uma análise rigorosamente jurídica da atividade financeira, especialmente tendo em conta que o exercício das funções estatais, no Estado de Direito, está regulada e limitada pela lei. Acerca da evidente diferença entre a Ciência das Finanças e o direito financeiro, destaca[122]:

> "Estas poucas e quase banais reflexões deveriam ser suficientes para colocar em evidência a radical distinção e a absoluta inconfundibilidade da economia e política financeira com o direito financeiro: as primeiras indagam sobre os reflexos econômicos e políticos da atividade financeira, para atingir a determinação das correlações entre os vários modos, nos quais essa atividade mesma pode manifestar-se e a economia privada, e para assinalar as diretivas da ação financeira, enquanto o segundo tem por objeto os institutos e relações jurídicas que dão lugar à existência de um complexo de normas reguladoras da atividade financeira e, consequentemente, as primeiras possuem um valor universal, enquanto trazem das ditas premissas hipotéticas as

---

122. "Queste poche e quasi banali riflessioni dovrebbero ritenersi sufficienti a porre in evidenza la radicale distinzione e l'assoluta inconfondibilità dell'economia e della politica finanziaria col diritto finanziario: le prime indagano i riflessi economici e politici dell'attività finanziaria, per giungere alla determinazione delle correlazioni tra i vari modi, in cui l'attività stessa puó estrinsecarsi, e le economie private, e per segnare le direttive dell'azione finanziaria mentre il secondo ha ad oggetto gli istituti e i rapporti giuridici, cui dà luogo l'esistenza di un complessodi norme regolatrici dell'attività finanziaria; e, conseguentemente, le prime hanno un valore universale, in quanto traggono da date premesse ipotetiche le necessarie conseguenze, che non possono essere identiche in ogni luogo e in ogni tempo, mentre il diritto finanziario non si concepisce se non in relazione a un dato ordinamento giuridico". GIANNINI, Achille Donato. *I concetti...*, cit., pp. 9-10.

> necessárias consequências que não podem ser idênticas em cada lugar e em cada tempo, enquanto o direito financeiro não se concebe senão em relação a um dado ordenamento jurídico".

Portanto, ainda inicialmente e em linhas gerais, é possível afirmar que a presente obra, ao lado de Giannini, não pretende retomar o estudo da tributação pelas vias da Ciência das Finanças. Uma posição como essa, de fato, representaria um retrocesso e a valorização de aspectos não jurídicos, ligados ao fenômeno financeiro. Ao se defender a possibilidade de uma concepção de direito tributário vinculada à atividade financeira do Estado permanece-se estritamente nas bases jurídicas tanto de um quanto de outro, pois, como o próprio Gianinni salienta, as formas de obtenção e gasto público, em um Estado de Direito, estão estritamente condicionadas e limitadas na lei – pelo que se pode dizer que a presente proposta não foge do direito ou tenta inserir aspectos "metajurídicos" na avaliação do direito tributário. O objeto continua sendo, invariavelmente, o direito positivo.

Para encerrar essa breve apresentação das ideias de Giannini, confira-se sua definição de direito tributário e note-se como o autor não nega a ligação conceitual entre o direito tributário e o direito administrativo, que aparece como uma área deste[123]:

> "o direito tributário é aquele ramo do direito administrativo que expõe os princípios e as normas relativas à imposição e ao recolhimento de tributos e analisa as consequentes relações jurídicas entre os entes públicos e os cidadãos".

---

123. "[Questo complesso organico di disposizioni costitusce la trama del *diritto tributario*, che può quindi definirsi] 'quel ramo del diritto amministrativo che espone i principi e le norme relative all'imposizione e ala riscossione dei tributo ed analizza i conseguenti rapporti giuridici fra gli enti pubblici e i cittadini'". GIANNINI, Achille Donato. *I concetti*..., cit., p. 2.

Na mesma linha e de forma contemporânea a Gianinni, Berliri destaca a diferença entre a Ciência das Finanças e o Direito Tributário, por considerar este uma ciência jurídica, que estuda as normas *jurídicas* que governam uma atividade específica da Administração – aquela relativa à arrecadação, criação e cobrança de tributos. Já a Ciência das Finanças tem por objetivo estudar as leis *econômicas* que regulam fenômeno financeiro. Com essa afirmação, o autor estabelece que a diferença entre ambas não é, apenas, uma diferença de pontos de vista, mas sim substancial, pois diversos são seus objetos[124]. A partir disso, defende a autonomia científica dessa área específica do direito e o faz pela apresentação da evolução do estudo do direito tributário pelos séculos[125], concluindo que[126]:

> "a unidade e a autonomia de tal ramo do direito não é fruto artificial de sutis elucubrações teóricas e catedráticas, mas responde a uma tradição plurissecular formada, obviamente, não por interesses de cátedra ou pela mórbida paixão de método, mas sob a motivação dos efetivos interesses práticos e para satisfazer necessidades realmente sentidas".

Além disso, Berliri critica a definição de Giannini porque este autor considera, na definição de direito tributário, o tributo como elemento central e tal adoção revela uma postura insatisfatória, pois incapaz de contemplar todos os elementos e relações inerentes e presentes na tributação. De outro

---

124. Em oposição direta a Griziotti, cit. *supra*. BERLIRI, Antonio. *Principi di Diritto Tributario, vol. I*. Milano: Giuffrè Editore, 1952, pp. 15-16.
125. BERLIRI, Antonio. *Principi...*, cit., pp. 16-26.
126. "[...] l'unitarietà e l'autonomia di tale ramo del diritto non sia l'artificioso frutto di sottili elucubrazioni teoriche e cattedratiche, ma risponda ad una plurisecolare tradizione formatasi, ovviamente, non per interessi di cattedra o per morbosa passione di metodo, ma sotto la spinta di effettivi interessi pratici e per soddisfare necessità realmente sentite". BERLIRI, Antonio. *Principi...*, cit. p. 26.

lado, como as relações jurídicas tributárias, mesmo abstratamente consideradas, suscitam a possibilidade de análise de diversos pontos de vista[127], o único modo de integrá-las seria destacar o elemento comum a todas elas: a finalidade, que seria aquela de assegurar ao Estado recursos para a realização de seus fins.

Contudo, mesmo que reconheça que a finalidade dos tributos é o dado capaz de unir as relações jurídicas constituídas por conta da incidência da norma tributária, Berliri não a incorpora na definição de direito tributário, por considerar essa informação juridicamente irrelevante, **ao menos até o momento em que não produza efeitos sobre a estrutura e disciplina jurídica do tributo**[128]. A justificativa para desconsiderar esse dado e, portanto, julgá-lo irrelevante para fins jurídicos, está principalmente no fato de que os tributos extrafiscais não são instituídos para gerar receitas para o Estado e, ainda assim, resultam em relações jurídicas absolutamente idênticas àquelas constituídas por conta da incidência de tributos fiscais[129].

---

127. Berliri prova sua postulação pela análise de uma determinada lei tributária que institui o "imposto do selo" (*imposta di bollo*). De acordo com o autor, essa única lei estabelece pelo menos cinco relações jurídicas diversas: "*do ponto de vista estrutural* temos um limite à liberdade do cidadão, duas obrigações de dar, uma obrigação de fazer e, por fim, uma prestação espontânea; *do ponto de vista das fontes* de tais relações, três derivam da lei, uma da vontade unilateral do contribuinte, uma do contrato; *do ponto de vista do objeto*, enquanto o limite negativo tem como objeto a liberdade de ação do contribuinte, as obrigações de dar têm por objeto o dinheiro ou um valor estampado e aquelas de fazer, uma atividade do contribuinte". No original: "*dal punto di vista strutturale*, abbiamo: un limite alla libertà del cittadino, due obbligazioni di dare, un'obbligazione di fare, ed infine una prestazione spontanea; *dal punto di vista della fonte* di tali rapporti, tre derivano dalla legge, uno dalla volontà unilaterale del contribuente, uno dal contratto; *dal punto de vista dell'oggetto*: mentre il limite negativo ha come oggetto la libertà d'azione del contribuente, le obbligazioni di dare hanno per oggetto il denaro o un valore bollato, quelle di fare una attività del contribuente". BERLIRI, Antonio. *Principi...*, cit. p. 14.
128. BERLIRI, Antonio. *Principi...*, cit. p. 14.
129. BERLIRI, Antonio. *Principi...*, cit. p. 15.

Sendo assim, intenta estabelecer uma definição de direito tributário que, de um lado, não seja concentrada no tributo apenas e, de outro, não contemple a finalidade inerente a essas prestações, que é a de prover recursos para o Estado. Confira-se[130]:

> "pode-se definir o direito tributário como aquela área de direito que expõe os princípios e as normas relativas à instituição e à aplicação dos impostos e das taxas, bem como à criação e observância de alguns limites negativos à liberdade dos indivíduos, conexos com um imposto, com uma taxa ou com um monopólio instituído pelo Estado com o fim de lucro".

O que se vê se forma bastante clara em Berliri é o desejo de separar o direito tributário de todas as outras áreas que, em um primeiro momento da evolução do estudo dos tributos, pareciam partes maiores e constitutivas deste ramo, tal como o direito administrativo e a Ciência das Finanças. A partir da consideração de que a efetiva declaração da autonomia do direito tributário supera as questões didáticas ou mesmo as de método, o autor defende uma autonomia conceitual: a definição de direito tributário não se influencia (ao menos na maioria das vezes, como ele próprio reconhece) por dados ligados à finalidade do tributo, a motivações econômicas ou mesmo ao próprio tributo – como faz Giannini. O direito tributário se define pelas normas que lhe são aplicáveis, as quais têm por objeto tratar de tributos e das relações a eles pertinentes. Nesse momento, fica bastante clara a ânsia pela purificação do direito tributário.

---

130. "[...] così il diritto tributario può definirsi come *'quella branca del diritto che espone i principi e le norme relativi all'istituizione ed all'applicazione delle imposte e delle tasse, nonché alla creazione e all'osservanza di alcuni limiti negativi alla libertà dei singoli, connessi con un'imposta, con una tassa o con un monopolio istituito dallo Stato a fine di lucro'"*. BERLIRI, Antonio. *Principi...*, cit. p. 15.

A *Teoria Geral do Direito Tributário* de Becker surge nesse contexto e tem a pretensão de apartar, de forma definitiva, o direito tributário da Ciência das Finanças. Suas ideias não são isoladas na doutrina nacional. Em verdade, o advento do Código Tributário Nacional, nesta mesma época, também teve esse intento. Dessa forma, também Rubens Gomes de Souza, coautor do anteprojeto do Código Tributário Nacional, Geraldo Ataliba e Paulo de Barros Carvalho revelam suas orientações nesse mesmo sentido.

A diferença específica entre o pensamento de Becker e esses outros autores e o motivo pelo qual ele foi eleito como o tipo ideal que se pretende criticar decorre da concepção de Estado que ele adota. Como a seguir será tratado, Becker, apesar de se posicionar como um seguidor das lições de Kelsen e Bobbio, afirma que o Estado é um "Ser Social Humano"; um fenômeno de natureza espiritual, de natureza essencialmente psicológica[131]. Uma posição como essa implica a consideração de que o direito é posterior ao Estado e não a instituição que o cria, e, assim, o direito tributário, de fato, nada teria a ver com a função de financiar a estrutura administrativa: essa finalidade seria extrajurídica e apenas informadora dos dados (da realidade) com os quais o jurista trabalha, mas jamais integrantes do próprio direito. Contudo, a concepção que essa tese defende é diversa: entende-se que o Estado existe apenas institucionalmente (e, portanto, através e pelo direito) e que o direito tributário é o possibilitador material dessa existência. Sem direito tributário não há Estado.

2. A proposta de Becker: reeducação da atitude mental jurídica tributária

Influenciado pelas bases gerais das teorias brevemente descritas acima, o projeto de Becker é apresentar uma nova

---

131. BECKER, Alfredo Augusto. *Teoria Geral...*, cit., pp. 167 e ss.

forma de pensar o direito tributário e, para tanto, inicia sua obra denunciando a confusão na qual se encontra o direito tributário, marcada pela alta produção legislativa, pelos conflitos de competência entre os entes da Federação e pela influência da Ciência das Finanças. Esse "manicômio tributário" persistia, para o autor, precisamente porque os estudiosos da matéria aceitavam certos fundamentos óbvios, sem a devida análise crítica[132]. Tais fundamentos se identificam com a tese de que a justificativa do direito tributário está no exercício da soberania do Estado[133]:

> "Nesta perigosa atitude mental, incorrem muitos daqueles que põem o fundamento do tributo (e consequentemente do Direito Tributário) na Soberania do Estado e cujo raciocínio em síntese é este: o Estado tem necessidade de meios financeiros para custear suas atividades e com tal finalidade (aí surge o problema da natureza da tributação extrafiscal) tributa e tributa (inclusive extrafiscalmente) porque é Soberano; destas premissas se conclui, obviamente, que o tributo é uma obrigação *ex lege*".

O apoio do direito tributário no exercício da soberania estatal não foi apenas desenvolvido por Giannini, verbalmente criticado por Becker neste ponto[134], mas também por outros autores contemporâneos a ele, como Geraldo Ataliba e Rubens Gomes de Souza, fato que corrobora ainda mais a procedência da escolha da teoria de Becker como aquela rival ao presente trabalho. Como isso quer-se afirmar: ainda que tais autores igualmente salientem a importância (inegável até os dias de hoje) de separar a Ciência das Finanças do Direito Tributário, era constante a consideração da finalidade financiadora dos tributos e da justificativa institucional que

---

132. BECKER, Alfredo Augusto. *Teoria Geral...*, cit., p. 11.
133. BECKER, Alfredo Augusto. *Teoria Geral...*, cit., p. 12.
134. BECKER, Alfredo Augusto. *Teoria Geral...*, cit., pp. 12-13.

apresentam, o que, evidentemente, legitima tais teorias e as afastam da proposta e Becker.

Como exemplo desse movimento, cite-se, então, Ataliba, que igualmente se distancia da consideração política ou econômica da atividade financeira do Estado e, apesar de reservar um capítulo de seu "Apontamentos de Ciência das Finanças, Direito Financeiro e Direito Tributário" à demarcação do objeto da Ciência das Finanças, dedica a maior parte do livro às questões jurídicas que envolvem a atividade financeira do Estado, esclarecendo a diferença entre o Direito Financeiro e a Ciência das Finanças[135]:

> "É nítida, total e radical a diferença entre a ciência das finanças e o direito financeiro. Este é conjunto de normas jurídicas que regula a atividade financeira do estado. Aquela consiste num conjunto de princípios operativos (de índole econômica) e conceitos descritivos, sôbre a atividade financeira do estado, sob inúmeras perspectivas (política, sociológica, psicológica, ética, econômica, administrativa e jurídica) unitariamente consideradas.
>
> Enquanto, no direito financeiro, o único e essencial dado é a *norma*, na ciência das finanças a norma é um dentre inúmeros outros dados. Esta é ciência pré-legislativa, informativa do legislador e lhe diz *como* elaborar uma lei adequada, sob todos êstes aspectos".

Ressalte-se que a autonomia do direito financeiro em face da Ciência das Finanças, mais ampla e abrangente que aquele, não impede que o autor reconheça a conexão conceitual do direito financeiro com o direito tributário, que se apresenta como um capítulo do primeiro, integrante, ainda, do direito administrativo. Em relação a esses ramos do direito a

---

135. ATALIBA, Geraldo. *Apontamentos de Ciência das Finanças, Direito Financeiro e Tributário*. São Paulo: Revista dos Tribunais, 1969, p. 37.

autonomia seria, apenas, didática[136]. De outro lado, ao definir tributação como a ação estatal de exigir tributos, afirma que sua justificativa está na necessidade de obtenção de recursos para a manutenção das atividades estatais[137]:

> "Êle [Estado] existe e precisa subsistir; vale dizer: é necessário que continue existindo e exercendo suas atividades, tendo em vira preencher suas finalidades.
>
> Para subsistir, carece de recursos. Como, por razões históricas e econômicas, seus recursos próprios não são suficientes – ou melhor, são largamente insuficientes – êle precisa recorrer ao patrimônio de todos os sujeitos ao seu poder. [...]
>
> Como, por outro lado, êstes não concorrem voluntariamente (é um fato histórico), o estado é levado a exigir coativamente tal concurso. [...] Assim, lançando mão de seu poder de *imperium* (poder de coação, poder de obrigar), êle exige compulsòriamente o dinheiro de que tem necessidade".

Não obstante Ataliba vincule o exercício da tributação à atividade financeira do Estado e, portanto, à busca de recursos para o suprimento das necessidades públicas, indica que essa justificação é "metajurídica", ou seja, "política, histórica e sociológica"; a justificação jurídica estaria no poder de coação do Estado: "o fundamento da tributação está no poder de *imperium*, poder irresistível de mando, de que dispõe o Estado, limitado só pela Constituição"[138].

Para Becker, de outro lado, a base de todos os problemas do direito tributário, estaria exatamente na aceitação

---

136. "A nossa colocação – tese científica que adotamos – pela integração do direito financeiro no administrativo, com o só reconhecimento de uma simples autonomia didática àquele, conduz a recomendar e obrigar a adoção de critérios de direito administrativo a tôda e qualquer questão de direito financeiro". ATALIBA, Geraldo. *Apontamentos*..., cit., p. 36.
137. ATALIBA, Geraldo. *Apontamentos*..., cit., p. 91.
138. ATALIBA, Geraldo. *Apontamentos*..., cit., pp. 91-92.

inconteste da obviedade de que os tributos existem para financiar o Estado, que os cria como forma de exercício de sua soberania. Uma posição como essa estaria baseada não em razões jurídicas, mas sim em "estimulantes econômicos", nomeadamente os princípios e conceitos da Ciência das Finanças e outras ciências pré-jurídicas, nas palavras do autor. A "terapêutica" aconselhada para essa "patologia" seria o estudo da "embriogenia do Estado" – apenas assim seria possível compreender integralmente o direito tributário. É exatamente na configuração dessa "embriogenia" que se finca o ponto de discórdia entre a concepção de direito tributário que o presente trabalho quer apresentar e aquela de Becker.

2.1. Primeiro passo da reeducação: compreender a embriogenia do Estado

O início do capítulo de Becker em que são tratadas as origens do Estado revela a seguinte afirmação[139]:

> "O Estado, em sua origem, é sempre uma sociedade *natural*. A *causa* originária da sociedade política está na *natureza humana racional* dos indivíduos que a constituem. Esta causa natural é uma tendência ou inclinação instintiva, porém ainda insuficiente para, por si mesma, coagir os homens a constituírem uma sociedade. É necessário que esta inclinação instintiva atue pela *ação* e esta – embora instintiva – depende da *vontade* dos homens, pois estes são animais *racionais*. A natureza leva os homens a criarem a sociedade política, mas é a vontade dos homens que *realiza* esta criação".

Partindo dessas considerações introdutórias, Becker desenvolve o argumento apresentado para afirmar que **o Estado não é, em um primeiro momento, institucional** e, portanto,

---

139. BECKER, Alfredo Augusto. *Teoria Geral...*, cit., p. 155.

criado pelo direito. Ele é natural, um Ser Social Humano, pré-jurídico, cuja origem é uma espécie de solidariedade psicológica continuada entre indivíduos. Sobre a antecedência do Estado em face do direito, estabelece[140]:

> "Na verdade, o 'rapport politique' é anterior à regra; é a existência do 'rapport politique' que torna necessária a criação da regra que o mantenha. Tomando-se como ponto de partida um Estado já criado (grupo social e estável já existente), o 'rapport politique' parecerá produto das regras. Porém, tendo-se bem presente a gênese psicológica e a gradual formação daquele Estado, verifica-se e compreende-se que o 'rapport politique' *preexistiu* à regra e *permanece* graças a ela; a *existência* do 'rapport politique' é que faz surgir a necessidade da regra a sua *permanência*, com esta ou aquela forma, é garantida pelo advento da regra".

Mais adiante, afirma que "o Ser Social (Estado) é uma *relação*, originalmente, *natural* (pré-jurídica)"[141], que não é exterior ao homem, mas que existe pelos seus atos e através de uma atividade contínua e relacionada como o bem comum (o IR e VIR, ao qual Becker faz referência, por diversas ocasiões)[142]. A manutenção dessa relação é viabilizada pelo direito e é na busca da preservação do poder que o Estado cria regras jurídicas[143]:

> "Aquele Ser Social (Estado), tomando conhecimento de sua própria existência real, por intermédio de sua consciência social, procura defender-se. E a fim de proteger a sua existência (garantir sua sobrevivência), impõe uma disciplina (regras de conduta) obrigatória àquela relação constitucional natural (pré-jurídica) e

---

140. BECKER, Alfredo Augusto. *Teoria Geral...*, cit., p. 159.
141. BECKER, Alfredo Augusto. *Teoria Geral...*, cit., p. 167.
142. BECKER, Alfredo Augusto. *Teoria Geral...*, cit., p. 186.
143. BECKER, Alfredo Augusto. *Teoria Geral...*, cit., pp. 204-205.

deste modo assegura a continuidade e a realização da relação. [...]

E no momento em que o Ser Social (Estado) criou a primeira regra de conduta obrigatória, visando garantir sua própria sobrevivência, surgiu a primeira regra jurídica e com esta o Direito".

Becker nomeia a "relação continuada" entre indivíduos com vistas à manutenção do Estado (*i.e.* preservação de sua existência) de "relação constitucional do Estado"[144], cuja disciplina jurídica é composta pela conjugação das regras tributárias, administrativas e constitucionais e cada uma delas assegura a continuidade e realização do "Estado-Realidade Natural" de uma maneira: as tributárias porque colocam o indivíduo no polo passivo da relação constitucional, o que resulta na imposição de um dever jurídico, as administrativas porque colocam o indivíduo no polo ativo da relação constitucional, assegurando-lhe um direito jurídico, e as constitucionais porque incidem "sobre a relação constitucional *natural*, jurisdicizando-a, transfigurando-a em relação jurídica"[145].

Nessas afirmações claramente se revela a orientação teórica de Becker relativa à preexistência do Estado tanto ao direito, de um ponto de vista geral, quanto ao direito público, em seu aspecto mais amplo. Desse modo, as regras constitucionais seriam aquelas que possibilitam a existência jurídica do Estado, enquanto as tributárias e administrativas seriam as responsáveis pela sua continuidade. Nesse sentido, assevera Becker que os tributos (resultantes das relações tributárias, na qual o indivíduo é o sujeito passivo) são cobrados para o "Bem Comum" (força localizada no centro da esfera e para a qual os indivíduos convergem), proporcionado pelas despesas

---

144. "[...] o Estado não é algo que 'está', mas algo que 'continua', isto é, o Estado é um ser de criação *continuada* (a relação constitucional é essencialmente continuada)". BECKER, Alfredo Augusto. *Teoria Geral*..., cit., p. 227.
145. BECKER, Alfredo Augusto. *Teoria Geral*..., cit., pp. 257-258.

(realizadas por meio das relações administrativas, nas quais o Estado figura no polo passivo). Neste IR (receita) e VIR (despesa), o Estado continua a existir e se mantém[146].

Contudo, o fato de as regras administrativas tributárias e bem como as relações nelas abstratamente previstas estarem interconectadas, na medida em que são o próprio Estado em movimento, não conduzem para a existência de um vínculo conceitual entre elas: ambas surgem, apenas, como o conteúdo da relação constitucional jurídica e, assim, como o efeito decorrente da jurisdicização da relação constitucional do Estado natural. Em outras palavras: tendo-se em vista a jurisdicização do Estado pelas regras constitucionais, faz-se necessária a criação de outras regras jurídicas que viabilizem sua permanência e sobrevivência. Essas regras são de natureza administrativa e tributária, as quais, apesar de complementares e titulares da mesma função (*i.e.* assegurar a permanência do Estado) não teriam qualquer relação ou conexão conceitual entre si.

Em verdade, afirma Becker, o conteúdo normativo do direito tributário é criado pela relação constitucional do Estado, exatamente para garantir que os deveres tributários tenham começo, meio e fim de forma *independente* dos direitos administrativos e isso somente é possível pela criação de duas relações jurídicas distintas: a relação tributária e a relação administrativa[147]. Conforme visto, o Estado figura em ambas as relações, mas em cada qual em um polo distinto. Nas tributárias, o Estado está no polo ativo (tem o direito de exigir a

---

146. BECKER, Alfredo Augusto. *Teoria Geral...*, cit., p. 232.
147. "A fim de *conferir praticabilidade* ao direito positivo que disciplina o conteúdo da relação constitucional, ela (a realidade do Estado consiste na própria relação constitucional), visando assegurar sua própria continuação e realização, cria uma disciplina jurídica para que os *deveres tributários* nasçam, vivam e se extinguam, *com independência jurídica*, do nascimento, vida e extinção dos *direitos administrativos* e vice-versa". BECKER, Alfredo Augusto. *Teoria Geral...*, cit., p. 259.

pretensão), enquanto nas administrativas, no polo passivo (tem o dever de realizar a pretensão do indivíduo). Contudo, o ponto central que Becker estabelece nessa análise é o de que o Estado que figura nessas relações não é o Estado e sim uma ficção jurídica.

O Estado-Realidade Natural já existe antes mesmo da criação dessas regras que irão garantir sua continuidade. Todavia, como se faz necessário estabelecer *algo*, nas palavras de Becker, que irá figurar nos polos das respectivas relações, o Estado Natural, antes de mesmo de criar as regras que garantam sua sobrevivência e continuidade, "dá existência a uma *entidade puramente jurídica*"[148], cuja função será a de preencher os polos ativo e passivo das relações tributárias e administrativas, respectivamente. Daí, portanto, porque para Becker, o Estado que figura nessas posições *não é o Estado*[149]:

> "*As relações jurídicas tributárias existem: as administrativas também, e aquela ficção jurídica é um Ser (entidade) jurídico existente. Porém, quando se busca a realidade do Ser criador das existências jurídicas: o Estado-Realidade Natural (fáctica), então, não se deve buscar o pólo positivo das relações jurídicas tributárias (ou o polo negativo das administrativas), porque ali, fatalmente, encontrar-se-á uma realidade que não é a realidade que se busca: um 'Estado' que não é o Estado*".

E mais adiante, sumariza:

> "O *Estado-Realidade Natural* é o Ser Social consistente na conjugação do feixe dos deveres tributários com o feixe dos deveres administrativos compondo uma única e contínua relação: *a relação constitucional* do Estado-Realidade Natural. O primeiro Órgão funcional do Estado-Realidade Natural é a assembleia constituinte.

---

148. BECKER, Alfredo Augusto. *Teoria Geral...*, cit., p. 260.
149. BECKER, Alfredo Augusto. *Teoria Geral...*, cit., p. 260.

> O *Estado-Ficção Jurídica* é a entidade puramente jurídica que figura no polo positivo da relação jurídica tributária e no polo negativo da relação jurídica administrativa. O *Estado-Ficção Jurídica* é um Órgão *funcional* de natureza executiva e com *personalidade* jurídica. O Estado-Realidade Natural cria o Estado-Ficção Jurídica por intermédio de regra jurídica constitucional (isto é, mediante regra jurídica criada pela assembleia constituinte)".

Apenas para encerrar essa síntese do pensamento de Becker que fundamenta a sua concepção de direito tributário, o autor destaca que é possível identificar a coexistência de cinco elementos no Estado: uma pluralidade de indivíduos humanos situados na periferia de uma esfera, cujo centro seria o Bem Comum (e isto já conota o segundo elemento), para o qual convergiria uma "energia dinâmica continuada", que se caracteriza pela capacidade de agir dos indivíduos e, na mesma medida em que se converge para o Bem Comum, irradia-se dele e transindividualiza-se, criando a capacidade de agir do Ser Social gerado pelos indivíduos (Estado). O quarto elemento seria o IR e VIR que compõem a relação constitucional do Estado, formados pela convergência e irradiação da energia dinâmica identificada como o terceiro elemento. O quinto elemento seria o princípio da igualdade, cuja função é conferir equilíbrio e unidade ao sistema ("o IR e VIR estão em equilíbrio"). Becker destaca que "a sociedade política criada por indivíduos humanos é a unidade viva formada pela *coexistência continuada* de todos estes cinco elementos"[150].

A leitura do texto deixa transparecer que é na identificação da ficção jurídica "Estado" com o "Estado-Realidade Natural" que, para ele, situa-se a fonte de todos os problemas na interpretação e construção do direito tributário: aquele que buscar compreender o direito tributário sem ter em mente

---

150. BECKER, Alfredo Augusto. *Teoria Geral...*, cit., pp. 191-192.

essa distinção entre "Estados", a partir de uma atitude acrítica decorrente da obviedade de que o Estado é soberano, não saberá a qual Estado faz referência e tenderá a misturar e correlacionar deveres tributários e direitos administrativos, além de correr o risco de incorporar dados pré-jurídicos, como aqueles provenientes da Ciência das Finanças, à referida análise. É nesta dualidade de Estados, portanto, que está o elemento central da crítica de Becker e, assim, o motivo da "demência tributária".

2.2. Segundo passo da reeducação: aplicar a dualidade Estado-Realidade Natural e Estado-Ficção Jurídica na interpretação e construção do direito tributário

A "terapêutica" indicada por Becker para curar o "processo de demência" no qual o direito tributário se encontrava era a aplicação da teoria da "embriogenia do Estado" aos estudos tributários. Sendo assim, deve-se ter em conta que os dados naturais da realidade somente importam para o desvelamento da existência do Estado-Realidade Natural, cuja relação constitucional é jurisdicizada a partir da criação (por ele mesmo) do Estado-Ficção Jurídica, e que, a partir de então, as relações (administrativas e tributárias) formadas para garantir a subsistência e continuação dessa ficção são estritamente jurídicas, e em sua interpretação não se deve tomar em conta os fatos pré-jurídicos que motivaram sua elaboração (*i.e.* a necessidade de continuação do Estado).

A partir da consideração dessa teoria, Becker estabelece que, "no plano jurídico tributário", a finalidade do tributo é "simplesmente a de satisfazer o dever jurídico tributário". Ou seja: **nada tem a ver com a função relativa à sobrevivência e permanência do Estado, nem sequer com as relações administrativas que lhe servem de contrapeso nesse IR e VIR**. Essa função faria parte do momento pré-jurídico, em que o Estado-Realidade Natural se constitui (pela solidariedade psicológica continuada dos indivíduos) e cria a disciplina normativa do direito tributário para garantir a cobrança dos tributos como forma de realizar o "Bem Comum". Contudo, como todas essas informações situam-se antes mesmo da dinâmica tributária entrar em cena e, pois, como pressuposto do funcionamento do Estado-Ficção Jurídica, trata-se, para Becker, de questões relacionadas à realidade e não jurisdicizadas. O aspecto propriamente jurídico do direito tributário estaria, tão somente, concentrado na satisfação do dever tributário (e, assim, no pagamento do tributo devido por conta da verificação da conduta hipoteticamente prevista no antecedente da norma geral e abstrata). Considerações de outra ordem, relacionadas à finalidade daquela prestação, ou mesmo à destinação dos valores arrecadados, não seriam relevantes **do ponto de vista jurídico**.

Agora, parece ficar bem clara a crítica de Becker direcionada para aqueles que defendem ser o fundamento do tributo o exercício do poder soberano do Estado, com vistas ao seu financiamento. Para o autor, essa afirmação é míope porque não enxerga o fato de que as questões relacionadas com a manutenção e continuidade do Estado fundam-se na sua própria constituição e têm por base momentos pré-jurídicos, quando o Estado-Realidade Natural entende por bem criar o Estado-Ficção Jurídica para que seja possível colocar *algo* nos polos ativo e passivo das relações tributárias e administrativas, respectivamente. Ou seja, afirmar que o direito tributário existe para financiar o Estado não está errado diante do pensamento de Becker. Porém, seria uma afirmação incompleta e inútil, já que não estabelece qual "Estado" seria este, além de correr o risco de levar em conta considerações pré-jurídicas, que pouco importam para o fenômeno tributário.

Portanto, uma vez instituído o Estado e, em momento cronológico posterior, criado o direito[151], **não importa a razão**

---

151. "Aqueles deveres centrípetos e aqueles direitos centrífugos são originalmente *naturais* e posteriormente *jurídicos*, porquanto o Estado nasce por

pela qual os tributos são criados. A imposição de regras de conduta é papel e dever do Estado na busca de sua sobrevivência; associar ao exercício do poder estatal no desenvolvimento do direito tributário razões outras, que extrapolem o poder *per se* equivaleria a introduzir elementos pré-jurídicos à conceituação do direito tributário e é exatamente contra esse tipo de concepção que Becker escreve. O direito tributário existe por força do exercício do poder estatal (anterior ao próprio direito) e pelo direito se mantém. O poder do Estado é a única fonte do direito e, pois, o único fundamento jurídico aceitável para a existência de tributos – quaisquer outras considerações se afastam do direito e, assim, de uma concepção "pura" de direito tributário.

3. Os problemas da concepção

Os problemas da teoria de Becker situam-se em dois planos distintos. Em primeiro lugar, a teoria do Estado que o autor desenvolve para justificar a ausência de quaisquer elementos distantes do simples *dever jurídico de cumprimento de uma prestação* vinculados ao direito tributário (tal como a finalidade financiadora dos tributos) é equivocada, seja por considerar o Estado mero antecedente lógico do direito e, assim, também do direito tributário, seja por assumir que o direito tributário não se altera a partir de diferentes orientações do Estado.

A teoria é errônea porque o direito não precisa do "Estado-Realidade Natural" como um antecedente lógico para a sua exigência, mas tão somente de **linguagem**. Essa afirmação pode ser corroborada, em que pesem as particularidades teóricas de cada um, por autores como John Searle, Vilém

---

uma relação natural e sobrevive porque – ele mesmo – utilizando o Poder (capacidade de agir), transfigura aquela relação constitucional natural em relação constitucional jurídica". BECKER, Alfredo Augusto. *Teoria Geral...*, cit., p. 228.

Flusser, Neil MacCormick e Paulo de Barros Carvalho, este último dedicado às funções da linguagem no direito tributário. À essa crítica, adicione-se o fato de que modelos de tributação (e, assim, o modelo segundo o qual o direito tributário é formado em um dado país) dependem, em certa medida, do modelo de Estado adotado (liberal, intervencionista, social, etc.). Tanto assim que o debate sobre a figura das contribuições e a questão da destinação dos recursos arrecadados se encontra presente até os dias de hoje, pois persiste a tentativa de "encaixar" o CTN, elaborado na vigência da Carta Constitucional de 1946, nos moldes da Constituição de 1988 – se o direito tributário não mudasse de acordo com o modelo de Estado, não teríamos conflitos dessa espécie.

De outro lado, o pensamento de Becker também apresenta problemas relacionados com a teoria do Direito. Como exímio seguidor de Kelsen e Bobbio, o autor apresenta um tratamento simplório do raciocínio e da argumentação no direito, na medida em que os critérios lógicos que identificam as fontes do direito são indevidamente transpostos para os problemas de argumentação (e interpretação) tributária. A decisão judicial seria o resultado de uma interpretação meramente mecânica e científica: o Poder Judiciário não interpreta a lei, apenas a aplica, sem que isso implique um raciocínio voltado à construção de significados; tão somente realiza uma operação lógica-dedutiva, que consiste no enquadramento da norma geral e abstrata na norma individual e concreta. Qualquer atividade diferente da subsunção estrita se revelaria como uma atividade "artística" e, assim, como exercício de função legislativa pelos juízes, sem que haja autorização legal para tanto.

Esses pontos são igualmente passíveis de crítica, pois atualmente inclusive os positivistas reconhecem que, ao lado da teoria das fontes, a teoria do direito comporta uma teoria da argumentação jurídica. Hebert Hart expressamente reconhece a necessidade do desenvolvimento da argumentação, como forma de explicar o processo de justificação das decisões judiciais[152], e MacCormick realiza essa tarefa com a publicação do *Legal Reasoning and Legal Theory*[153]. De outro lado, considerações como essas somente são possíveis a partir de uma tomada de posição diferente da de Becker quanto à interpretação: tendo em vista o papel que a linguagem assumiu na teoria do direito, não há que se falar em interpretação simplesmente como resultado de um raciocínio lógico-dedutivo, sem a consideração da atividade construtiva do intérprete, na linha da teoria desenvolvida por Paulo de Barros Carvalho[154].

Como cada um dos problemas suscita questões teoricamente distintas, já que o primeiro se localiza no nível da teoria do Estado e o segundo no nível da teoria do direito, deve-se tratá-los separadamente, com a finalidade de mostrar que (i) a Constituição da República tem um papel que vai além de ser mero antecedente lógico das categorias de direito tributário (e, portanto, simples fonte formal); trata-se, ao invés, do instrumento institucional pelo qual se positiva uma dada concepção de direito tributário, que não pode ser apartada de sua finalidade mantenedora do Estado, e (ii) essa concepção de direito tributário deve ser aplicada na resolução de casos tributários e um instrumento exemplar para tanto são os argumentos consequencialistas.

3.1. Críticas no âmbito da teoria do Estado de Becker

3.1.1. *O Estado não é mero antecedente lógico do direito: a linguagem como fonte das realidades institucionais*

A primeira crítica que pode ser feita à teoria de Becker é a de que o Estado, desde o início, mostra-se como uma

---

152. HART, H.L.A. *The Concept of Law*. Oxford: Oxford University Press, 1997. 2nd. edition. Posfácio.
153. MACCORMICK, Neil. *Legal Reasoning...*, cit.
154. CARVALHO, Paulo de Barros. *Direito Tributário – Fundamentos...*, cit, e CARVALHO, Paulo de Barros. *Direito Tributário, Linguagem e Método...*, cit.

realidade institucional e com isso se quer afirmar que o Estado somente pode existir dentro de funções humanas e depende delas para a sua existência. Dessa forma, é formado não em razão de características ou elementos físicos que o moldam, mas por conta da linguagem que o cria e o institui. Sem a linguagem não existiria o Estado e nem assim o direito, já que ambos se apresentam como fatos institucionais, para utilizar a terminologia de Searle.

Contudo, o direito, assim como a linguagem, faz parte das instituições que criam fatos institucionais. Pois bem, como todas as instituições requerem elementos linguísticos dos fatos relativos a ela[155], o que implica afirmar que a linguagem é logicamente anterior a todas as outras instituições, a linguagem cria o direito (essa realidade institucional específica) e, pelo direito, o Estado se forma – é, portanto, uma categoria (institucional) do fato institucional que é o direito, constituído também institucionalmente, pela linguagem.

Apenas para esclarecer as ideias expostas, cujo fundamento é o pensamento de Searle, cumpre reiterar: fatos institucionais são aqueles cuja existência depende de instituições humanas, que lhe atribuem uma função que apenas as características físicas (fatos brutos) não seriam capazes de fazê-lo. Contudo, a atribuição dessa função depende de uma concordância coletiva quanto ao sentido que aquele fato passa a possuir – todos devem agir *como se* os fatos institucionalmente criados representassem a realidade criada também institucionalmente; trata-se de uma questão normativa, situando-se além do simples hábito. Searle cita como exemplo o dinheiro: uma nota de cinquenta reais apenas adquire algum valor para que possamos adquirir bens com ela na medida em que todas as outras pessoas do país a enxerguem como um objeto passível de valoração financeira. Caso nos focássemos apenas nas

---

155. SEARLE, John R. *The Construction of Social Reality*. New York: Free Press, 1995, pp. 60 e ss.

propriedades físicas da nota, não se veria nada mais do que um pedaço de papel. No entanto, por ser o dinheiro uma realidade institucional, por meio de outras instituições humanas, por exemplo o direito e, em última análise a linguagem, atribui-se uma função àquele pedaço de papel, função esta que não é obtida pelas simples características físicas da nota, mas por conta de uma realidade institucional formada em torno dela e à ela aplicada. De outro lado, como dito, a simples atribuição da função não é *per se* suficiente, pois, caso ninguém agisse normativamente, atribuindo àquela nota o valor que institucionalmente possui, não se estaria diante de cinquenta reais. Os fatos aos quais se atribui a função são fatos brutos que, diferentemente dos institucionais, apenas necessitam da linguagem para a enunciação respectiva, mas não para sua constituição mesma.

Voltando os olhos para a questão do Estado e sem quaisquer pretensões de abordar ou discorrer sobre as teorias do Estado, pois se entende que isso é desnecessário para o ponto que se pretende provar, quer-se afirmar, genericamente, que fato bruto do qual o Estado parte é a motivação de uma coletividade de constituir uma autoridade que os governe e possua instituições para representá-los. Contudo, essa motivação e as respectivas representações externas não são isoladamente suficientes para formar o Estado – este decorre de uma atribuição coletivamente convencionada, que confere propriedades deônticas (que não são físicas) a ela. O instrumento pelo qual se têm a virada de um fato bruto para um fato institucional é a linguagem e o direito que através dela se manifesta.

O equívoco de Becker está em identificar esse fato bruto como "Estado-Realidade Natural" e fonte do "Estado-Ficção Jurídica". O fato bruto não pode, em qualquer instância, ser Estado, pois para assim ser qualificado já depende de uma atribuição externa, constitutiva dele mesmo; trata-se de reconhecer que essa atribuição provê àquela manifestação coletiva uma função que não existiria se não houvesse esse sistema de regras constitutivas que a reconhecesse como o Estado. Por esse motivo, o Estado-Realidade Natural e o Estado- Ficção são uma única e só coisa. Se existe "Estado", há linguagem e, logo, há direito institucionalmente construído.

Somado a isso, a premissa básica para que o Estado exista como instituição, além da linguagem, é a existência (ou a possibilidade de obtenção) de recursos que o sustentem. Esses recursos são providos em grande parte pela tributação. Os tributos e o sistema de regras constitutivos da atividade tributária – ou, em um sentido mais amplo, da atividade financeira do Estado, são os fatos institucionais que possibilitam a existência material do Estado. Com isso não se quer entrar em debates sobre a precedência de um sobre o outro, como aliás faz Becker, mas sim afirmar que **o direito tributário é parte constitutiva do Estado** e, nesse sentido, integra o sistema de regras que, aplicadas ao fato bruto, constroem a realidade institucional que é o Estado. Não há, portanto, precedência, mas **concomitância do direito ao Estado e deste em relação às regras tributárias**. Às mesmas conclusões alcançam Liam Murphy e Thomas Nagel, mesmo que a partir de postulações distintas, relacionadas com o papel distributivo da tributação e a relação entre propriedade e tributação[156]:

> "[...] não existe direitos de propriedade antecedentes à estrutura tributária. Direitos de propriedade são o produto de um conjunto de leis e convenções, do qual o

---

156. "[...] there is no property rights antecedent to the tax structure. Property rights are the product of a set of laws and conventions, of which the tax system forms a part. [...] All the normative questions about what taxes are justified and what taxes are unjustified should be interpreted instead as questions about how the system should define those property rights that arise through the various transactions – employment, bequest, contract, investment, buying and selling – that are subject to taxation". MURPHY, Liam, NAGEL, Thomas. *The Myth of Ownership – Taxes and Justice*. New York: Oxford Univeristy Press, 2002, p. 74.

sistema tributário forma uma parte. [...] Todas as questões normativas sobre quais tributos são justificados e quais tributos não o são devem ser interpretadas como questões sobre como o sistema deve definir esses direitos de propriedade que emergem através de várias transações – emprego, herança, contrato, investimento, compra e venda – que são sujeitas à tributação".

Além disso, em certa medida, esse raciocínio está de acordo com a teoria de Vilém Flusser, para quem a realidade é constituída pela linguagem[157]:

> "[...] a *realidade* dos dados brutos é apreendida e compreendida por nós em forma de língua. [...] A língua deve ser aceita como o dado bruto por excelência, e suas regras devem ser aceitas como a estrutura da realidade. O conhecimento é o resultado da observação dessas regras".

Considerando essa perspectiva, seria equivocado estudar o direito tributário a partir de um papel isolado do próprio Estado e das funções que a tributação assume no delineamento do Estado tal como ele se apresenta. Exatamente para isolar o direito tributário de qualquer contaminação valorativa, na tentativa de construir um direito tributário "puro", Becker utiliza-se da alegoria "Estado-Realidade" e "Estado-Ficção", admitindo, apenas no primeiro nível, em que não há direito ou realidades institucionais criadas, a consideração da função do direito tributário e a existência de razões outras, somadas ao poder de imposição do Estado, para a cobrança de tributos.

Ora, sendo o sistema de regras que introduz a tributação um elemento formador, constitutivo do Estado, é evidente

---

157. FLUSSER, Vilém. *Língua e Realidade*. São Paulo: Annablume, 2004, pp. 81-82.

que, diferente do que Becker argumenta, o modelo de Estado influi nas formas e justificativas de atribuição de ônus aos particulares e, assim, na concepção de direito tributário – a depender da forma de constituição do Estado e dos elementos institucionais que ele apresentar (liberal, intervencionista, social), ter-se-á consequências diretas nos modos e porquês da tributação e tais justificativas não são elementos externos, pré-jurídicos: fazem parte do Estado e do direito tributário tal como ele existe e, assim, não devem ser ignorados.

3.1.2. *O modelo de Estado influi na concepção de direito tributário*

Tendo-se em vista a assunção de que o Estado é constituído também pelas regras de tributação, que são as possibilitadoras materiais de sua existência, é bastante lógico afirmar que o modelo de Estado constituído tem reflexo direto na estrutura do sistema tributário, o que implica, especialmente, as formas pelas quais os ônus da tributação são distribuídos. Ou seja, mesmo que a função inicial e constitutiva do direito tributário seja o financiamento da estrutura administrativa e, de uma forma geral, garantir a ordem interna e a segurança nacional, o desenho institucional do Estado confere à tributação um papel adicional e conectado ao primeiro: o de realizar os próprios objetivos do Estado. Essa afirmação fica bastante clara quando se leva em consideração os tributos extrafiscais, cuja finalidade primeira não é a de prover receitas para a administração, mas sim obter a realização de certos fins que o Estado aponta como necessários e essenciais (ainda que, por vezes, apenas durante um período de tempo). Tome-se ainda o exemplo dos Estados politicamente liberais, que elegem como premissa a tarefa distributiva da tributação, mesmo que isso implique uma tributação mais gravosa da propriedade.

Uma análise concentrada nas bases impositivas eleitas pelo sistema como passíveis de sofrerem tributação, igualmente aponta como os objetivos do Estado influem na determinação da tributação (do ponto de vista material); é possível que se escolha concentrar os tributos sobre consumo ou sobre patrimônio, o que implica a assunção dos ônus e bônus de cada uma dessas escolhas, somada ainda à possibilidade de uma construção de um sistema que se situe no meio do caminho, como o brasileiro. O uso que se fará de cada um desses modelos dependerá, essencialmente, da função que o ordenamento pretende atribuir à tributação.

Por fim, apenas para aproximar essas afirmações de problemas mais concretos e fazê-lo do modo mais simplificado possível, analise-se o exemplo das contribuições no sistema tributário nacional – trata-se de espécie tributária cuja hipótese de incidência não está vinculada a uma atuação estatal específica, mas, a despeito disso, os recursos arrecadados serão destinados para o pagamento de despesas detalhadas na legislação que a disciplina. Em que pese a previsão dessa espécie tributária na redação original do CTN elaborada por Rubens Gomes de Souza sob a égide da Constituição de 1946, a versão final do anteprojeto não a contemplou[158] como espécie autônoma, a não ser na versão qualificada como "contribuição de melhoria".

Com o advento da Constituição de 1967, referido diploma foi recebido como lei complementar, portadora das normas gerais de direito tributário. A Constituição de 1988 não alterou o *status* de lei complementar do Código, mas previu, no sistema constitucional tributário, a figura das contribuições como uma das formas de imposição de ônus aos particulares[159]. Referida

---

158. Nos termos da redação do artigo 28 do anteprojeto original, "os tributos são impostos, taxas ou contribuições". *In Trabalhos da Comissão Especial do Código Tributário Nacional*. Rio de Janeiro, Ministério da Fazenda, 1954.

159. Em que pese o grande debate doutrinário sobre a figura das contribuições e sua classificação como uma espécie tributária autônoma, este trabalho parte da postulação de que as contribuições são espécie tributária distinta dos impostos e taxas. Acerca do referido debate, cf., dentre outros, CARVALHO, Paulo de Barros. *Curso de Direito Tributário*..., cit., BARRETO, Paulo Ayres.

previsão na Constituição causa, até hoje, problemas teóricos, tendo em vista o impasse que se estabelece entre a figura das contribuições, cuja destinação é determinada e relevante para a determinação da natureza jurídica da prestação, e o artigo 4º do CTN, que, ao contrário, descarta a destinação como um dado que se deva dar importância no direito tributário.

O exemplo é simples, mas corrobora a afirmação de que o modelo de Estado influi, desde os níveis mais elevados, relativos à definição do papel (secundário) da tributação (as finalidades *extrafiscais*), até os mais operativos, relacionados com as espécies tributárias, no direito tributário. Apenas uma concepção de direito tributário que parta da consideração que este ramo do direito é parte constitutiva do Estado, cuja existência é institucional, é capaz de melhor resolver não apenas os problemas ligados à justificação de casos tributários e, assim, dos limites materiais da argumentação nessa área, preocupação específica deste trabalho, mas igualmente solucionar impasses teóricos que se encontram presentes até os dias atuais, como esse da natureza jurídica das contribuições.

3.2. Críticas no âmbito da teoria do direito de Becker

3.2.1. *A interpretação para além da subsunção mecânica*

De acordo com o pensamento de Becker, os juízes, ao solucionarem casos tributários, nada criam e nem sequer aplicam a lei. Em suas palavras, o órgão judiciário, apenas[160]:

> "a) analisa a estrutura lógica (regra e hipótese de incidência) da regra jurídica;

Contribuições – Regime jurídico, destinação e controle. São Paulo: Noeses, 2008, TOMÉ, Fabiana Del Padre. *Contribuições para a Seguridade Social*. São Paulo: Juruá, 2002 e GAMA, Tácio Lacerda. *Contribuição de Intervenção no Domínio Econômico*. São Paulo: Quartier Latin, 2003.

160. BECKER, Alfredo Augusto. *Teoria Geral...*, cit., p. 67.

b) investiga os fatos acontecidos a fim de saber se houve (ou não) a realização da hipótese de incidência;

c) constata a incidência infalível (automática) da regra jurídica sobre sua hipótese de incidência realizada;

d) constata e analisa as consequências (os efeitos jurídicos) daquela incidência;

e) constata se houve (ou não) respeitabilidade àqueles efeitos jurídicos".

Trata-se, afirma, de uma operação intelectual e científica de simples constatação de adequação dos elementos da norma geral e abstrata aos fatos concretamente realizados – assim, chega-se (e não constrói-se, note-se) à norma individual e concreta.

Essa forma de ver a interpretação está, em certa medida, igualmente presente em Kelsen e Karl Engisch. Para Kelsen, a atividade de interpretação não é direcionada por critérios intersubjetivos e tem por resultado (quando realizada por autoridades jurídicas) a adequação da norma geral e abstrata à situação de fato apresentada ao Judiciário, o que gera a introdução de norma individual e concreta[161]:

"A relação entre um escalão superior e um escalão inferior da ordem jurídica, com a relação entre Constituição e lei, ou lei e sentença judicial, é uma relação de determinação e vinculação: a norma do escalão superior regula – como já se mostrou – o ato através do qual é produzida a norma do escalão inferior, ou o ato de

---

161. KELSEN, Hans. *Teoria Pura do Direito*. Trad. João Baptista Machado. São Paulo: Martins Fontes, 1998, p. 388. E, ainda: "A norma do escalão superior não pode vincular em todas as direções (sob todos os aspectos) o ato através do qual é aplicada. Tem sempre de ficar uma margem, ora maior ora menor, de livre apreciação, de tal forma que a norma do escalão superior tem sempre, em relação ao ato de produção normativa ou de execução que a aplica, o caráter de um quadro ou moldura a preencher por este ato". KELSEN, Hans. *Teoria Pura*..., cit., p. 388.

execução, quando já deste apenas se trata; ela determina não só o processo em que a norma inferior ou o ato de execução são postos, mas também, eventualmente, o conteúdo da norma a estabelecer ou do ato de execução a realizar".

Esta determinação nunca é, porém, completa. [...] Mesmo uma ordem o mais pormenorizada possível tem de deixar àquele que a cumpre ou executa uma pluralidade de determinações a fazer. Se o órgão A emite um comando para que o órgão B prenda o súdito C, o órgão B tem de decidir, **segundo o seu próprio critério,** quando, onde e como realizará a ordem de prisão, decisões essas que dependem de circunstâncias externas que o órgão emissor do comando não previu e, em grande parte, nem sequer poderia prever." (Destaque não contido no original).

Kelsen, ao afirmar que o aplicador do direito adota "seus próprios critérios" na determinação do comando normativo, retira da atividade de interpretação qualquer regramento possível, na medida em que exclui o compartilhamento de critérios na tomada de decisão, além de desconsiderar a viabilidade de uma teoria do raciocínio jurídico – que diga quais razões podem ser qualificadas como "boas" a ponto de justificar uma decisão. Em sentido semelhante, orienta-se Engisch. Para este autor, a atividade de determinação de qual norma é aplicável ao caso concreto desenvolve-se a partir do raciocínio lógico da subsunção, pela qual o aplicador da lei determina qual norma (premissa maior) melhor se adequa à regulação do caso concreto, que se releva pela ocorrência de fatos que se "encaixam" à norma (premissa menor).

Em que pese classificar esse raciocínio judicial como resultado de uma operação lógica, Engisch reconhece que essa atividade de adequação pode enfrentar dificuldades relacionadas à determinação do conteúdo da norma. A solução para tanto é a interpretação, tarefa que fica a cargo do aplicador do direito e carrega a consideração da convicção pessoal do intérprete e, por esse motivo, é discricionária no sentido forte da palavra, ou seja, não é guiada por critérios intersubjetivamente compartilhados[162]:

> "[...] pelo menos é possível admitir – na minha opinião é mesmo de admitir – a existência de discricionariedade no seio da nossa ordem jurídica conformada pelo princípio do Estado de Direito. De discricionariedade, note-se, neste sentido: no sentido de que, no domínio da administração ou no da jurisdição, a convicção pessoal (particularmente, a valoração) de quem quer que seja chamado a decidir, é elemento decisivo para determinar qual das várias alternativas que se oferecem como possíveis dentro de certo 'espaço de jogo' será havida como sendo a melhor e a 'justa'".

Para Becker, inclusive de forma mais radical do que para Engisch, que avalia e estuda os métodos possíveis de interpretação, também é adequado descartar alegações relacionadas com a existência de regramento interno ao ato de decisão. A solução de todos os problemas jurídicos estaria apenas na atividade científica e mecânica de identificação das normas de direito positivo e no confronto dessas normas com o fato concretamente realizado. Trata-se de enxergar o processo de interpretação como resultado exclusivo de um raciocínio lógico voltado à teoria das Fontes do Direito: basta que se identifique a lei aplicável para que a resolução do caso concreto venha à tona.

Uma teoria como essa é insuficiente por duas razões. Em primeiro lugar, **ignora a atividade criativa do aplicador do direito**, este no sentido mais lato possível, para abranger desde os magistrados até os cidadãos, submetidos ao direito. Como a teoria da linguagem aplicada ao direito já demonstrou, a interpretação é construção do sentido da norma pelo intérprete. Não se trata, pois, de desvelar ou descobrir o

---

[162]. ENGISCH, Karl. *Introdução ao pensamento jurídico*. Trad. João Baptista Machado. Lisboa: Fundação Calouste Gulbenkian, 2001, pp. 227-228.

sentido inerente ao texto que, por si só, já carregaria o sentido pronto para ser aplicado. A tarefa do intérprete é, exatamente, nos limites do ordenamento jurídico e dos princípios que os informam, construir o sentido da norma jurídica e, sendo o caso, aplicá-la ao caso concreto. No direito tributário especificamente, foi Paulo de Barros Carvalho que primeiro destacou a necessidade de consideração da linguagem e da atividade de elaboração do sentido pelo intérprete, na determinação do conteúdo das normas[163]:

> "[...] o trajeto de elaboração de sentido, tendo em vista a montagem de uma unidade devidamente integrada no ordenamento posto, parte do encontro com o plano de expressão, onde estão os suportes físicos dos enunciados prescritivos. Trata-se do sistema S_1, de maneira objetiva, sendo exatamente o mesmo para todos os sujeitos, com independência do lugar e do tempo em que for submetido a exame. [...] em seguida, inicia o intérprete a trajetória pelo conteúdo, imitindo-se na dimensão semântica dos comandos legislados, procurando lidar, por enquanto, com enunciados, isoladamente compreendidos, atividade que se passa no âmbito do sistema S2. [...] Ao terminar a movimentação por esse subsistema, o interessado terá diante de si um conjunto respeitável de enunciados, cujas significações já foram produzidas e permanecem à espera das novas junções que ocorrerão em outro subdomínio, qual seja, o de S_3, subsistema de formações normativas [...]. E, além disso, há que se pensar na integração das normas, nos eixos de subordinação e de coordenação, pois aquelas unidades não podem permanecer soltas, como se não pertencessem à totalidade sistêmica. Eis o plano S_4. [...]
>
> Cumpridas todas essas diligências, poderá o interprete dizer que construiu o sentido da norma jurídica empreendimento intelectual e emocional que não lhe custou pouca energia".

---

163. CARVALHO, Paulo de Barros. *Direito Tributário: Fundamentos jurídicos...*, cit., pp. 82-83. E, ainda: CARVALHO, Paulo de Barros. *Direito Tributário, Linguagem e Método...*, cit.

O autor acima citado estabelece, a partir de bases semióticas, que a atividade de interpretação é um *continuum*, com início no texto, que representa o suporte físico da norma jurídica veiculada, passando pela compreensão dos enunciados prescritivos, até se atingir a estrutura completa da norma jurídica, composta de antecedente e consequente, contextualizada no ordenamento jurídico. Becker, de outro lado, não leva em consideração essa atividade criadora do intérprete, que constrói o sentido das normas jurídicas; limita-se, tão somente, a afirmar que a interpretação é uma atividade neutra, mecânica e desprovida de qualquer pretensão inovadora no sistema.

Ademais, além de limitar a interpretação à atividade mecânica de subsunção, não diferencia os atos de aplicação e interpretação. A aplicação do direito pode ser o resultado da interpretação, mas com ela não se confunde. O processo de construção de sentido da norma, que resulta em uma dada interpretação é, em verdade, anterior à aplicação da regra para a solução do caso concreto. A aplicação seria mais identificável com a subsunção, do que com o processo de interpretação que é muito mais complexo e envolve várias outras etapas. A equiparação das duas atividades revela a orientação do autor, no sentido de que o processo mental de interpretação não difere do de aplicação, já que os juízes são simples "robôs" da lei: olham o comando, verificam a adequação do caso concreto e a aplicam – diretamente, sem construção, ponderação de razões ou interpretação, de um ponto de vista mais amplo.

A segunda razão pela qual a teoria é insuficiente decorre, em grande medida, da tomada de posição do autor quanto à atividade de interpretação, acima exposta. Ao reconhecer que o jurista "nada cria e nem aplica a lei", **despreza a teoria da argumentação jurídica** e, assim, os passos necessários à justificação da decisão judicial. Isso porque, elege como única forma possível de solução de conflitos tributários a aplicação mecânica da lei e o reconhecimento dos contornos do direito. Isso fica bastante claro nos capítulos finais, nos quais o autor apresenta os problemas que julga relevantes à prática tributária e se propõe a solucioná-los[164]. A técnica que usa para tanto é, apenas, a de reconhecer o que é jurídico e o que não é jurídico, sem se preocupar com a justificação dessas escolhas. Em verdade, o único dado que importa é a regra, pura e seca, desvinculada de qualquer propósito ou justificação. O trecho abaixo transcrito é exemplar dessa postura[165]:

> "As valorizações dos interesses em conflito e o critério de preferência que inspiraram a *solução* legislativa (regra jurídica criada para solucionar aquele conflito) *participam da objetividade desta solução* (regra jurídica) e não podem ser reexaminados pelo intérprete sob o pretexto de uma melhor adequação à realidade histórica posterior (ao caso concreto que realizou a hipótese de incidência daquela regra jurídica)".

Ora, caso se parta da postulação que este trabalho realiza, de que a interpretação é uma atividade criativa, de construção de sentido pelo intérprete, como decorrência necessária tem-se que, nos casos em que essa atividade é realizada pelo Poder Judiciário, não bastará a indicação das fontes legislativas para a satisfação dos problemas jurídicos que se apresentam. É evidente que ocorrerá uma valoração dos termos da regra e, internamente a essa atividade (de interpretação) está a de justificação, já que não basta aos juízes que indiquem a solução adequada ao caso; eles devem enunciar as razões pelas quais entendem que está é *a* decisão mais acertada. Tal atividade deve ser estudada no contexto de uma teoria

---

[164]. São os temas da capacidade contributiva, da eleição de fatos presuntivos de riqueza como critérios para a tributação, da existência de substitutos legais tributários (dado este que parte de uma realidade econômica) e, por fim, da tributação extrafiscal e via tributos *in natura* e *in labore*.

[165]. BECKER, Alfredo Augusto. *Teoria Geral...*, cit., p. 527.

da argumentação jurídica. Com isso quer-se afirmar, juntamente com Hart e MacCormick, acima citados, que a *teoria das fontes* não dá conta de resolver todos os problemas jurídicos, ainda mais quando se parte da premissa de que o sentido da norma é construído pelo intérprete: **essa construção deve ser justificada e o estudo das razões passíveis de serem apresentadas como justificação situa-se na teoria da argumentação**, tratada a seguir.

3.2.2. *A necessidade de uma teoria da argumentação ao lado da teoria das fontes*

Considerando que a interpretação não é apenas uma atividade mecânica, de simples subsunção, os juízes, ao se depararem com problemas tributários, necessitam ter mente não apenas as normas jurídicas e, em um sentido estrito, o direito positivo. Na atividade de produção de uma decisão judicial, deve-se levar em consideração, também, quais as razões passíveis de justificar uma ou outra interpretação. Neste momento, situamo-nos no âmbito da *justificação* das decisões.

Para melhor desenrolar do tema, deve-se, inicialmente, diferençar validade e correção de uma decisão judicial. Discutir sobre a validade de uma norma jurídica implica debater sobre o correto exercício da competência atribuída por outra norma a uma certa autoridade. Trata-se de saber, do ponto de vista formal, se o procedimento para a criação da norma foi observado e, do ponto de vista material, se o conteúdo da norma está de acordo com a norma superior, que lhe dá fundamento.

O juízo sobre a validade é um juízo sobre a existência da norma no ordenamento jurídico. Sendo promulgada, é válida, até que venha outra que a revogue ou modifique. Dessa forma, a validade é uma relação da norma com o ordenamento jurídico e essa relação é mediada por um critério de reconhecimento. Uma lei ordinária, por exemplo, ainda que não tenha cumprido com os requisitos formais para a sua criação, é presumivelmente válida, até que outra norma a revogue. A pergunta sobre a validade de uma lei, então, deve ser centrada na observância do procedimento previsto (e nisto está implicada a autoridade) e na competência do instrumento normativo para regulamentar aquele conteúdo específico.

Em relação às decisões judiciais, o raciocínio é semelhante, mas não idêntico. A exemplo das normas gerais e abstratas, na indagação sobre a validade de uma decisão, deve-se preencher o critério formal da autoridade/procedimento previsto. O critério material, por sua vez, é testado pela existência de um argumento lógico-dedutivo do qual resulte a conclusão da decisão, cujas premissas sejam uma norma jurídica válida. O problema que se coloca é que, na maioria das vezes, o argumento dedutivo não dá conta de resolver todas as questões jurídicas do caso concreto. Nesse caso, como ficaria o juízo de validade da decisão?

A resposta, de acordo com a teoria da argumentação, seria: a decisão será (presumivelmente) válida, se proferida em consonância com o critério de validade. Porém, não necessariamente se estará diante de uma decisão *justificada*. Ou seja, a validade de uma decisão não se confunde com a sua justificação[166].

A validade de uma norma relaciona-se com a observância de um critério estabelecido pelo ordenamento jurídico – serão normas válidas aquelas que estão de acordo com tal critério. De outro lado, a pergunta sobre a justificação de uma decisão judicial está vinculada não tanto com a existência de uma norma que a fundamente, mas sim à existência de boas razões para que o comando tenha sido em um determinado

---

166. Cf. MACCORMICK, Neil. *Legal reasoning*..., cit.

sentido e não no outro. Sendo as considerações sobre a validade diversas daquelas sobre a justificação de uma decisão, a ausência de justificação (e, assim, de boas razões) não macula a validade da decisão.

Porém, não se deve confundir a fundamentação da decisão com sua justificação – ao menos no sentido em que justificação está sendo empregado aqui. A fundamentação da decisão judicial é um requisito formal de validade. Nos termos da Constituição da República e do Código de Processo Civil[167], todas as decisões judiciais devem ser fundamentadas, o que significa que os juízes devem esclarecer as razões que os levaram àquele convencimento da matéria. De outro lado, porque a ausência de fundamentação resulta na nulidade da decisão, seria possível reforçar a tese (ora rejeitada) de que a justificação está vinculada com a validade e, assim, a mera existência do tópico "fundamentação" na decisão seria suficiente para se caracterizar uma decisão justificada. O equívoco de uma afirmação desse tipo seria o de utilizar as palavras "fundamentação" ou "motivação" da decisão como sinônimas de "justificação".

O processo de justificação é interno ao sistema jurídico[168] e intrínseco ao processo de tomada de decisão. Invariavelmente, os juízes lidam com, pelo menos, duas interpretações rivais da regra objeto da disputa (autor *versus* réu) e a escolha por uma delas deve ser fundamentada em razões[169], que irão constituir a justificação da decisão. Trata-se, portanto, da avaliação material das razões publicizadas na fundamentação do julgado. O fato de a decisão possuir um item destinado à motivação não implica sua justificação, mas, tão somente, o cumprimento de

---

167. Artigo 93, inciso IX da Constituição da República e artigo 458 do Código de Processo Civil.
168. Nesse sentido, MACCORMICK, Neil. *Legal Reasoning*..., cit., pp. 63.
169. Contudo, nem toda razão constitui uma "boa razão" para fundamentar uma decisão e, assim, a simples apresentação de razões não basta para que uma decisão seja considerada justificada. O objeto da teoria da argumentação atual tem sido o de estabelecer critérios para definir o que seriam "boas razões".

um dos critérios formais de validade (procedimento). Um bom exemplo de uma decisão válida mas não justificada foi a proferida pelo extinto Tribunal de Alçada Criminal[170], sobre a confiabilidade da condenação do réu apenas com base no reconhecimento fotográfico, tendo em vista a cor da pele do acusado:

> "Foto do apelado está a fls. 84, por ela se verificando possuir traços bem definidos, diversos do universo de 'morenos' com feições negróides que inunda a marginalidade" (grifos não contidos no original).

A questão sobre a viabilidade de condenar um indivíduo somente pelo reconhecimento fotográfico feito pela vítima foi fundamentada no fato de o acusado ser branco e, portanto, segundo o acórdão, possuir feições diversas daquelas que "inundam a criminalidade". Trata-se, apenas, do cumprimento do requisito formal da fundamentação, mas não se pode afirmar que se está diante de uma decisão justificada. Julgar pela condenação do réu tendo em vista a cor de sua pele não reflete um julgamento baseado em boas razões. O critério para identificar essas boas razões, segundo MacCormick, está no teste da coesão, coerência e consequências lógicas da decisão.

De qualquer forma, inferências sobre a justificação de uma decisão aparecem, exatamente, quando o raciocínio lógico-dedutivo não é suficiente para resolver os problemas suscitados durante o caso. Situações como essa são muito frequentes, já que todas as regras do ordenamento jurídico não prescindem de interpretação para serem aplicadas. E é no momento da interpretação, da construção de sentido, que dificuldades para a aplicação das normas emergem[171] e,

---

170. Tribunal de Alçada Criminal do Estado de São Paulo, Acórdão n. 1.273.119/5, Comarca de Atibaia, 7ª Câmara, Relator Luiz Ambra.
171. Juntamente com Paulo de Barros Carvalho, para quem "a norma jurídica é exatamente o juízo (ou pensamento) que a leitura do texto provoca em nosso espírito". CARVALHO, Paulo de Barros. *Curso de Direito Tributário*. São Paulo: Saraiva, 2002, p. 8.

juntamente com elas, razões rivais que justificam as possíveis soluções para o caso. A fim de aplicar uma certa norma a um caso concreto, o juiz deve *escolher* entre as soluções rivais e tal escolha deve ser justificada, ou seja, fundamentada em boas razões. Sobre isso, Chaïm Perelman já afirmava[172]:

> "O papel do juiz, servidor das leis existentes, é contribuir para a aceitação do sistema. Ele mostra que as decisões que ele é levado a tomar não são apenas legais, mas são aceitáveis porque são razoáveis. [...] Após ouvir os prós e contras das partes, ele vai apresentar as razões que determinam sua decisão. Ele tentará prover a motivação que irá permitir que sua decisão final seja aceita pelas partes em litígio, pela opinião pública e pelas cortes superiores. [...] Em uma visão democrática do direito, onde as normas em si mesmas não são consideradas apenas um ato de poder, as decisões de justiça não devem ser apenas legais, mais também aceitáveis porque não se opõem a valores socialmente reconhecidos".

E, ainda[173]:

> "O raciocínio prático que justifica uma decisão é raramente uma conclusão simples de um silogismo. Se os homens se opõem mutuamente em função de uma decisão

---

172. PERELMAN, Chaïm. *Justice, Law, and Argument...*, cit., cap. 13. No original: "The role of the judges, servants of existing laws, is to contribute to the acceptance of the system. He shows that the decisions which he is led to take are not only legal, but are acceptable because they are reasonable. [...] After hearing the contestant's pros and cons he will present the reasons which determine his decision. He will seek to provide the motivation which will allow his final decision to be accepted by the parties to the litigation, by public opinion and by higher judicial tribunals. [...] In a democratic vision of law, where statutes themselves are not considered only an act of power, the decisions of justice should not be legal but also acceptable because they do not opposed socially recognized values".

173. PERELMAN, Chaïm. *Justice, Law and Argument...*, cit., p. 150. No original: "Practical reasoning that justifies a decision is rarely the simple conclusion of a

a ser tomada, isto não ocorre porque algum deles cometeu um erro de lógica ou cálculo. Eles discutem sobre a regra aplicável, sobre os fins a serem considerados, sobre o sentido a ser dado a valores, sobre a interpretação e caracterização dos fatos. Quando envolvidos em uma controvérsia sobre um desses pontos, eles raciocinam e seu raciocínio merece tanto análise quanto o raciocínio do matemático. [...] A coisa importante não é a passagem das premissas à conclusão, mas a forma pela qual o juiz justifica suas premissas, tanto nos fatos quanto no direito. Essa justificação não consiste em uma demonstração formalmente correta, mas em um argumento guiado pelas regras de aplicação jurídica".

No mesmo sentido, para MacCormick, *"as regras podem ser ambíguas em determinados contextos, e podem ser aplicadas de uma forma ou de outra apenas depois que a ambiguidade foi resolvida. Mas resolver a ambiguidade de fato envolve a escolha entre versões rivais da regra (se p' então q, ou se p" então q); uma vez que a escolha é feita, uma simples justificação dedutiva de uma decisão particular se segue. Mas a justificação completa da decisão deve depender, então, de como a escolha entre as versões rivais da regra está justificada [...]"*[174].

---

syllogism. If men oppose each other concerning a decision to be taken, it is not because some commit an error of logic or calculation. They discuss apropos the applicable rule, the ends to be considered, the meaning to be given to values, the interpretation and the characterization of facts. When engaged in a controversy on each of these points they reason, and their reasoning deserves as much analysis as the reasoning of the mathematician. [...] The important thing is not the passage from premises to conclusion, but the way the judge justifies his premises both in fact and in law. This justification does not consist in a formally correct demonstration, but in an argument guided by rules of legal application".

174. MACCORMICK, Neil. *Legal Reasoning...*, cit., pp. 67-8. No original: "[...] rules can be ambiguous in given contexts, and can be applied one way or the other only after the ambiguity is resolved. But resolving the ambiguity in effect involves choosing between rival versions of the rule (*if p' then q*, or *if p" then q*); once that choice is made, a simple deductive justification of a particular decision follows. But a complet justification of that decision

Além dos problemas de interpretação, acima referidos e que se relacionam com a ambiguidade dos termos da norma jurídica, MacCormick ainda identifica três outros possíveis problemas, que geram a necessidade de escolha entre razões rivais: problemas de classificação, relevância e prova[175].

Os problemas de classificação são aqueles cujo objeto de discussão é a extensão dos vocábulos contidos na norma. O questionamento, aqui, não está centrado propriamente (ou em primeiro lugar) no sentido das palavras, mas sim na dúvida se a norma descreve uma situação fática que se amolda ao caso concreto. Trata-se de saber se o fato ocorrido é uma instância da descrição geral e abstrata da norma. De outro lado, os problemas de prova relacionam-se com a suficiência da prova apresentada para formalizar em linguagem a ocorrência do fato alegado; já os problemas de relevância são aqueles suscitados na identificação de um caso com um precedente e seriam mais presentes no sistema de *common law*[176].

A decisão sobre o caso somente será alcançada, portanto, uma vez solucionados esses problemas, **que superam a dimensão do raciocínio dedutivo**. Não se trata, apenas, de identificar a norma aplicável ao caso concreto, mas sim de justificar essa aplicação. É necessária a utilização do raciocínio retórico ou persuasivo na obtenção da decisão[177] e, somente

---

must hinge then on how the choice between the competing versions of the rule is justified".

175. MACCORMICK, Neil. *Rhetoric...*, cit., p. 43. Para MacCormick, casos em que esses problemas são suscitados são "casos problemáticos" e não propriamente casos difíceis. Esta última expressão, consagrada por Dworkin, refere-se aos casos em que a solução não está claramente determinada na legislação. DWORKIN, Ronald. "Hard Cases". *Harvard Law Review*, n. 6, vol. 88 (abril, 1975), pp. 1.057-1.109.

176. Ainda que sejam possíveis de serem suscitados no nosso sistema com a necessidade de, ao recorrer ao Supremo Tribunal Federal, demonstrar a repercussão geral da questão jurídica em debate, nos termos do artigo 102, § 3º da Constituição.

177. MACCORMICK, Neil. *Rhetoric...*, cit., p. 43. PERELMAN, Chaïm. *Justice, Law, and Argument...*, cit., especialmente capítulo 14.

após é que é possível falar em subsunção ou silogismo[178, 179]. Nesse exato ponto, a teoria de Becker falha porque, de início, já não considera possível que os intérpretes construam o sentido da norma. Ao negar esse primeiro passo, sequer é possível chegar às considerações relacionadas com o dever de os juízes justificarem a interpretação da norma tributária.

Portanto, a partir dessas considerações sobre a justificação das decisões, para que todas essas questões se resolvam, o juiz deverá avaliar quais as melhores razões que justificam uma ou outra solução normativa e isso supera a dimensão da subsunção. A identificação e aplicação da norma geral ao caso concreto depende dessa atividade de interpretação e de ponderação de razões e é neste momento que a atividade de justificação aparece como condição para que se alcance uma boa decisão. Por essa razão, a justificação de uma decisão não implica na sua validade. A decisão será válida se promulgada por uma autoridade competente e segundo o procedimento previsto. Todavia, somente estará justificada se contiver boas razões para a interpretação veiculada pela decisão; justificar uma decisão é apresentar as razões do porquê de a decisão estar correta[180].

A questão que se coloca agora é, em primeiro lugar, a de saber **porque uma teoria da argumentação importa para o**

---

178. "[...] não é o silogismo jurídico que sozinho determina o resultado do caso. [...] Por que, então, insistir no silogismo? A resposta deve ser óbvia: é ele que prove a moldura na qual os outros argumentos fazem sentido como argumentos jurídicos)". MACCORMICK, Neil. *Rhetoric...*, p. 42. No original: "[...] it is not the legal syllogism that alone determines the outcome of the case. [...] Why then insist on the syllogism at all? The answer should be obvious: it is what provides the framework in which the other arguments make sense as legal arguments".
179. A dificuldade de utilizar apenas o raciocínio lógico-dedutivo na tomada de decisões já tinha sido identificada por Karl Engisch, em 1956. ENGISCH, Karl. *Introdução ao pensamento jurídico...*, cit., capítulo III.
180. Nesse sentido, MACCORMICK, Neil. *Rhetoric...*, cit., MACCORMICK, Neil. *Legal Reasoning...*, cit., ALEXY, Robert. *A Theory of Legal Argumentation...*, cit.

direito tributário. O direito tributário, como qualquer outro ramo do direito, por ocasião da interpretação e aplicação das normas aos casos concretos e, assim, na atividade de tomada de decisão judicial, enfrenta percalços que tornam o raciocínio dedutivo insuficiente. Conforme já mencionado, na atividade de subsunção, o aplicador identifica a norma geral e abstrata que mais se adequa ao fato ocorrido para, então, resolver a pendenga jurídica que se apresenta diante dele. Contudo, essa "identificação" comumente se mostra problemática, seja por questões relacionadas à interpretação dos termos contidos na norma, seja por conta de aspectos relativos à prova, classificação e relevância.

Uma teoria da argumentação auxilia no estabelecimento de critérios que indiquem quais são as razões consideradas boas para justificar a decisão e, portanto, justificar os passos do raciocínio dedutivo, ao, por exemplo, responder às seguintes perguntas: por que é possível considerar que, naquela situação levada a juízo, houve a ocorrência do fato descrito na hipótese de incidência de dado tributo? Por que a subsunção neste sentido apresenta-se como adequada, correta? As respostas possíveis a essas questões externalizam as razões eleitas pelos juízes para justificar a decisão tomada e, dessa feita, conferem maior segurança jurídica seja para os contribuintes, seja para a Administração, já que se sabe quais são os argumentos em jogo, quais foram as razões consideradas relevantes no processo de decisão judicial.

Contudo, especificamente no que se refere ao direito tributário, é bastante comum a existência de decisões judiciais que não trazem à tona todas as questões envolvidas no processo de tomada de decisões e isso ocorre, de acordo com a tese ora exposta, em virtude de uma dada concepção de direito tributário, cujo representante ideal é Becker, que não apenas desconsidera a teoria da argumentação como um instrumento relevante para externalizar as razões do julgado, como, em decorrência, exclui a possibilidade de argumentos relacionados com a atividade financeira do Estado, de um ponto de vista específico, e com a função da tributação, em um sentido mais geral. Quer-se fazer referência aqui aos argumentos *consequencialistas*, que são aqueles, cujo objeto é a aceitabilidade ou não das consequências da decisão.

Os detalhes sobre as características desses argumentos e os fundamentos teóricos existentes já foram explicitados no capítulo 02 e serão retomados nos capítulos subsequentes. De todo modo, por ora, apenas, a definição geral acima mencionada basta para afirmar que exemplos desse tipo de situação são bastantes frequentes quando se trata de avaliar os julgados do Supremo Tribunal Federal relativos à modulação de efeitos das decisões tributárias. Tendo em vista que esse tema suscita um novo bloco de considerações e reflexões, cumpre tratá-lo separadamente.

3.2.3. *Argumentos consequencialistas nos julgados do Supremo Tribunal Federal: alguns exemplos*

Antes de apresentar os exemplos que corroboram a necessidade do estudo da teoria da argumentação para a melhor compreensão do processo de tomada de decisões no direito tributário, é importante advertir que o desvelamento das razões condutoras dos julgados e a sua eventual legitimação perante o direito, quando isso não se manifestar de plano, são essenciais não apenas para beneficiar a Administração, como poderia se pensar em um primeiro momento, já que se trata de incorporar ao discurso tributário, a partir de uma nova concepção, argumentos relacionados à atividade financeira do Estado e à função que a tributação exerce, de um ponto de vista mais geral. Ao contrário. Trata-se, essencialmente, de fornecer instrumentos para os contribuintes argumentarem nos casos em que existe uma controvérsia instalada que considere, em alguma medida, a função do direito tributário. **Dessa feita, entende-se que será conferida aos contribuintes maior** segurança jurídica, já que, ao incorporarmos determinados elementos à argumentação tributária, atribuindo-lhes *status* jurídico, os particulares poderão argumentar nas mesmas bases da Fazenda, autorizando e obrigando, em certa medida, que os Tribunais se posicionem a respeito. De todo modo, essas considerações serão retomadas no capítulo 05, cujo objeto será apresentar casos concretos em que os argumentos consequencialistas assumem um papel fundamental. Nesse momento inicial, apenas para ilustrar as considerações aqui realizadas, cumpre citar apenas dois casos concretos decididos pelo Supremo Tribunal Federal e nos quais houve discussões relativas ao cabimento da modulação dos efeitos dos julgados – ambos os julgados serão, também, aprofundados no capítulo 5.

O primeiro caso é aquele em que o Supremo Tribunal Federal reconheceu a inconstitucionalidade dos artigos 45 e 46 da Lei n. 8.212/1991. Trata-se do julgamento realizado pelo Plenário, nos autos do Recurso Extraordinário n. 556.664, em que o Tribunal declarou que os temas de decadência e prescrição no direito tributário são privativos de lei complementar, já que se trata, nos termos do artigo 146, inciso III, alínea *b* da Constituição, do estabelecimento de "normas gerais de direito tributário". O julgamento ocorreu no dia 11.06.2008 e afastou a redação dos dispositivos mencionados acima, que estabeleciam que os prazos de prescrição e decadência das contribuições previdenciárias seriam de 10 (dez) anos, diferente do que determina o CTN sobre o tema. No dia seguinte ao do julgamento do recurso, o Supremo Tribunal Federal decidiu a questão relacionada à modulação de efeitos da decisão.

Apenas para esclarecer, o instituto da modulação de efeitos dos julgados do Supremo Tribunal Federal está previsto no artigo 28 da Lei n. 9.868/1999 e, nos termos estritos da disciplina normativa, aplicar-se-ia, apenas, para aos casos de controle concentrado de constitucionalidade[181]. Contudo, o

---

181. "Artigo 27 – Ao declarar a inconstitucionalidade de lei ou ato normativo, e tendo em vista razões de segurança jurídica ou de excepcional interesse

Tribunal, em diversas oportunidades, já decidiu pela possibilidade de modulação mesmo nos casos de controle difuso[182]. E foi exatamente isso que ocorreu por ocasião do reconhecimento da inconstitucionalidade dos artigos da Lei n. 8.212/1991, acima referidos.

Segundo a decisão proferida em 12.06.2008, pelo Supremo Tribunal Federal, a declaração de inconstitucionalidade teria efeitos *ex tunc* para as cobranças de contribuição previdenciárias **ainda em curso**, que adotassem os prazos de 10 (dez) anos previstos na Lei n. 8.212/1991. Contudo, em relação aos recolhimentos **já efetuados** pelos contribuintes, somente haveria direito à restituição se o pedido (administrativo ou judicial) tivesse sido realizado antes da conclusão do julgamento e, portanto, até 11.06.2008. Confira-se trecho do voto do Ministro Gilmar Mendes, que conduziu o julgamento da questão:

> "Estou acolhendo parcialmente o pedido de modulação de efeitos, tendo em vista a repercussão e a insegurança jurídica que se pode ter na hipótese; mas estou tentando delimitar esse quadro de modo a afastar a possibilidade de repetição de indébito de valores recolhidos nestas condições, com exceção das ações propostas antes da conclusão do julgamento.
>
> Nesse sentido, eu diria que o Fisco está impedido, fora dos prazos de decadência e prescrição previstos no

---

social, poderá o Supremo Tribunal Federal, por maioria de dois terços de seus membros, restringir os efeitos daquela declaração ou decidir que ela só tenha eficácia a partir de seu trânsito em julgado ou de outro momento que venha a ser fixado".

182. Apenas para citar alguns precedentes: AI 557237 AgR, Relator Min. Joaquim Barbosa, Segunda Turma, julgado em 18.09.2007, DJ 26.10.2007, AI 513234 AgR, Relator Min. Joaquim Barbosa, Segunda Turma, julgado em 04.09.2007, DJ 27.09.2007, AI 650000 AgR, Relator Min. Joaquim Barbosa, Segunda Turma, julgado em 04.09.2007, DJ 27.09.2007, RE 353508 AgR, Relator Min. Celso de Mello, Segunda Turma, julgado em 15.05.2007, DJ 28.06.2007 e RE 516296 AgR, Relator Min. Joaquim Barbosa, Segunda Turma, julgado em 10.04.2007, DJ 29.06.2007.

CTN, de exigir as contribuições da seguridade social. No entanto, os valores já recolhidos nestas condições, seja administrativamente, seja por execução fiscal, não devem ser devolvidos ao contribuinte, salvo se ajuizada a ação antes da conclusão do presente julgamento.

Em outras palavras, são legítimos os recolhimentos efetuados nos prazos previstos nos arts. 45 e 46 e não impugnados antes da conclusão deste julgamento.

Portanto, reitero o voto pelo desprovimento do recurso extraordinário, declarando a inconstitucionalidade do parágrafo único do art. 5º do Decreto-lei n. 1.569 e dos arts. 45 e 46 da Lei n. 8.212/1991, porém, com a modulação dos efeitos, **ex nunc**, apenas em relação às eventuais repetições de indébito ajuizadas após a presente data, a data do julgamento".

De acordo com o trecho acima, a modulação dos efeitos do julgado se faz presente tendo em vista a "repercussão e a insegurança jurídica que se pode ter na hipótese". Insegurança jurídica por conta da possibilidade de os contribuintes, diante da declaração de inconstitucionalidade dos prazos mencionados, ajuizarem ações visando à repetição dos valores declarados, por força da decisão do Supremo Tribunal Federal, indevidos. Exatamente para evitar uma enxurrada de ações e, assim preservar os riscos contingenciais da Previdência, o Tribunal apenas admitiu a restituição para os casos em que os contribuintes a tivessem requerido antes da conclusão do julgamento relativo à modulação dos efeitos e, assim, até 11.06.2008.

Essa decisão apresenta uma idiossincrasia porque não há qualquer insegurança jurídica envolvida neste tema. Como o Ministro Marco Aurélio destaca neste mesmo julgamento, o Supremo Tribunal Federal já, há muito, entendia pela competência privativa da lei complementar para disciplinar os prazos de decadência e prescrição no direito tributário. Sendo assim, por que justificar a decisão com base na "insegurança jurídica" que a ausência de modulação de efeitos poderia causar? A explicação para a modulação dos efeitos na forma como se deu está na verdadeira razão condutora do voto: tratou-se, isso sim, de uma medida protecionista à Previdência; tratou-se de evitar que as contas da Previdência sofressem um "rombo" diante das ações que os contribuintes poderiam ajuizar, requerendo de volta os valores que pagaram, considerando o prazo de 10 (dez) anos. Porém, essa razão, por ser classificada como "política" ou "extrajurídica" em face da concepção de direito tributário eleita como rival pela presente obra, que ainda prevalece nos nossos tribunais, não pode ser exteriorizada, sob pena de deslegitimar, do ponto de vista jurídico, o julgamento. Daí, portanto, falar-se em (in)segurança jurídica: um argumento "coringa" que se amolda a quase todas as decisões tributárias e que, de todo modo, pretende minimizar supostos efeitos "danosos" que a decisão em sentido contrário produziria.

Esse ponto fica ainda melhor explicado se voltarmos os olhos para uma outra decisão do Supremo Tribunal Federal, contemporânea a essa que se acaba de relatar. Trata-se do julgamento relativo à (in)constitucionalidade da revogação da isenção da COFINS devida pelas sociedades uniprofissionais. A discussão técnica centrou-se em saber se seria possível que uma lei ordinária (artigo 56 da Lei n. 9.430/1996) revogasse uma lei complementar (artigo 6º da Lei Complementar n. 70/91). Sobre esse tema, já havia jurisprudência remansosa do Superior Tribunal de Justiça, que se posicionava contrariamente à revogação. Essa orientação, inclusive, resultou na publicação da Súmula 276 daquele Tribunal.

Tendo sido a discussão levada para o Supremo Tribunal Federal, os debates centraram-se na definição do papel da lei complementar no direito tributário e na disputa acerca de duas orientações teóricas possíveis: uma, formal, que considerava que lei complementar somente poderia ser revogada por outra lei complementar, haja vista a modalidade de aprovação do instrumento normativo, dado que estabelece a hierarquia entre as normas do ordenamento (relações de subordinação) e outra, material, que defendia inexistir qualquer hierarquia entre lei complementar e lei ordinária; a relação entre esses dois instrumentos se situa na definição da competência de cada um, de modo que uma lei, que é "complementar" em sua forma, poderia ser materialmente ordinária e, assim, modificada, sem ofensas à ordem jurídica, por uma lei deste escalão.

Nesse caso específico, as demandas pela observância da segurança jurídica eram ainda maiores, já que a jurisprudência do Superior Tribunal de Justiça se orientava, de forma consolidada, pela impossibilidade de revogação – o que levou diversos contribuintes a questionarem e não recolherem a COFINS, diante da obtenção de ordens judiciais específicas. Não obstante isso, o Supremo Tribunal Federal, por ocasião do julgamento do Recurso Extraordinário n. 377.457, não modulou os efeitos da decisão, que teve aplicação *ex tunc*, atingindo, assim, contribuintes que orientaram suas ações pelo entendimento pacífico do Superior Tribunal de Justiça sobre o tema. Acerca do não cabimento da modulação neste caso, destaca do Ministro Gilmar Mendes:

> "Na verdade, manifesto-me no sentido de não acolher o pedido de modulação. Entendo que a matéria já era jurisprudência do Supremo Tribunal Federal – aí temos essas divergências já na ADC 1. [...]
>
> E também temos uma doutrina bastante rica, nessa perspectiva, a partir do nosso clássico e saudoso Geraldo Ataliba, quanto à lei complementar, quando dizia que não havia essa ontologia da lei complementar, mas era preciso que a Constituição assim definisse, portanto, se houvesse, de alguma forma, um excesso legislativo abarcando matérias que não comportavam esse conceito. E me parece que essa é a dogmática mais compatível com a sistemática em geral.
>
> De modo que me manifesto no sentido contrário à modulação".

De outro lado, o Ministro Menezes Direito defendeu a modulação de efeitos, tendo em vista, exatamente, as consequências negativas que poderiam resultar da decisão e, assim, a ofensa à segurança jurídica:

> "[...] O que me preocupa muito, Senhor Presidente, são os efeitos dessa decisão no tocante às pessoas atingidas, porque se nós não admitirmos essa possibilidade teórica de aplicar a analogia para determinar a modulação dos efeitos, nós podemos ter uma execução em cascata que pode gerar uma consequência extremamente gravosa.
>
> [...] É que eu estou considerando que esta matéria foi posta no plano infraconstitucional, reiteradamente, perante o Superior Tribunal de Justiça. E perante o Superior Tribunal de Justiça a matéria foi assentada em sentido exatamente oposto àquele que nós estamos julgando agora, ou seja, numa palavra, essa diferença de posições entre o que foi assentado no plano infraconstitucional pelo Superior Tribunal de Justiça, e não é de hoje, é de muito tempo, e o que está sendo decidido neste momento, considerando que não houve decisão anterior, pode ter havido uma indicação, um indício, mas não houve, pode gerar, e aí é a sustentação que faço, uma insegurança jurídica e consequências terrificantes, porque as pessoas que vão ser atingidas com essa decisão, é preciso considerar, não são grandes contribuintes; são pequenos contribuintes.
>
> Só para justificar".

Apesar de votos favoráveis, como os dos Ministros Ricardo Levandowski, Eros Grau, Carlos Ayres Britto e Celso de Mello, a tese sobre a modulação dos efeitos dessa decisão não saiu vencedora, estabelecendo-se que as sociedades uniprofissionais deverão pagar a COFINS sobre suas atividades, inclusive retroativamente à definição da questão pelo Supremo Tribunal Federal. Essa decisão mostra, de forma cristalina, como o Tribunal não foi isonômico em suas decisões. No caso da COFINS, o argumento pela segurança jurídica não foi suficiente para limitar os efeitos da decisão, em sentido exatamente oposto àquele do julgado sobre a Lei n. 8.212/1991.

Diante desses dois exemplos paradigmáticos, nota-se que a incorporação de outros argumentos (igualmente jurídicos – é o que a obra pretende demonstrar) nas discussões sobre a extensão dos efeitos dos julgados do Supremo Tribunal Federal poderia não apenas enriquecer o debate nos tribunais, mas especialmente externalizar as razões que, não poucas vezes, conduzem o julgamento, mas não são expostas, sob o receio de desprestigiar a decisão. O tipo de argumento invariavelmente presente em questões como essas é o argumento consequencialista, aquele cujo teor se preocupa em demonstrar as consequências (positivas ou negativas) do julgado. Evidente que nem todas as consequências são relevantes e podem ser utilizadas como justificação de uma decisão. Não obstante, saber reconhecer que consequências são essas e, mais ainda, incorporá-las ao discurso jurídico tributário pela delimitação de sua extensão material, resultaria em maior segurança aos contribuintes, já que se saberá que tipo de argumento se deve combater. Assim, seria possível avaliar a procedência jurídica tributária de uma alegação trazida à tona em um julgamento, e frequentemente suscitada de forma vicinal à questão "verdadeiramente" jurídica, relativa à impossibilidade de o Supremo Tribunal Federal tomar uma decisão em um dado sentido tendo em vista o prejuízo que isso causaria às contas públicas. Esse, afinal, é um argumento jurídico? Em que medida essa consideração das consequências relacionadas com a atividade financeira do Estado pode integrar, validamente, as razões de decidir? E a mesma situação ocorre em relação ao argumento da segurança jurídica. Exatamente porque se trata de um princípio tão fluído é que o Supremo Tribunal Federal pode suscitá-lo tanto para contrariar um interesse dos contribuintes, como ocorreu no julgamento da Lei n. 8.212/1991, acima referido, como para posicionar-se favoravelmente a eles, como se verifica de trechos do voto do Ministro Menezes Direito.

Contudo, a incorporação dos argumentos consequencialistas somente é possível a partir da adoção de uma outra concepção de direito tributário. O desenho do direito tributário por Becker não dá conta de resolver as questões cada vez mais presentes na jurisprudência, que envolvem os limites das justificações das decisões judiciais e, assim, os critérios para a identificação de boas razões para tanto. As razões que justificam a necessidade de uma concepção rival de direito tributário serão tratadas a seguir.

4. Os argumentos consequencialistas e o porquê de uma outra concepção de direito tributário

Inicialmente, reitere-se que, de um ponto de vista geral, os argumentos acima suscitados poderiam ser classificados como *argumentos consequencialistas*, já que o foco das razões apresentadas para defendê-los está nas consequências da decisão judicial. Como *consequência* de uma decisão, em um sentido amplo do termo, pode-se apontar desde a insatisfação do Procurador da Fazenda em perder o caso em disputa, até as decorrências fáticas mais remotas que possam vir à tona por conta da decisão, como, por exemplo, a morte prematura de uma criança por falta de destinação de recursos públicos a um certo hospital.

O presente trabalho defende, juntamente com MacCormick, que certas consequências podem, validamente, integrar a justificativa de uma decisão judicial tributária. Dessa forma, o debate tributário não estaria, apenas, limitado às questões relacionadas mais diretamente com a (in)constitucionalidade ou (i)legalidade de tributos em face da Constituição e normas complementares. Haveria outros argumentos, além desses, que poderiam ser classificados, igualmente, de "jurídicos" e, assim, constarem como justificativas de decisões judiciais.

O problema geral da obra é definir a extensão material possível desses argumentos consequencialistas e, portanto, identificar-lhes o conteúdo.

Conforme visto no capítulo 02, os argumentos consequencialistas que contam como boas razões para uma decisão judicial são aqueles cuja preocupação é a de demonstrar a aceitabilidade ou não das *consequências lógicas* do julgado, que consistem no atributo que toda decisão judicial possui de introduzir no ordenamento jurídico um padrão normativo de conduta universalizável. Trata-se de uma característica (lógica) das decisões judiciais que decorre do princípio da justiça formal. Essa definição de argumento consequencialista é encontrada em MacCormick[183], e seu fundamento teórico é o princípio da universalidade desenvolvido por Richard Hare[184].

Assim, serão consequencialistas argumentos cujo teor revele a (in)aceitabilidade das consequências lógicas da solução jurídica proposta e, logo, a (in)aceitabilidade da universalidade da decisão judicial. Não se trata, pois, de discutir sobre as decorrências fáticas ou causais de uma determinada decisão, mas sim de debater sobre as consequências de tal decisão ser tida como um padrão universal de conduta. **Os argumentos consequencialistas buscarão responder a pergunta sobre a aceitabilidade da universalidade da prescrição contida na decisão judicial**.

Ainda que o raciocínio consequencialista esteja focado em uma característica formal da decisão judicial, a apresentação de

---

183. Sobre o tema: MACCORMICK, Neil. *Legal Reasoning*..., cit., MACCORMICK, Neil. *On Legal Decisions and their Consequences*..., cit. MACCORMICK, Neil. *Rhetoric*..., cit..
184. HARE, R. M. *Moral Thinking*..., cit., HARE, R.M. *Sorting out Ethics*. Oxford University Press, 2004, HARE, R.M. "Universability"..., cit. e HARE, R.M. "Principles". *Proceedings of the Aristotelian Society*, New Series, vol. 73 (1972-1973), pp. 1-18.

razões favoráveis ou contrárias à universalização de tal decisão depende tanto de um critério quanto de uma medida de comparação segundo os quais as consequências lógicas são ou não desejadas. Portanto, para que seja possível afirmar que a universalização de uma prescrição jurídica não é querida, é necessário estabelecer em face do que e por que essa universalização não é aceitável. Com essa afirmação, dá-se um passo adicional: saímos da análise simplesmente formal da decisão para adentrarmos em considerações substanciais. Diante disso, a questão que se coloca é: tendo sido estabelecido que a consequência lógica de uma decisão é sua universalidade, como avaliar (materialmente) se tal universalidade é ou não desejada/aceitável?

A resposta de Hare a essa questão está refletida no pensamento de MacCormick. Para Hare, a avaliação das consequências depende de quais princípios morais se aplicam à situação; "as consequências relevantes são aquelas que os princípios proíbem ou requerem que sejam trazidas à tona"[185]. Paralelamente, para MacCormick, as consequências devem ser testadas perante os valores relevantes para a área do direito em que a discussão se estabeleceu. A universalização da decisão será indesejada e, assim, inaceitável, se subverter tais valores.

A incorporação de argumentos consequencialistas no discurso tributário mostra-se, nos dias de hoje, absolutamente adequada, na medida em que essa tomada de posição é capaz de resolver incongruências presentes nos julgados do Supremo Tribunal Federal, como visto acima. Caso houvesse a explicitação da premissa de que uma decisão contrária à Previdência poderia deixá-la em situação financeira ainda mais dificultosa, os contribuintes poderiam contra-argumentar

---

185. "Which are relevant depends on what moral principles aplly to the situation (the relevant consequences are those which the principles forbids or require one to bring about)". HARE, R.M. *Sorting out...*, cit., p. 164.

nesse sentido, e, eventualmente, produzir provas que indicassem a eventual improcedência das alegações da Fazenda. Tratar-se-ia, pois, de incorporar outros elementos atualmente relegados na prática tributária, por conta de sua rotulação como "argumentos não jurídicos".

Porém, para que uma tomada de posição como essa seja possível, em primeiro lugar, faz-se necessário adotar uma outra concepção de direito tributário. Becker não contempla uma teoria da argumentação como passível de solucionar problemas jurídicos. O direito tributário se revela pelo o que está positivado e as disputas tributárias serão solucionadas pelos juízes pela atividade (mecânica) de subsunção, sem que se considere a atividade interna de justificação.

O detalhamento do que seja essa outra concepção e como ela se justifica serão objeto do próximo capítulo. De todo modo, desde logo, afirme-se: trata-se de interpretar o direito tributário a partir do papel que a discriminação de rendas assume no texto constitucional e, por essa lente, analisar as formas pelas quais o poder tributário pode ser realizado.

Na verdade, caso se considere que a base do direito tributário está na delimitação da competência tributária e, tendo-se em vista que tal delimitação decorre da necessidade específica de prover autonomia política e administrativa aos entes da Federação, conclui-se que as demais disposições constitucionais tributárias nada mais são do que **meios, instrumentos**, que viabilizam o exercício da atividade de obtenção de receitas e, assim, garantem a almejada autonomia política e administrativa.

Dessa feita, o fundamento do direito tributário não estaria nos princípios constitucionais que limitam o poder de tributar, mas sim na necessidade de tributação, tendo em vista seu papel financiador. É este o princípio da tributação; as demais disciplinas normativas apenas operacionalizam referida função. Essas afirmações estão frontalmente contrárias ao entendimento de Becker, que retira da atividade tributária qualquer função aparentemente externa ao dado veiculado pela norma jurídica. Tal confronto não poderia ser de outro modo, pois as hipóteses ora levantadas têm por fundamento a consideração de que o Estado é uma realidade institucional e não psicológica, conforme afirma Becker. Nesse contexto, o exercício do poder de tributar assume uma função bastante específica: a de financiar o Estado. Como, diante de quais limites e com qual função esse financiamento ocorrerá serão temas delimitados nas outras normas constitucionais, que definem, respectivamente, (i) as espécies tributárias, (ii) os princípios e imunidades e (iii) as bases imponíveis – dados que revelam a existência, ou não, de um modelo de tributação.

A partir da delimitação dessa concepção, será possível trabalhar com argumentos consequencialistas no direito tributário, apontando os limites materiais de sua extensão. Disso decorre que o estabelecimento de tal concepção de direito tributário é um pressuposto para responder à pergunta sobre os argumentos consequencialistas, conforme já destacado no capítulo 1. Sendo assim, o caminho que a presente obra adotará, a partir de agora, em que tem-se (i) delineada a concepção rival de direito tributário e apontados os problemas que ela gera; e (ii) justificada a necessidade da construção de outra forma de ver o direito tributário, será o seguinte: o próximo capítulo irá apresentar essa outra forma de olhar e, portanto, a concepção de direito tributário que este livro propõe existir para, após, delimitado o conteúdo material possível dos argumentos consequencialistas, em um último capítulo, apresentar ilustrações práticas da consideração desse tipo de argumento.

Capítulo 4
UMA OUTRA CONCEPÇÃO DE DIREITO TRIBUTÁRIO E OS LIMITES MATERIAIS DOS ARGUMENTOS CONSEQUENCIALISTAS

Após o detalhamento da concepção de direito tributário de Becker, e vistos quais problemas são suscitados por conta de sua adoção, este capítulo irá apresentar e justificar a proposta de uma outra concepção de direito tributário que tem por pretensão solucionar as dificuldades apresentadas e, por essa razão, mostrar-se mais compreensiva à inclusão de argumentos hoje qualificados como "não jurídicos" na justificação de decisões judiciais em matéria tributária. A determinação da concepção é essencial para a delimitação material dos argumentos passíveis de serem apresentados como razões de decidir porque revelará os valores envolvidos quando se trata de solucionar casos tributários e, assim, o propósito dessa área do direito.

Acerca do desenho dessa outra concepção, deve-se destacar que esta obra é uma tentativa de estabelecer um corte metodológico mais abrangente para o direito tributário e, desse modo, defender uma nova forma de olhar para o conjunto de normas que disciplinam a instituição, cobrança e arrecadação de tributos[186].

---

186. A diferença entre conceito e concepção está presente na filosofia tardia de Wittgenstein e foi em certa medida incorporada ao debate jurídico

As disputas tributárias, como em qualquer outra área do direito, ocorrem a partir de um determinado conjunto normativo em que a regulação de condutas está voltada para a realização de fins e objetivos desejados pela ordem jurídica. A partir da consideração de que o direito é uma prática[187], os problemas jurídicos, ao mesmo tempo em que discutirão tais fins e objetivos, terão por resultado a constituição do que se

---

inicialmente por Hart, e depois por Rawls e Dworkin. Conceitos seriam determinados por semelhanças de família, enquanto as concepções seriam as diversas interpretações ("formas de olhar") daquele conceito. Um conceito é definido pela identificação das semelhanças existentes entre os objetos que nele se encaixam – "uma complexa e imbricada rede de semelhanças". Daí se dizer que um conceito depende, substancialmente, da existência de práticas compartilhadas relativas ao *uso* das palavras. Sem o compartilhamento e, portanto, sem que haja esse acordo inicial mínimo, não é possível falar em semelhança de família, nem sequer na delimitação (ainda que difusa) de um conceito – trata-se de "ver o comum" – que é diferente de reduzir o objeto a uma essência comum (IF, 72). Sendo o conceito definido por semelhanças de família e, pois, por práticas convergentes, a concepção, de outro lado, seria uma "forma de ver" esse conceito e, como tal "essencialmente plural" e dele dependente; o conceito é uma prática compartilhada (logo, pressupõe alguma convergência) e a concepção é uma ideia construída a partir do conceito e, devendo ser plural, prescinde do acordo. Sobre o tema, veja: BAKER, Gordon, *Wittgenstein's Method – Neglected Aspects*. "Grammar of Aspects and Aspects of Grammar". Oxford: Blackwell Publishing, 2006, pp. 279-93.
187. "O que nós chamamos 'direito' é direito porque isto é a atividade pela qual nós institucionalmente organizamos argumentos coletivos sobre como devemos viver. O direito é um meio de inteligibilidade; é uma forma de a nossa experiência coletiva e individual fazer sentido. [...] A pergunta "o que é direito" permanece viável porque a teoria jurídica ainda tem avançado para uma concepção adequada de direito como atividade e não como uma coisa". PATTERSON, Dennis. "Law's Pragmatism: Law as Practice and Narrative". *In* PATTERSON, Dennis (ed.). *Wittgenstein and Legal Theory*. Westview Press: Boulder, 1992, pp. 110-11. No original: "What we call 'law' is law because it is that activity by which we institutionally organize collective argument about how we should live. Law is a medium of intelligibility; it is a way of making sense o four collective and individual experience. [...] The question 'What is law?' remains viable because legal theory has yet to advance an adequate conception of law as an activity and not a thing". Ainda sobre essa concepção: DWORKIN, Ronald. *Law's Empire*. Harvard University Press: Cambridge, Massachusetts, 1986.

entende por "direito tributário". Essa postulação está de acordo com a filosofia (tardia) de Wittgenstein, para quem a atribuição de sentido é um processo público[188]: *"saber o sentido de uma palavra é realizar uma performance linguística correta em determinados contextos"*[189, 190].

O sentido do direito tributário e, portanto, os valores inerentes a essa área (o *point*, nas palavras de Dennis

---

188. "Você fala para mim: "Você entende essa expressão, não entende? Bom, então, eu estou usando-a em um significado com o qual você é familiar". Como se o significado fosse uma atmosfera acompanhando a palavra, que a carrega com ele em todos os tipos de aplicação. Se, por exemplo, alguém diz que a sentença "Isto está aqui" (dizendo que ele aponta para um objeto em frente dele) faz sentido para ele, então, ele deve perguntar a si mesmo em quais circunstâncias especiais essa sentença é de fato usada. Isso de fato faz sentido" (IF, 117). Na versão em ingles: "You say to me: "You understand this expression, don't you? Well then – I am using it in the sense you are familiar with." – As if the sense were an atmosphere accompanying the word, which it carried with it into every kind of application. If, for example, someone says that the sentence "This is here" (saying which he points to an object in front of him) makes sense to him, then he should ask himself in what special circumstances this sentence is actually used. There it does make sense.

189. "Para Wittgenstein, a atribuição de sentido é um processo público, um fenômeno socialmente criado. Saber o sentido de uma palavra é realizar uma performance linguística correta em contextos apropriados". PATTERSON, Dennis. "Law's Pragmatism: Law as Practice and Narrative"..., cit., p. 105. No original: "For Wittgenstein, meaning is a public process, a socially created phenomenon. To know the meaning of a word is to give a correct linguistic performance in appropriate contexts".

190. As referências relativas à obra *Investigações Filosóficas* serão feitas mediante a identificação do parágrafo respectivo, antecedido da abreviação do nome da obra, conforme é corrente nos textos que a comentam (IF, 2 equivaleria ao parágrafo 2 da obra mencionada). No presente trabalho, consultou-se a edição comemorativa da obra, que contém o texto em alemão, com uma tradução revisada para o inglês (WITTGENSTEIN, Ludwig. *Philosophical Investigations – The German Text, with a revised English Translation*. Trad. G. E. M. Anscombe. Oxford: Blackwell Publishing, 2007). As traduções para o português são livres e feitas a partir do texto em inglês. Contudo, a fim de que a tradução para o português seja a mais certificada possível, após a tradução livre, teve-se o cuidado de checar o conteúdo desta com a versão em português do texto de Wittgenstein, publicado pela Editora Vozes (WITTGENSTEIN, Ludwig. *Investigações Filosóficas*. Trad. Marcos G. Montagnoli. São Paulo: Vozes, 2005).

Patterson[191]), será construído a partir das práticas, que, nesse caso, envolve não somente os julgamentos realizados pelos órgãos competentes, mas toda a dogmática tributária, aqui entendida como um saber jurídico institucionalmente organizado e com conteúdo normativo[192]. Contudo, isso não implica a realização de uma pesquisa jurisprudencial ou doutrinária, que identifique sobre o que os juízes discutem (empiricamente) ao julgar casos tributários. O que se pretende é defender uma determinada concepção de direito tributário que depende não da identificação do objeto material da disputa (*i.e.* PIS, COFINS, ICMS ou imposto de renda) ou mesmo do entendimento doutrinário sobre certos temas, mas sim dos valores que estão em jogo quando os juízes e a dogmática tributária debatem sobre as interpretações possíveis de um caso concreto. Essa tentativa se justifica porque se parte da hipótese de que **o estabelecimento de tal concepção, que supera a versão rival representada por Becker, permite entender melhor o direito tributário e observar a atividade de justificação das decisões judiciais de forma mais apurada, já que se sabe sobre o que os juízes estão discutindo e, portanto, quais postulações pretendem justificar, em face das consequências relativas à universalização da decisão.**

Para cumprir com essa tarefa, em primeiro lugar deve-se delimitar rapidamente o conteúdo dessa concepção para, após, apresentar as justificativas históricas segundo as quais se entende que tal concepção tem suas bases fundadas e pode se sustentar. Trata-se de perguntar a origem dos problemas tributários, de saber como eles eram pensados, antes mesmo da publicação do CTN. Esclarecidas as razões históricas, passar-se-á para a apresentação das justificativas dogmáticas que embasam referida concepção e este será o momento ideal para apresentar, de forma detalhada e aprofundada, o conteúdo,

---

191. PATTERSON, Dennis. "Law's Pragmatism: Law as Practice and Narrative", cit.
192. ALEXY, Robert. *A Theory of Legal Argumentation...*, cit., pp. 255-56.

alcance e efeitos dessa forma de olhar o direito tributário. O objetivo, aqui, será mostrar porque o direito tributário também faz sentido no contexto mais amplo das funções mantenedoras e distributivas do Estado.

1. Delineamentos da concepção proposta

A concepção de direito tributário que a presente obra apresenta é mais abrangente no que se refere ao objeto do direito tributário. Não se nega que o direito tributário seja o conjunto de normas que se destina à regulação das formas de instituição, cobrança e fiscalização de tributos, tendo a Ciência do Direito Tributário a tarefa de estudar referidas normas. Contudo, a partir da percepção de que o direito tributário é uma prática e que seu conceito é interno a ela, defende-se a possibilidade de uma outra concepção de direito tributário, que parte da consideração que os tributos são elementos constitutivos do Estado como realidade institucional que é e, por essa razão, não há que se falar em Estado sem tributos, em tributos sem Estado, ou mesmo em direitos individuais sem um ou o outro. Não há, portanto, uma antecedência lógica do direito ao Estado ou do Estado ao direito tributário, como Becker proclama existir. Estado, tributo e direito, ao menos contemporaneamente, são parte do mesmo fenômeno; são fatos institucionais cuja existência depende da linguagem e se implicam reciprocamente.

Tendo-se essas premissas em vista, a concepção que se defende possível pode ser formulada nos seguintes termos: *o direito tributário consiste na prática normativa relativa à criação, cobrança, fiscalização e pagamento de tributos que se justifica em face da necessidade de os particulares fornecerem meios materiais para o Estado cumprir com suas tarefas básicas, como segurança e ordem interna. Contudo, tendo-se em vista a premissa de que o direito tributário é parte constitutiva do Estado, é defensável afirmar que ele será também um instrumento para a realização dos fins estatais e isso está diretamente conectado com o modelo de Estado constituído.*

Ou seja, numa primeira aproximação, verifica-se que o direito tributário tem por finalidade fornecer receitas para a manutenção da estrutura estatal. Porém, uma análise mais detalhada mostra que esse não é o único objetivo perseguido pela tributação. Porque se trata de uma realidade institucional que compõe o Estado tal como ele se apresenta, a tributação irá, igualmente, funcionar como instrumento de implementação do modelo de Estado criado pelo direito. Portanto, contemporaneamente, e tendo-se em vista o exemplo brasileiro, **o direito tributário funciona, a um só tempo, como garantidor material do Estado e instrumento para a efetivação de um Estado democrático de direito**.

Sendo assim, tem-se que o direito tributário, na forma como estruturado na Constituição, pode ser lido da seguinte forma: a delimitação das competências tributárias seria a base fundadora dessa concepção, já que se trata de assegurar a existência de receitas suficientes a cada um dos entes da Federação, como forma de garantir as respectivas autonomias políticas e administrativas. A partir da discriminação de rendas, a Constituição estabeleceu e detalhou os instrumentos pelos quais a receita seria obtida (espécies tributárias), além dos limites que os entes da Federação devem observar para tanto, dentro dos quais estão os princípios e imunidades tributárias, além da demarcação dos fatos passíveis de incidência tributária.

Na delimitação formal da competência tributária, juntamente com as espécies possíveis de tributos, está o **primeiro elemento da concepção** ora apresentada. Trata-se de interpretar o **direito tributário como mantenedor e possibilitador material da estrutura estatal**. No desenho material relativo às possibilidades de exercício da competência tributária discriminada (e com isso se quer dizer: princípios e imunidades aplicáveis, além das bases impositivas possíveis) situa-se o **segundo elemento da concepção**: a **tributação como forma de realização e manutenção do Estado Democrático de Direito**. Acerca desse segundo elemento, pretende-se afirmar que o valor intrinsecamente contido na tributação e que ela visa realizar e assegurar é a justiça – como resultado, exatamente, da constituição do Estado como um Estado Democrático de Direito.

A partir da concepção de Becker, seria possível tecer críticas contundentes à concepção aqui delineada e a principal seria o fato de considerar a **finalidade** do tributo como um dado relevante do ponto de vista jurídico. Becker olharia para essa definição e a elegeria como uma representante do direito tributário invertebrado, que colhe elementos da realidade, das ciências pré-jurídicas, para construir uma noção jurídica. O corte, para Becker, deveria se situar na disciplina da criação, arrecadação e fiscalização de tributos; os contribuintes pagam tributos porque se trata de um dever jurídico e nada mais. Quaisquer outras justificativas são extrajurídicas e irrelevantes para o âmbito do direito.

A concepção de Becker, conforme visto no capítulo antecedente, é resultado de uma análise estritamente jurídica da atividade financeira do Estado, com pretensões de retirar do direito tributário qualquer elemento pertencente ao Estado-Realidade Natural. Trata-se de reconhecer que o direito tributário é uma disciplina **conceitualmente** autônoma (ainda que o próprio Becker, paradoxalmente, negue a existência de autonomia no ordenamento[193]), que não depende de outras para a sua compreensão e nem possui elementos de outras na demarcação de seu objeto – a não ser que estudemos o momento pré-jurídico em que o "Estado-Realidade Natural" decide criar o direito tributário para atender ao bem público. O resultado disso não é, apenas, como se argumenta,

---

193. BECKER, Alfredo Augusto. *Teoria Geral...*, cit., pp. 29 e ss.

uma delimitação didática do direito tributário, mas um isolamento **conceitual** dessa prática em relação ao fenômeno financeiro.

Note-se que esta obra não refuta a importância de bem delimitar os contornos da disciplina do direito tributário e, inclusive, de sua especialização em face do direito financeiro. Tal estruturação é importante não apenas para identificar as normas pertencentes à esta área como também para o rigor nas construções doutrinárias que se seguiram. Contudo, essa mesma delimitação não pode gerar uma alienação do direito tributário em relação às demais áreas do direito e, em especial, em relação àquela pela qual ele se constitui. Como tratado no capítulo anterior, o direito tributário apenas ganha foros de autonomia a partir da evolução do direito financeiro e de muitos debates em torno das atividades pelas quais o Estado angaria e despende recursos: nessa rápida cronologia, passa-se pelo direito administrativo, pela consideração econômica das funções do Estado, pelo enfoque político e posteriormente integralista da Ciência das Finanças, para chegar na análise estritamente jurídica desse fenômeno, que gera a especialização do direito tributário. Afirmar, a pretexto de garantir uma investigação rigorosamente jurídica, que a finalidade pela qual o direito tributário se desenvolve não é relevante equivale a dizer que esta área representa um fim em si mesmo, desconectado de qualquer função ou valor presente no ordenamento jurídico.

A separação aceitável, que não retira a instrumentalidade do direito tributário é aquela estritamente didática, que conferiu ao direito tributário o *status* de ciência e disciplina autônoma, assim como se deu com o direito financeiro, quando foi descolado do direito administrativo e dos aspectos políticos e econômicos que lideravam seu estudo. Contudo, o ponto relevante de se notar é que **essa separação didática não implica autonomia conceitual, nem sequer a possibilidade de afirmar que os tributos existem desvinculados da atividade** financeira do Estado, da forma como o Estado se constitui ou que se justificam simplesmente diante do dever de os contribuintes cumprirem com um prescrição jurídica, como faz Becker. Exatamente sobre isso, são esclarecedoras as postulações de Rubens Gomes de Souza, relativas a autonomia didática aqui referida[194]:

> "É certo que o direito financeiro, que regula a atividade do Estado em matéria financeira, está contido no direito administrativo, que regula aquela mesma atividade em caráter geral; na mesma ordem de ideias, também é certo que o direito tributário se contém no direito financeiro, uma vez que regula a atividade do Estado em matéria de tributos, que é uma modalidade da atividade financeira. Todavia, negar por isso a especialização daqueles ramos do direito (o financeiro e o tributário) em relação ao direito administrativo, é negar à ciência jurídica uma possibilidade de progresso".

Com isso se quer afirmar que inserir o tributo dentro do quadro mais geral da atividade financeira do Estado e vinculá-lo à sua função primordial, que é a de prover recursos para o Estado, ou mesmo afirmar que a tributação apresenta limites a partir da consideração de que ela visa assegurar e realizar a manutenção de um Estado Democrático de Direito, não equivale a negar o grau de especialização que atingiu o direito tributário, nem sequer postular que o objeto de estudo dessa Ciência está incompleto ou deva ser ampliado. Trata-se, apenas, de reconhecer que a prática da tributação não está desvinculada dessa finalidade e, por esse exato motivo, argumentos a ela relacionados poderão ser suscitados como razões de decidir.

De outro lado, igualmente não se pretende afirmar que o financiamento das atividades estatais pelos tributos ou mesmo

---

194. SOUSA, Rubens Gomes de. *Compêndio...*, cit., p. 25.

uma eventual função distributiva, decorrente do modelo adotado pelo Estado representa a *causa* da tributação e, assim, tributos extrafiscais ou mesmo aqueles que tiveram seus recursos desviados ou que não se reverteram em vantagens gerais e particulares seriam tributos "sem causa" ou "injustificados", nos termos da teoria desenvolvida por Griziotti[195]. Independentemente da procedência ou não dessas alegações, o que se quer demonstrar, com esta obra, é que **o direito tributário não pode ser visto como uma área completamente independente de suas finalidades**; a atividade de obtenção de receitas e o uso dos tributos para esse objetivo e outros tantos vinculados à formação do Estado integra uma concepção possível dessa prática e exatamente por isso questões relacionadas à necessidade de ponderar o impacto financeiro de uma decisão judicial ou mesmo acerca do grau de distribuição que um tributo atinge podem ser corretamente suscitadas como consequências jurídicas dessas mesmas decisões e, assim, levadas em consideração no momento da apresentação das razões para decidir. Isso decorre, reitere-se, da posição de que o direito tributário é elemento que nasce juntamente com o Estado, na linha também defendida por Murphy e Nagel e já destacada no capítulo anterior[196]:

---

195. Giorgio Tesoro, ao criticar a teoria de Griziotti, afirma que essas vantagens gerais e particulares, coletivas e individuais podem ser a *justificação política*, o motivo *pré-jurídico* do imposto, mas não a causa jurídica. Para o autor, a causa estaria na realização do pressuposto de fato do qual resulta a incidência tributária. TESORO, Giorgio. "La causa giuridica dell'obbligazione tributaria". *Rivista Italiana di Diritto Finanziario*, vol. I, 1937, pp. 31-46.

196. "There is no market without government and no government without taxes; and what type of market there is depends on laws and policy decisions that government must make. In the absence of a legal system supported by taxes, there couldn't be money, banks, corporations, stock exchanges, patents, or a modern market economy – none of the institutions that make possible the existence of almost all contemporary forms of income and wealth". MURPHY, Liam, NAGEL, Thomas. *The Myth of Ownership...*, cit., p. 32.

"Não existe mercado sem governo e não há governo sem tributos; e qual tipo de mercado existe depende das leis e de decisões políticas que o governo deve tomar. Na ausência de um sistema jurídico suportado por tributos, não pode haver direito, bancos, corporações, mercado de ações, patentes ou uma moderna economia de mercado moderna – nenhuma das instituições que tornam possível a existência de quase todas as formas contemporâneas de renda e riqueza".

Reitere-se que a indagação de se a não observância de tal finalidade tem alguma implicação jurídica, como, por exemplo, a consideração de que o tributo deixa de ser devido por conta da má aplicação ou simplesmente não aplicação dos recursos, constitui um outro problema passível de ser discutido em outra obra. O objetivo aqui é, apenas, apontar quais são os argumentos consequencialistas possíveis, materialmente falando. E, tendo-se em vista que o direito tributário se forma a partir do direito financeiro[197], seja do ponto de vista teórico, como visto no capítulo anterior por ocasião da contextualização do pensamento de Becker, seja a partir da evolução constitucional da matéria, o que será tratado agora, argumentos relacionados à atividade financeira são argumentos jurídicos tributários e, portanto, válidos nesse contexto de tomada de decisão.

Assim, tendo-se em conta as duas hipóteses que o presente trabalho pretende testar, quais sejam, (i) o exercício da

---

197. Para corroborar esse argumento, cite-se Francesco D'Alessio, para quem com a tributação "estamos diante de relações as quais são todas, na sua origem, na sua causa, na sua essência, na sua modalidade, na sua tutela, na sua atuação, sob a disciplina do direito financeiro". No original: "[...] in questa terza maniera ci troviamo di fronte a rapporti i quali sono tutti dalla loro origine, nella loro causa, nella loro essenza, nella loro modalità, nella loro tutela, nella loro attuazione sotto la disciplina del diritto finanziario". ALESSIO, Francesco. "Premessa allo studio del diritto finanziario". *Rivista Italiana di Diritto Finanziario*, vol. I, 1937, pp. 111-132.

tributação não está desvinculado – juridicamente – da necessidade de o Estado obter recursos financeiros para o financiamento das atividades administrativas e isso se revela pela disciplina da formal competência tributária na Constituição e (ii) a tributação apresenta-se como um instrumento assecuratório e mantenedor do Estado Democrático de Direito, cujo valor intrínseco é a Justiça, sendo que tal função se mostra pelas limitações basicamente materiais ao exercício do poder de tributar, considera-se que uma concepção que apóie o direito tributário apenas poder de coação do Estado, o qual impõe o cumprimento de um dever jurídico para o contribuinte, apresenta-se insuficiente porque não é hábil, por exemplo, a discernir o direito tributário do direito penal. Se ambos, de fato, baseiam-se no poder de coação do Estado, sem nenhum outro elemento ou critério jurídico que os diferencie, o que torna esses dois ramos distintos?

O intento deste capítulo é estabelecer uma outra concepção de direito tributário que contemple os dois propósitos do direito tributário: fornecer recursos para a constituição e permanência do Estado e assegurar a realização do Estado Democrático de Direito. Nessa mesma linha de pensamento, vale citar Ferreiro Lapatza, para quem[198]:

> "[...] a atividade financeira resulta incompreensível se prescindirmos de alguma de suas partes essenciais. A

---

198. "[...] la actividad financiera resulta incomprensible si prescindimos de alguna de sus partes esenciales. La adecuación de los medios de que el Estado dispone a la satisfacción de sus necesidades debe ser contemplada unitariamente. [...] La evolución de los estudios tributarios ha favorecido la postura aislacionista, pero el tributo tiene su entronque evidente con el presupuesto en el que está inserto y con las demás instituciones financieras. [...] El tributo, como institución jurídica, es inescindible e incomprensible si lo desgajamos del ciclo total de la actividad financiera". FERREIRO LAPATZA, José Juan. *Curso de Derecho Financiero Español – Istituciones*. Madrid: Marcial Pons, 2006, p. 40-41..

adequação dos meios de que o Estado dispõe para a satisfação de suas necessidades deve ser contemplada unitariamente. [...]

A evolução dos estudos tributários favoreceu a postura isolacionista, porém o tributo tem seu entronque evidente com o orçamento em que está inserido e com as demais instituições financeiras. [...] O tributo, como instituição jurídica, é incindível e incompreensível de o despregarmos do ciclo total da atividade financeira".

Note-se que o autor avalia o dado jurídico do tributo e, ainda assim, não o afasta da atividade financeira. Caso assim o fizesse, incorreria na mesma insuficiência de critérios acima apresentada: não basta dizer que a tributação tem sua única justificativa fundada no poder de império do Estado ou, simplesmente, que a justificativa relacionada ao provimento de recursos ao Estado é juridicamente irrelevante. Afirmações como essas somente poderiam ser admitidas se desconsiderássemos todos os motivos pelos quais o direito tributário se consolida (inclusive como disciplina autônoma), para afirmar que se trata de um fim em si mesmo e não um instrumento a serviço do Estado.

Muito antes de Lapatza, mas no mesmo sentido, é a posição de Albert Hensel: o direito tributário, para ser compreendido em sua inteireza conceitual, deve ser lido pelas lentes da atividade financeira do Estado[199]:

---

199. "[...] el Derecho tributario es, más que nada, el ámbito especial del Derecho administrativo, regulado en la Ordenanza Tributaria, así como el Derecho regulador de aquella materia sobre la que es aplicable a la Ordenanza Tributaria. [...] Por otro lado, el Derecho tributario puede ser concebido como una parte del Derecho financiero [...] el Derecho financiero abarca todas las manifestaciones financieras de la vida pública, en la medida en que éstas sean susceptibles de consideración jurídica. [...] el Derecho tributario pertenece a la parte de los ingresos [...]". HENSEL, Albert. *Derecho tributario*. Trad. Andrés Báez Moreno, María

"[...] o direito tributário nada mais é que o âmbito especial do direito administrativo regulado no Ordenamento Tributário assim como o direito regulador daquela matéria sobre a que é aplicável ao Ordenamento Tributário. [...] Por outro lado, o direito tributário pode ser concebido como uma parte do direito financeiro. [...] O direito financeiro abarca todas as manifestações financeiras da vida pública, na medida em que estas sejam suscetíveis de consideração jurídica. [...] o direito tributário pertence à parte dos ingressos".

Assim sendo, resta justificar as razões pelas quais se entende ser possível defender uma concepção de direito tributário como a aqui proposta, que será utilizada como critério para a determinação do conteúdo possível dos argumentos consequencialistas no direito tributário. Para tanto, deve-se justificar as duas afirmações contidas nessa concepção: a primeira, de que o direito tributário tem suas bases fundadas na discriminação de competências tributárias e a segunda, de que as demais normas constitucionais tributárias são instrumentos não apenas para possibilitar a existência material do Estado, mas também para assegurar a justiça fiscal no Estado Democrático de Direito.

De início, deve-se tratar do **primeiro elemento da concepção e do porquê de se entender que o direito tributário, diferente do discurso atualmente dominante, tem suas bases fundadas na discriminação de rendas e não nos princípios constitucionais tributários**. Tal justificativa será realizada, especialmente, a partir da apresentação dos elementos históricos dos quais resultaram a introdução e o desenvolvimento do direito tributário nas Constituições Brasileiras. É importante esclarecer que não se tem a pretensão de desenvolver hipóteses históricas, mas tão somente

---

Luisa González-Cuéllar Serrano e Enrique Ortiz Calle. Madrid: Marcial Pons, 2005, p. 83.

apresentar o contexto a partir do qual a disciplina normativa do direito tributário se estabeleceu ao longo dos anos no Brasil.

Passada essa etapa, passar-se-à à justificação do **segundo elemento da concepção**, que defende outra função do direito tributário: a de realizar e assegurar o Estado Democrático de Direito. O objetivo será demonstrar como os princípios e imunidades representam limitações formais e materiais ao exercício da competência tributária e qual o papel que a delimitação das bases impositivas joga.

Cumpridos esses passos, entende-se que a concepção de direito tributário aqui defendida estará bem delineada, podendo-se passar para a análise do conteúdo possível dos argumentos consequencialistas, cujo fundamento será essa mesma concepção.

2. Primeiro elemento da concepção: o direito tributário como possibilitador material do Estado

2.1. As justificativas históricas

O sistema de tributação foi pensado e desenvolvido a partir da necessidade de financiar o Estado moderno. Por essa razão precisa, os tributos começam a ser estudados no âmbito mais geral do direito administrativo, em primeiro lugar, que é uma especialização do direito constitucional, para, após, integrarem o que se chamou de "Ciência das Finanças" e, então, a partir daí, serem vistos como questões especiais de direito financeiro, capazes de constituir um ramo autônomo.

Especificamente no Brasil, o problema tributário se desenvolve e começa a ganhar foros de autonomia por conta de questões relacionadas com a discriminação de rendas; questões estas presentes nos debates políticos desde a Carta

Constitucional de 1824[200, 201], a primeira do Império, que, coerente com o movimento de centralização política, não permitia que as Províncias deliberassem sobre a criação de impostos[202, 203].

---

200. Não obstante tenha o *Thesouro Real e Publico* sido criado em 1808, pelo alvará de 28 de junho do mesmo ano, não se pretende tecer observações sobre esse período ou período anterior (Brasil colônia), pois não era possível identificar nem uma estrutura administrativa tributária efetiva, nem sequer discussões profícuas sobre a distribuição dos tributos ou mesmo o papel que assumem. O desenho das "machina administrativa fiscal" do primeiro Reinado é realizado por Amaro Cavalcanti em: CAVALCANTI, Amaro. *Elementos de Finanças...*, cit., pp. 436 e ss.. Nesta mesma obra: "Tendo o principe regente, D. João, estabelecido (1808) no Brazil a séde da monarchia portugueza, teve necessidade de aqui crear diversas repartições publicas de primeira ordem para os misteres do publico serviço, e entre estas, o *Erario Publico* ou *Thesouro Real e Publico*, com um *Conselho da Real Fazenda*, nos termos do alvará de 28 de junho de 180". E, mais adiante: "Não obstante haver-se creado o Erario Régio, como repartição central superior dos negócios da Real Fazenda, jámais fôra possivel ao governo obter dados e informações completas sobre o estado da mesma em dado momento, á falta de subordinação clara e precisa das varias estações ou repartições fazendarias entre si, e de todas ellas para com o proprio Erario. No seu funccionamento obedeciam, em geral, a leis, regras, normas e praticas differentes, a despeito, muitas vezes, da *identidade* do seu fim e objecto; normas e praticas, que peccavam por *obsoletas*, se contrariavam pela imprevidencia, e, quando menos, diminuíam a efficacia das medidas, pela minucia dos detalhes, pela delonga dos processos, etc., etc. CAVALCANTI, Amaro. *Elementos de Finanças...*, cit. p. 436 e p. 443.
201. Sobre a tributação no Brasil Colônia, Veiga Filho destaca, antes de breve relato dos impostos então existentes: "Durante os trezentos annos de existencia do jugo luzitano, não se cuidando de nenhum melhoramento [*sic*] moral ou material, em nosso paiz, o regimen tributario, mui naturalmente, se caracterisava – pela *oppressão e o vexame* do contribuinte. Vexame e oppressão porque, arrecadados os impostos pelo systema da arrematação por contractos, em hasta publica, e por triennios, recebendo-se os lanços em Lisboa, d'essa ordem de cousas resultavam extorsões e perseguições pelos arrematantes que faziam por si a arrecadação, administrando elles mesmos a execução de seus direitos". VEIGA FILHO, João Pedro da. *Manual...*, cit., p. 207.
202. "Art. 36. É privativa da Camara dos Deputados a Iniciativa: I. Sobre Impostos". "Art. 83. Não se podem propôr, nem deliberar nestes Conselhos Projectos: III. Sobre imposições, cuja iniciativa é da competencia particular da Camara dos Deputados".
203. "Os recursos materiais que garantiam a centralização defendida por Uruguai e combatida por Tavares Bastos provinham de impostos arrecadados,

Apenas com a publicação da lei orçamentária para os anos de 1833-1834 (lei de 24 de outubro de 1832) é que se vê, pela primeira vez, uma separação entre o orçamento geral e o orçamento das Províncias, que receberiam as receitas residuais do governo central[204], conforme destaca André Vilella[205]:

> "Já quanto às províncias, o texto legal limitou-se a dizer, em seu Art. 83º, que pertenciam *"todos os impostos ora existentes não comprehendidos na receita geral."* Como se vê, uma falta de precisão cujo potencial para conflitos não seria diminuído pelo Ato Adicional, de 1834, que reformou a Constituição. Este substituiu os Conselhos Gerais pelas Assembléias Provinciais, que ficaram autorizadas, entre outras coisas, a legislar *"sobre a fixação de despesas municipais e provinciais e os impostos a elas necessários"*, contanto que estes não prejudicassem as *"imposições gerais do Estado."* Proibia-se, explicitamente, às Assembléias Provinciais legislarem sobre impostos de importação".

O Ato Adicional ao qual Vilella se refere reforma a Constituição em 1834 (lei de 12 de agosto de 1834): tratava-

---

em sua maior parte, das atividades de importação e exportação no Império. Tirando a questão relacionada à relativa fragilidade de uma base tributária fortemente dependente de receitas de comércio exterior, o cerne do problema fiscal no II Reinado envolvia a **repartição** destes recursos entre o governo central e as províncias. O caráter centralizado desta repartição já se anunciava na Constituição de 1824, que no seu artigo 83, parág. 3º, estabelecia que os Conselhos gerais das províncias eram proibidos de propor ou deliberar *"sobre imposições cuja iniciativa é da competência da Câmara dos Deputados."* VILELLA, André. "Distribuição Regional das Receitas e Despesas do Governo Central no II Reinado, 1844-1889". *Estudos Econômicos*. São Paulo, 37 (2), abr-jun 2007, pp. 247-274.

204. A primeira lei orçamentária votada pelo Parlamento brasileiro data de 15 de dezembro de 1830. Segundo Veiga Filho, tal lei "repartiu a despeza por ministerios, discriminando sob esse criterio as quotas pertencentes a cada uma das provincias, então sob o dominio da mais absoluta centralisação financeira". VEIGA FILHO, João Pedro da. *Manual...*, cit., p. 33.

205. VILELLA, André. "Distribuição Regional"..., cit., p. 250.

se da vitória do movimento descentralizador, que atende às demandas de administração independente das províncias e atribui a estas poderes tributários. Visconde do Uruguai salienta que[206]

> "a expectação publica era immensa. As Provincias ião ser cortadas por excellentes estradas, os caldeirões e atoleitos ião ser consignados á história, os rios ião ser cobertos de pontes, penetrados e devassados pela navegação os mais recônditos, desertos e interiores".

Contudo, o Ato Adicional não bastou para solucionar a questão da discriminação de rendas, especialmente tendo em vista ausência de uma estrutura tributária que viabilizasse o acúmulo de receitas pelas províncias. Ainda sobre o tema, Visconde o Uruguai[207]:

> "O nosso systema de impostos era, como ainda hoje, defeituoso. Não são elles filhos de um systema, mas, sem harmonia, creados e agglomerados pelo tempo, enxertados do systema velho portuguez do tempo colonial. Pouco avultados pelo tempo, e quase que exclusivamente as de importação c de exportação nos grandes mercados do littoral. Alguns nada produziam em certas provincias, principalmente centraes. A dispersão da população por immensas distancias tornava difficil a fiscalização e pouco produtiva a arrecadação. [...]
>
> Era tarefa hercúlea e pouco azada a occasião para uma revisão geral dos impostos e estabelecimento de um systema, que se prestasse melhor á divisão, que se ia fazer, de rendas geraes e provinciaes".

---

206. SOUSA, Paulino José Soares de. Visconde do Uruguai. *Estudos práticos sobre a administração das províncias no Brasil*. Rio de Janeiro: Tipografia Nacional, 1865. Tomo I, pp. 233-234.
207. SOUSA, Paulino José Soares de. Visconde do Uruguai. *Estudos práticos...*, cit., p. 233.

De outro lado, além de insuficiente do ponto de vista prático, a redação ao Ato Adicional causou problemas de interpretação e, pela primeira vez, surge o debate que irá se alongar até a Constituição de 1946 sobre a possibilidade de os Estados tributarem a saída de bens para outros Estados, a título de "imposto de exportação". Uma vez que o Ato Adicional apenas vedava a criação dos impostos de importação pelas províncias[208], não estaria, em tese, proibido o exercício da competência tributária quanto à exportação, desde que cumprido o requisito de não prejudicar as receitas gerais – única condição e delimitação para o exercício da competência tributária por aquelas. Segundo Veiga Filho[209]:

> "Esta lei [Ato Adicional], permitindo no art. 10, § 5º as provincias legislarem sobre a fixação de despezas provinciaes e municipaes, suscitou grande discussão, especialmente quanto á comprehensão de seu art. 12, o qual, vedando às mesmas provincias decretarem impostos de importação, a *contrario sensu*, pareceu dar essa faculdade relativamente aos impostos de exportação".

Sobre o mesmo tema, Visconde do Uruguai, para, após, tecer longa relato acerca da situação das províncias que se utilizam dessa prática[210]:

> "Ora, os impostos de exportação lançados pelas Assembléas provinciaes não podem deixar de affectar a importação e de offender os impostos geraes que sobre ella recahem. Se o acto addcional, como a Constituição

---

208. E não obstante a vedação diversas províncias instituíram e cobraram tais impostos, conforme anota Visconde do Uruguai. SOUSA, Paulino José Soares de. Visconde do Uruguai. *Estudos práticos...*, cit., pp. 254-282.
209. VEIGA FILHO, João Pedro da. *Manual...*, cit., pp. 210-211.
210. SOUSA, Paulino José Soares de. Visconde do Uruguai. *Estudos práticos...*, cit., pp. 283-284.

dos Estados-Unidos, tivesse accrescentado á palavra – importação – a outra – exportação –, não haveria questão. [...]

Se apezar de vedar expressamente acto adicional que as Assembléas provinciais legislem sobre impostos de importação, tem ellas amplamente, como acabamos de ver, legislado sobre elles, não é de admirar que tenhão legislado sobre a exportação, a respeito da qual não é o acto addicional tão claro".

Em 1835, na tentativa de atender às demandas provinciais por mais e delimitadas receitas, é publicada a lei n. 99[211], de 31 de outubro daquele ano – norma que, segundo Carvalho Pinto, assinalaria um marco destacado na história da discriminação de rendas nacional, pois "enumerando as imposições pertencentes à receita geral, confere essa lei todos os demais tributos às províncias"[212]. Veiga Filho igualmente reconhece a importância de tal norma, elegendo-a como marco na análise do sistema tributário do Brasil Império[213]. Inaugurava-se, portanto, uma nova fase das práticas tributárias[214].

Contudo, a iniciativa não rendeu bons frutos, como Veiga Filho mesmo acaba por reconhecer. Não tardou para que as receitas se mostrassem insuficientes, o que resultou no

---

211. Sobre os debates que antecederam a aprovação dessa lei, cf. SOUSA, Paulino José Soares de. Visconde do Uruguai. *Estudos práticos...*, cit., p. 237.
212. CARVALHO PINTO, Carlos Alberto A. de. *Discriminação de Rendas – Estudo apresentado à conferencia nacional de legislação tributária, instalada no Rio de Janeiro, aos 19 de maio de 1941, em defesa da tese proposta pela delegação do Estado de São Paulo*. Prefeitura do Município de São Paulo: 1941. P. 129.
213. VEIGA FILHO, João Pedro da. *Manual...*, cit., p. 209 e ss.
214. A importância dessa lei decorre não apenas do fato de ter indicado (mesmo que negativamente) as receitas provinciais, mas especialmente porque arrola as rendas públicas, coisa que jamais tinha ocorrido até então, como salienta Visconde do Uruguai. SOUSA, Paulino José Soares de. Visconde do Uruguai. *Estudos práticos...*, cit., p. 241.

incentivo, novamente, da invasão de competências tributárias e a duplicidade de incidências[215]. Para João Barbalho Uchôa Cavalcanti[216]:

> "Ao iniciar-se a nova vida das províncias com o Acto addicional á Constituição do Imperio, acharam-se ellas em grave difficuldades quanto ao orçamento das suas rendas. Muitas viram-se em situação mais embaraçosa que antes d'aquelle Acto, no qual se fundavam tantas esperanças e que tam cedo se mostrou fonte de decepções e de mallogro! A divisão, feita pela lei de 31 de outubro de 1835, de matéria tributável entre o governo geral e as províncias, cedo revelou-se inadequada á situação d'ellas, por fórma que 'si não houvesse sido concedido ás províncias o excesso dos 5% addicionaes de exportação, teriam ficado algumas completamente destituídas de recursos' (*Visconde de Uruguay*, Adm. das Províncias, v. I, pág. 239)".

Essa mesma opinião é compartilhada por Amaro Cavalcanti, que destaca o fato de a insuficiência das disposições das leis orçamentárias de 1833, 1834 e 1835 para uma discriminação de rendas eficaz e satisfatória ter gerado invasão de competência tributária pelas províncias que, sem fontes de rendas necessárias, criavam impostos e contribuições para os quais não tinham poderes[217]:

---

215. "Tal era a confusão que havia, no regimen tributário, que o conselheiro *Francisco Belisario* em seu relatório de 1886 e 1887, considerando impraticavel a discriminação das rendas de 1835, opinava pela concessão franca dos impostos addcionaes ás provincias e aos municipios. 'Creado o imposto geral com addicionaes provinciaes, dizia aquelle estadista, feita pelos mesmos agentes a arrecadação, além da vantagem de menos dispendio gozariam os contribuintes de maior facilidade no pagamento, o que constitue alivio na imposição'". VEIGA FILHO, João Pedro da. *Manual...*, cit., p. 212, nota 3.
216. UCHÔA CAVALCANTI, João Barbalho. *Constituição Federal Brasileira (1891) comentada*. Edição fac-similar. Brasília: Senado Federal, Conselho Editorial, 2002, pp. 37-38.
217. CAVALCANTI, Amaro. *Elementos de Finanças...*, cit. pp. 311-312. E, ainda:

"Apesar da conveniencia reconhecida, ou melhor dizendo, da *necessidade urgente*, que todos reconheciam e confessavam, de uma boa divisão das rendas públicas entre a *receita geral* e a *receita provincial* do Imperio; nada mais se effectuou a este respeito, alèm das disposições incompletas e insufficientes que se continham nas leis orçamentarias de 1833, 1834 e 1835. [...]

A consequencia inevitavel fôra, que as provincias urgidas pela necessidade de occorrer ás suas crescentes despezas, legislaram muitas vezes sobre a materia de impostos, com uma latitude, muito além da propria competencia.

Diversas dellas crearam, por exemplo, o imposto aduaneiro de importação, apezar de disposição clara da lei, que lhes vedava essa contribuição."

Sobre esse efeito maléfico da má distribuição de rendas orquestrada pela lei de 1835, resultado da delimitação negativa da competência das províncias, salienta Visconde do Uruguai[218]:

"O [orçamento] que estabeleceu em 1835 a divisão definitiva de renda deixou tambem no tinteiro a enumeração e classificação das rendas provinciaes, cuja nomenclatura as Assembléas provinciaes tinhão de ir buscar por entre a poeira das Thesourarias. No acervo de impostos com que eram aquinhoadas as Provincias estavam muitos nominaes, anômalos, aqui obsoletos, inteiramente nullos, de difficil arrecadação [...] mais proprios

---

"Alludindo no momento á essas circumstancias, queremos apenas deixar bem claro, que os differentes impostos adoptados pelas administrações provinciaes não obedeceram a um systema ou plano, convenientemente *assentado* ou *reflectido*, em vista das condições economicas das memas provincias ou do paiz em geral; pelo contrario, sendo na sua maioria encargos pesados sobre a *produção* e *circulação* da riqueza, haviam sido creados, como meios imprescindíveis, ou *unicos* possiveis, ás condições da economia provincial".
218. SOUSA, Paulino José Soares de. Visconde do Uruguai. *Estudos práticos*..., cit., p. 242 (nota).

para avolumarem a escripturação e dar occasião a vexames do que para auxiliarem as Assembléas no desempenho das importantissimas attribuições que acabavam de ser-lhes entregues".

Vilella também destaca o problema da incidência duplicada de impostos, relacionando-a com o fato de que as maiores oportunidades de tributação situavam-se nas alfândegas, área de competência privativa do Governo Geral. O resultado era, no mais das vezes, o endividamento das províncias[219] e a criação de impostos em duplicidades, quase todos revogados pelo Conselho de Estado[220]:

> "De fato, a arrecadação das províncias – em seu conjunto equivalente, em média, a 20%-25% das receitas

---

219. Acerca da insuficiência de recursos das províncias, Visconde do Uruguai salienta: " A Assembléa provincial de Minas representava que sua receita apenas cobria um terço de suas despezas. Nos mesmos apuros se via a Provincia da Bahia, cuja receita sendo orçada em 400 contos de réis, havião sido apenas cobrados 130 e tantos. A receita provincial de Santa Catharina andava por 40 contos, a sua despeza excedia a 43. [...]". O resultado, destaca o autor mais adiante, foi o financiamento das províncias pelas rendas gerais durante o período de 13 anos: "Era esta a natural e inevitavel consequencia da maneira viciosa por que fôra feita a divisão da renda, sem os estudos e preparações necessárias, levadas as reformas de afogadilho pela offegante impaciencia progressista, que sómente olhava para tão importantes assumptos, por um lado, o politico, como se a politica pudesse prescindir do estado economico do paiz!". SOUSA, Paulino José Soares de. Visconde do Uruguai. *Estudos práticos*..., cit., pp. 246 e 249, respectivamente.
220. VILELLA, André. "Distribuição Regional"..., cit., p. 250. E, logo adiante: "Em virtude do caráter controverso – quando não abertamente inconstitucional – de muitas destas disposições provinciais, o governo imperial viu-se impelido a solicitar a opinião da Seção de Fazenda do Conselho de Estado, a quem caberia avaliar se as leis das províncias estavam em conformidade com a Constituição do Império. Assim, entre 1842 e 1867, das 881 consultas feitas àquela Seção, 226 (ou 25,7%) versavam sobre a constitucionalidade de leis orçamentárias provinciais. 13 de cada três consultas desta natureza, duas terminavam com a Seção opinando que as ditas leis provinciais deveriam ser suspensas pelo governo imperial, porém ouvindo-se, antes, a opinião da Assembléia Geral Legislativa".

do governo central – muitas vezes ficava aquém de seus gastos. Assim, de um total de 839 balanços no período 1840 a 1889, para os quais existem informações tanto de receita como de despesa provincial, foram constatados déficits em 421 casos (ou 50,2%). Em oito províncias (de um total de 20) ocorreram déficits em mais da metade dos anos para os quais se dispõe de informações. Tais déficits ocorreram não obstante os esforços dos governos provinciais em aumentar suas receitas, muitas vezes recorrendo à cobrança de impostos e taxas vistos como abusivos por muitos contemporâneos, e que, não raro, extrapolavam sua competência tributária. Exemplo disto foram as inúmeras vezes em que as leis orçamentárias provinciais criavam impostos de importação sobre mercadorias estrangeiras, ou, ainda, sobre produtos exportados por províncias do interior, que buscavam os portos litorâneos".

Para Amaro Cavalcanti[221], em que pese a preocupação sobre os impostos exigidos pelo Governo tenha sido uma constante durante todo o segundo reinado,

> "o Imperio chegou ao seu termo, sem ter podido fundar um systema tributario, – que, ao menos, satisfizesse a estes dous fins: – 1) uma distribuição e arrecadação, *conscientemente baseadas* nas condições econômicas do paiz; 2) uma *divisão razoavel* das contribuições

---

221. CAVALCANTI, Amaro. *Elementos de Finanças*..., cit. p. 232. No mesmo sentido, Veiga Filho destaca: "[...] bem se vê como eram diminutos os recursos tributários das antigas provincias do Brazil que, verdade se diga, não passavam de regiões habitadas por povos contribuintes. Os governos, em face de tão precaria situação, sentiam-se tolhidos de promover melhoramentos materiaes e desenvolver os differentes departamentos da administração publica afeita ao molde da absoluta centralisação. Presentemente esses obstáculos inherentes á organisação politica de então desappareceram, por completo e, implantado o regimen federativo, cada provincia constituiu-se em Estado e no ponto de vista administrativo inteiramente responsaveis por seus destinos e livres assim da absorvente tutela official". VEIGA FILHO, João Pedro da. *Manual*..., cit., p. 76.

publicas, entre a receita geral do Imperio e a receita particular das provincias".

Apenas em 1891, com a promulgação da nova Carta Constitucional, o tema da discriminação das receitas tributárias foi tratado com maior cuidado. Referida Constituição, em verdade, inaugura o que se pode entender como a semente de um sistema constitucional tributário e traz em suas disposições a delimitação do campo de competência da União e dos Estados[222, 223], além de garantias aos contribuintes. No que se refere aos Municípios, pouco se evoluiu em relação à Constituição do Império; nos termos do artigo 68, os *Estados* seriam organizados de forma a garantir a autonomia dos Municípios – redação criticada por João Barbalho[224]:

---

222. "Art 7º – É da competência exclusiva da União decretar: 1º) impostos sobre a importação de procedência estrangeira; 2º) direitos de entrada, saída e estadia de navios, sendo livre o comércio de cabotagem às mercadorias nacionais, bem como às estrangeiras que já tenham pago impostos de importação; 3º) taxas de selo, salvo a restrição do art. 9º, § 1º, n. I; 4º) taxas dos correios e telégrafos federais. § 1º – Também compete privativamente à União: 1º) a instituição de bancos emissores; 2º) a criação e manutenção de alfândegas. [...]

Art 9º – É da competência exclusiva dos Estados decretar impostos: 1º) sobre a exportação de mercadorias de sua própria produção; 2º) sobre imóveis rurais e urbanos; 3º) sobre transmissão de propriedade; 4º) sobre indústrias e profissões. § 1º – Também compete exclusivamente aos Estados decretar: 1º) taxas de selos quanto aos atos emanados de seus respectivos Governos e negócios de sua economia; 2º) contribuições concernentes aos seus telégrafos e correios. [...] § 3º – Só é lícito a um Estado tributar a importação de mercadorias estrangeiras, quando destinadas ao consumo no seu território, revertendo, porém, o produto do imposto para o Tesouro federal".

223. "Grande inovação foi uma expressa divisão dos tributos entre a União e os Estados, determinando-se que estes escolheriam alguns de seus impostos para os Municípios (só pela CF de 1934, estes passaram a ter expressamente impostos exclusivos)". BALEEIRO, Aliomar. *Constituições Brasileiras: 1891*. Brasília: Senado Federal e Ministério da Ciência e Tecnologia, Centro de Estudos Estratégicos, 2001, p. 39.

224. CAVALCANTI, João Barbalho Uchôa. *Constituição Federal Brasileira...*, cit., pp. 282-83. Destaque-se que nesse mesmo texto o autor menciona a existência de uma emenda apresentada pelo deputado Meira de Vasconcellos,

"O pleno exercício da liberdade municipal é não só um direito, mas uma condição *sine qua* de uma organisação constitucional, sobre a base do *self-government*. Há muito se sabe que *a direcção dos negócios de todos pertence a todos, isto é, aos representantes e delegados de todos; o que só interessa unicamente diz respeito ao indivíduo, só d'elle deve depender*. Em cada município cada individuo tem interesses que só a elle importam e portanto não estão sob a jurisdicção municipal.

Outros interesses porém affectam aos outros munícipes, são-lhes communs, e naturalmente entram na competência municipal. [...] Desde que o assumpto é puramente municipal não cabe na gestão do Estado, como não cabe na da União o que fôr puramente estadual. E assim como o próprio Estado é o regulador dos negócios que são exclusivamente seos e estabelece sua 'Constituição', seu código fundamental para a gerencia desses seos negócios, egualmente e com o mesmo direito, o município faz sua lei orgânica, seo estatuto basilar e por elle institue e regra a administração de seos negócios particulares".

Juntamente com a desconsideração absoluta dos Municípios no quadro geral dos entes autônomos[225], houve mais

---

que possuía o seguinte teor: "Os municípios organizar-se-ão de accordo com as Constituições dos Estados respectivos, observadas as seguintes bases: 1º Completa autonomia em tudo quanto respeite ao seu peculiar interesse. 2º Electividade de celebrarem com um ou mais municípios do mesmo Estado os ajustes necessários para a realização de obras ou serviços da restricta competência de cada um, em seu respectivo território". Na sequência, cita a justificativa da emenda, da qual vale destacar o seguinte trecho: "O systema federativo deve deixar a cada município consultar os seos interesses especiaes e tantas outras circunstancias que não de póde deixar de considerar outros tantos factores de uma bboa organização communal. Em relação aos municípios é ainda mais capital a necessidade de autonomia e em um regimen federativo não se póde pretender que pelos moldes do município A possa ser organizado um município Z; porque a organização que convém a um município póde compromettger os interesses de outro município que tem interesses diversos". Nas páginas seguintes, João Barbalho comenta a emenda e apóia sua redação, lamentando a não incorporação do texto na Constituição de 1891.
225. Geraldo Ataliba, criticando a desconsideração em absoluto das Províncias, na repartição das competências tributárias, pondera: "Do sistema

dois fatores que contribuíram para o insucesso do sistema tributário proposto. Em primeiro lugar, a competência concorrente (ou "cumulativa", nos termos do artigo 12 da Constituição) entre União e Estados para criar outras fontes de financiamento não discriminadas nos dispositivos próprios[226] e, em segundo lugar, a descentralização financeira da União, acompanhada da respectiva descentralização dos serviços, de forma que, com a Constituição de 1891, os Estados teriam muito mais atribuições do que outrora. Castro Nunes[227] anota que as demandas pela revisão do recém-aprovado texto constitucional praticamente coincidiram com a data da entrada em vigor do novo sistema de discriminação de rendas:

> "A ideia de revisão constitucional nasceu, como já tivemos occasião de notar, da idéia de alterar a divisão das rendas entre a União e os Estados. Lançou-a o então deputado por Goyaz, Snr. Leopoldo Bulhões, ainda da tribuna da constituinte republicana, que acabára de votar a constituição. No mesmo dia em que esta appareceô

---

imperial que se polarizava na capital e nos municípios, com abstração das regiões, destituídas de maior importância que estavam as Províncias, involuise, sob certa perspectiva, em 1891, para a total destituição do município de sua dignidade constitucional. Quanto à discriminação de rendas, em si mesma considerada, como instrumento de evitação de conflitos recíprocos e de asseguramento da autonomia dos estados – e também da União – sua pouca extensão não pôde contribuir para um ambiente totalmente livre de controvérsias. Por outro lado, as deficiências técnicas da redação do artigo 12 – que cuidava do campo comum de competência, além de ter a mais ampla latitude, ensejadora de constantes e imensos atritos e conflitos, pela necessidade de convivência comum, dentro da mesma faixa – permitia, principalmente em face do pouco desenvolvimento da ciência do direito financeiro, as mais disparatadas afirmações exegéticas". ATALIBA, Geraldo. *Sistema...*, cit., pp. 56-7.
226. "Artigo 12 – Além das fontes de receita discriminadas nos arts. 7º e 9º, é licito à União como aos Estados, cumulativamente ou não, criar outras quaisquer, não contravindo, o disposto nos arts. 7º, 9º e 11, n. 1".
227. NUNES, Castro. *A jornada revisionista. Os rumos, as ideias, o ambiente. (Estudo crítico da Constituição). Em torno da these: "Da necessidade ou conveniencia da revisão ou emenda da Constituição Federal.* Rio de Janeiro: Almeida Marques & C., 1924. P. 86.

nas columnas do órgão official, veio publicado o discurso revisionista daquelle eminente congressista".

Referido discurso consistiu em destacar que os Estados não se beneficiaram, impunemente, da nova discriminação das rendas que lhes conferiu mais receitas. Juntamente com as novas rendas, vieram, também, novas atribuições administrativas e, assim, despesas que invariavelmente iriam se verificar. Daí a necessidade de uma revisão *em favor* dos Estados. Confira-se[228]:

> "Examinemos agora em que consistiram os grandes favores concedidos aos Estados e quaes prejuízos causados à União pelo partido federalista da Constituinte. Os impostos transferidos foram os de indústria e profissões, transmissão de propriedade, territorial e de exportação. Mas estes tributos foram gratuitamente cedidos aos Estados? Não.
>
> Houve uma descentralisação de serviços e uma desentralisação correspondente de rendas. O producto dos impostos é superior á despeza com os serviços? Em um ou outro Estado sim, na maioria delles, não. [...] A conclusão é que a *doação* não foi tam generosa, tam larga como apregoam e que o custeio dos serviços da administração, polícia, justiça, hygiene, obras publicas, viação, etc., absorve as rendas estaduaes, na maioria dos Estados e alguns vivem ainda em difficuldades".

O resultado da distribuição de rendas orquestrada pela Carta de 1891 foi, na visão de Carvalho Pinto, o desfalque das rendas estaduais e invasões de competências. Os dois fatores acima mencionados acabaram por se completar para o fracasso do sistema tributário. A descentralização, de um lado, gerou

---

228. *Apud* CAVALCANTI, João Barbalho Uchôa. *Constituição Federal Brasileira...*, cit., pp. 43-44.

diminuição tanto dos cofres estaduais, que não tinham receitas suficientes para suprir todos os serviços demandados pelas novas competências e, de outro, e talvez em maior medida, queda dos recursos financeiros da União, que, por conta da limitação do campo de competência tributária, não tinha recursos suficientes para custear suas despesas[229]. Esse quadro foi propício para as incidências tributárias duplicadas, que resultavam do exercício da competência *cumulativa*, de forma irrestrita, entre União e Estados. Nas palavras de Carvalho Pinto:

> "O tempo, realmente, veiu confirmar a insuficiência da renda dos Estados, agravada com novas responsabilidades transferidas pela descentralização operada. Por outro lado, como observa Veiga Filho, 'a crença, habilmente explorada, de ter havido completa desigualdade na partilha de rendas, sustentando uns que a federação ficou desprovida de recursos para ocorrer às suas despesas, e outros, que tal fato se deu com os Estados e Municípios', conduziu a transposições abusivas das competências, através de sofismas interpretativos do novo texto"[230].

Foi o próprio Leopoldo Bulhões, defensor inicial da discriminação de rendas tal qual ela se colocou na Constituição de 1891, que, quase 30 anos após a vigência do sistema, indagado

---

229. Uma boa indicação de fontes doutrinárias favoráveis à ampliação da competência tributária da União está em NUNES, Castro. *A jornada revisionista..*, cit., pp. 85 e ss. Sobre o tema, este mesmo autor ressalta: "[...] a tarefa econômica da União é cada vez maior, mais intensa a sua actuação administrativa, cada vez mais dilatado o seu programa de trabalho, quér no regimen da constituição vigente, sob a pressão de realidades inilludiveis que vehementemente se estão impondo, quér sob a constituição revista, onde dará entrada, necessariamente, o princípio da federalização de certos serviços [...]". NUNES, Castro. *A jornada revisionista..*, cit., p. 92.
230. CARVALHO PINTO, Carlos Alberto A. de. *Discriminação de rendas...*, cit., p. 133.

sobre determinado projeto de emissão monetária, de autoria de Epitácio Pessoal em andamento no Congresso, salientou[231]:

> "Estes projectos, sempre apresentados como soluções do nosso problema monetário, com caráter definitivo, nada mais são do que expedientes para attender a situação cada vez mais afflictiva de nossas finanças. Estão a revelar flagrantemente a impossibilidade de se manter a discriminação de rendas estabelecida nos arts. 7º, 9º e 12º da Constituição Federal, que, dividindo o campo tributário entre União e Estados, prejudicou aquella partilha em benefício destes. [...] Urge que a revisão constitucional solucione a crise em que vive permanentemente o governo federal".

Paralelamente aos problemas decorrentes da superposição de tributos, com a aplicação prática do sistema tributário, os Estados, valendo-se da prerrogativa de tributar "a exportação de mercadorias de sua própria producção" (artigo 9º, número 1) instituíram impostos de exportação incidentes na saída de bens para outros Estados da Federação. O argumento que circundava essa prática encontrava-se no próprio texto constitucional: o artigo 7º, número 1 estabelecia a competência da União para criar impostos "sobre a importação de produtos de *procedência estrangeira*". No caso da competência estadual para instituir imposto sobre a exportação, nenhuma menção à "procedência estrangeira" foi feita, justificando, em tese, a cobrança na saída de bens de um Estado para outro. Castro Nunes, crítico veemente de tal prática, acrescenta, citando Amaro Cavalcanti, que diversos Estados, ao defenderem a prática, ainda alegaram que em alguns casos "*desappareceria mesmo a possibilidade de tal tributação, 'ou porque os seus productos, pela qualidade e outras razões differentes, só têm consumo no paiz – ou porque não seja possível dar-lhes sahida directa (exportação no sentido restricto), para os portos*

---

231. *Apud* NUNES, Castro. *A jornada revisionista..*, cit., pp. 86-87.

estrangeiros'"[232]. De outro lado, reforçando a causa dos Estados, a Constituição apenas vedava expressamente a tributação interestadual das mercadorias *em trânsito*:

> "Artigo 11 – É vedado aos Estados, como à União:
> 1º – Crear impostos de transito pelo territorio de um Estado, ou na passagem de um para o outro, sobre productos de outros Estados da Republica, ou estrangeiros, e bem assim sobre os vehiculos, de terra e agua, que os transportarem".

Assim, como anota João Barbalho, em que pese não ter sido a "motivação constitucional"[233] possibilitar a tributação interestadual, criando embaraços ao livre comércio, interpretações futuras (e maliciosas) do texto perpetuaram tal prática, que rapidamente passou a ser criticada por grande parte da doutrina[234]:

> "À sombra dessa interpretação, proliferam os impostos interestaduaes, *camouflados* sob differentes denominações, caracterisando guerrilhas tributarias, prenhes de perigos para a unidade nacional, e entravando o desenvolvimento econômico do paiz.

---

232. NUNES, Castro. *A jornada revisionista..*, cit., p. 70.
233. "A interpretação permissiva de imposição sobre o tráfico interestadual (além de repugnante ao espirito e propositos da Constituição, armando os Estados de uma prerrogativa contraria ao nexo federal), tem ainda contra si a jurisprudencia Norte-Americana, luz e guia para nós n'estas matérias e que considera o poder de taxar incluído no de 'regular o commercio'; e é certo que o commercio interestadual escapa á competência dos Estados (art. 34, n. 5)". Na sequência, cita diversas outras propostas de redação do mesmo artigo 9º, n. 1, para demonstrar a "intenção" do constituinte em possibilitar que os Estados tributem a exportação (para o exterior) de mercadorias e não a circulação interna de bens. UCHÔA CAVALCANTI, João Barbalho. *Constituição Federal Brasileira...*, cit., pp. 35-36.
234. NUNES, Castro. *A jornada revisionista..*, cit., p. 70 (e seguintes, nas quais o autor colaciona a doutrina contrária a tais impostos).

Felizmente é essa a opinião, hoje unânime, dos nossos homens de Estado. Uma condemnação generalizada, em que se dão as mãos os políticos de todos os matizes, como ainda agora succede, depois da ultima campanha presidencial".

Um dos argumentos de João Barbalho para refutar a possibilidade de os Estados tributarem a exportação "para outros Estados" estava na legislação dos Estados Unidos que, a exemplo da brasileira, não fazia constar a expressão "estrangeira" seguida do imposto de exportação[235]. Contudo, consoante salienta Pontes de Miranda, logo ficou demonstrado que essa equiparação não era de grande valia, já que, nos Estados Unidos, o imposto de exportação era federal e apenas a União poderia exportar para o estrangeiro[236]:

> "A preocupação dos românticos de 1891 em diante (a serviço inconsciente das fôrças desagregadoras que reputavam mais fácil *dominar* governos estaduais que o Govêrno federal e tinham todo interesse em aumentar as rendas estaduais ao alcance das mãos dos políticos regionais), era a de tudo interpretar a *favor dos Estados-membros*".

Apesar da existência de movimentos a favor dos Estados[237], na Câmara dos Deputados ao menos, a crítica a essa modalidade de tributação era frequente, especialmente tendo-se

---

235. Cf. Nota 232, supra.
236. PONTES DE MIRANDA, F.C. *Comentários à Constituição de 1946 – vol. I (arts. 1-36)*. Rio de Janeiro: Henrique Cahen Editor, s.d., p. 454.
237. Como exemplo, cite-se Amaro Cavalcanti: "Conforme a lettra e o espirito da Const. Fed., os Estados têm o direito de tributar os generos de exportação quer esta se dê de Estado para Estado, quer ella se faça para o estrangeiro, observadas sómente estas restricções: 1º) que os generos de exportação sejam de producção do próprio Estado (art. 9º, n. I); 2º) que seja isenta de impostos no Estado por onde se exportar a producção dos outros Estados (art. 9º, cit., § 2º)". *Apud* VEIGA FILHO, João Pedro da. *Manual*..., cit., p. 147.

em vista que os Estados tributavam não apenas a "exportação", mas também a "importação" de bens para seus Estados (desde que provenientes de outros Estados), com fundamento na competência cumulativa, prevista no artigo 12: como a União apenas tinha competência para tributar a "importação de procedência estrangeira", os Estados, valendo-se do mesmo raciocínio acima exposto, alegavam que um imposto de importação entre os Estados era possível, já que fora do campo privativo da União.

Acerca do imposto de exportação estadual, a lei n. 410 de 1896 não estabelece, como se esperava, o âmbito de atuação dos Estados, limitando-se a mencionar, em seu artigo 1º, que[238]:

> "Os direitos de exportação que, nos termos do art. 9º, n. 1 da Constituição da Republica cabe, exclusivamente, aos Estados decretar, legislando sobre elles livremente podem ser cobrados na Capital Federal e nas repartições fiscaes da União, precedendo, no ultimo caso, accordo entre os governos federal e estaduaes".

Não há, portanto, identificação precisa do que seja "exportação", para fins de tolher a prática corrente de tributar as operações realizadas entre os Estados. Dessa forma, permanecem todas as críticas acima despendidas. De outro lado, no que se refere ao imposto de importação, diversos debates foram produzidos no Legislativo sobre esse tema a partir do projeto de lei n. 252, de 1903 e de seus possíveis substitutivos. O que se pretendia era proibir, verbalmente, a tributação interestadual, genericamente considerada (ou seja, na entrada ou saída de bens). Francisco Bernardino propôs alterações ao projeto, defendendo a tributação apenas do consumo dos produtos, mas não a entrada em si do bem no território do Estado. A hipótese tributária seria, portanto, semelhante à do atual

---

238. VEIGA FILHO, João Pedro da. *Manual...*, cit., pp. 147-148.

ICMS, no que se refere às operações de circulação de mercadorias. Outra possibilidade era a defendida por José Monjardim, que, de forma mais radical, defendia a exoneração total seja do consumo, seja da entrada do bem. Confira-se a manifestação de ambos os parlamentares sobre os respectivos substitutivos[239, 240]:

> "O Sr. Francisco Bernardino – [...] Sr. Presidente, filio-me francamente à opinião daquelles que julgam de necessidade urgente e imprescindível a suppressão dos impostos interestaduaes [...] Assim nós vemos que no pacto da federação se incluiu a *proibição* formal de os Estados taxarem quer a importação, quer a exportação, as cousas que fossem objecto da importação e as couas que fossem objecto da exportação. [...] No meu humilde modo de entender, tenho que os impostos de consumo, que se asseguram francamente aos Estados, compensam sobejamente os impostos de importação, que se lhes nega [...]. Assim, assentamos em prohibir os impostos de importação, e em respeitar amplamente aos Estados os impostos de consumo".
>
> "O Sr. José Monjardim – [...] Não há dúvida nenhuma que a Constituição silencia, é omissa com relação à competência que podem ter a União ou os Estados para tributar; e devido a esse silencio da Constituição, os Estados, sob pretexto de ser permittido o que não é expressamente prohibido, se teem arrogado o exercício da faculdade de tributar uns a producção dos outros, creando impostos que, no meu entender, são inconstitucionaes. [...] Não pode, repito, tirar do silencio da Constituição fundamento para confiar aos Estados esse direito altamente prejudicial de taxar a producção dos outros Estados, como si a Federação tivesse estabelecido, em vez de 20 Estados unidos pelos laços da mais fraternal solidariedade, 20 republiquetas, pois é esta a

---

239. *Annaes da Camara, Sessão em 12 de novembro de 1903.*
240. Acerca do debate havido por conta da votação desse projeto de lei, cf. VEIGA FILHO, João Pedro da. *Manual*..., cit., p. 149, nota 2.

perspectiva que temos, si continuarem esses desvarios por parte dos poderes estaduaes".

Em 1904 o projeto acima mencionado foi convertido na lei n. 1.185, de 11 de junho daquele ano e cujo artigo 1º determina:

> "Art. 1º – É livre de quaesquer impostos da União ou dos Estados e Municipios, a contar da data da execução desta lei, o intercurso das mercadorias nacionaes ou extrangeiras, quando objecto do commercio dos Estados entre si e com o Districto Federal, quer por via maritima, quer por via terrestre ou fluvial.
>
> § único [sic] – Exceptúa-se desta disposição o imposto autorisado pelo art. 9º, n. 1 da Const. Fed.".

Nos artigos seguintes, a lei delineia um imposto sobre o consumo incidente sobre as mercadorias estrangeiras ou nacionais desde que estejam incorporadas ao mercado interno do Estado, em igualdade de condições com os similares locais, de produção do Estado. Essas mesmas medidas foram estendidas aos Municípios[241].

Conforme facilmente se percebe, referida lei, a exemplo do ocorrido com os impostos de "exportação", não resolve o problema envolvido na tributação interestadual: ao ressalvar o artigo 9º, n. 1, da proibição da tributação, atesta a prática dos Estados quanto à oneração das mercadorias provenientes de outras unidades de Federação.

Diante desse quadro, Carvalho Pinto destaca que a Constituinte de 1934 teria dois problemas centrais a enfrentar: "a superposição dos tributos centrais e locais no campo concorrente", decorrência direta da bitributação indiscriminada, e "a extensão das imposições interlocais", resultante

---

241. Redação completa da lei em: VEIGA FILHO, João Pedro da. *Manual...*, cit., pp. 150-151.

das interpretações constitucionais acima descritas. O que obtivemos foi uma Constituição que discriminou ainda mais a competência tributária e, apesar de permitir a competência concorrente (mas não cumulativa, como em 91) entre União e Estados (artigo 10, VII)[242], delimitou um campo de competência privativa aos Municípios, conferindo, pela primeira vez, autonomia financeira a esses entes (artigo 13, § 2º)[243]. Sobre o tema, Carvalho Pinto salienta que:

> "esta conquista, reparando uma velha injustiça, elimina o risco em que vivia a receita municipal, de sujeitar-se aos golpes eventualmente vibrados pelos Estados, sob a pressão de dificuldades financeira. A autonomia municipal assume então um significado mais positivo e eficiente, na segurança que encontra das suas mais essenciais condições de subsistência"[244].

Não obstante a Constituição de 1934 tenha inaugurado, nas palavras de Ataliba, a característica da rigidez do sistema

---

242. Art 10 – Compete concorrentemente à União e aos Estados: [...] VII – criar outros impostos, além dos que lhes são atribuídos privativamente. Parágrafo único – A arrecadação dos impostos a que se refere o número VII será feita pelos Estados, que entregarão, dentro do primeiro trimestre do exercício seguinte, trinta por cento à União, e vinte por cento aos Municípios de onde tenham provindo. Se o Estado faltar ao pagamento das cotas devidas à União ou aos Municípios, o lançamento e a arrecadação passarão a ser feitos pelo Governo federal, que atribuirá, nesse caso, trinta por cento ao Estado e vinte por cento aos Municípios.
Art 11 – É vedada a bitributação, prevalecendo o imposto decretado pela União quando a competência for concorrente. Sem prejuízo do recurso judicial que couber, incumbe ao Senado Federal, *ex officio* ou mediante provocação de qualquer contribuinte, declarar a existência da bitributação e determinar a qual dos dois tributos cabe a prevalência.
243. § 2º – Além daqueles de que participam, *ex vi* dos arts. 8º, § 2º, e 10, parágrafo único, e dos que lhes forem transferidos pelo Estado, pertencem aos Municípios: I – o imposto de licenças; II – os impostos predial e territorial urbanos, cobrado o primeiro sob a forma de décima ou de cédula de renda; III – o imposto sobre diversões públicas; IV – o imposto cedular sobre a renda de imóveis rurais; V – as taxas sobre serviços municipais.
244. CARVALHO PINTO, Carlos Alberto A. de. *Discriminação de rendas*..., cit., pp. 136-7.

tributário[245], a questão relativa à tributação interestadual não foi de todo resolvida, já que os Estados permaneceram com competência para criar impostos sobre a "exportação das mercadorias de sua produção", sem qualquer menção à exportação "para o exterior". A solução que o constituinte pretendeu foi outra, cujo alcance seria mais amplo: estabeleceu no artigo 17, inciso IX, a proibição de cobrança, sob qualquer denominação, de "impostos interestaduais, intermunicipais de viação ou de transporte, ou quaisquer tributos que, no território nacional, gravem ou perturbem a livre circulação de bens ou pessoas e dos veículos que os transportarem". Tratava-se de especificar ainda mais o conteúdo do artigo 11, 1º da Constituição de 1891, na tentativa de evitar a tributação entre os entes federados. Acerca da vedação contida no artigo 17, inciso IX, Pontes de Miranda destaca[246]:

> "Não é só o imposto de trânsito ou de transporte que se veda (1891, art. 11, 1º): é todo e qualquer imposto *interestadual* ou *intermunicipal*. Portanto, a exportação, de que se cogita no artigo 8º, I, *f*, também não pode ser interestadual, nem intermunicipal. A Constituição estadual que permitisse imposto de exportação intermunicipal seria atentatória do art. 17, IX, da Constituição federal e, poderia ser, por isso, decretada a intervenção federal (art. 12, V). A lei que decrete imposto interestadual de exportação é inconstitucional. [...] Persistir na interpretação de 1891-1934 será, mais uma vez, sofismar os textos constitucionais, e votar a Constituição de 1934 ao mesmo desprestígio público que cercou, em muitos pontos, a Constituição de 1891".

Essa limitação, contudo, não impediu a manutenção da prática inaugurada na vigência da Carta de 1891. Ocorreu,

---

245. ATALIBA, Geraldo. *Sistema...*, cit., p. 61.
246. PONTES DE MIRANDA, F.C. *Comentários à Constituição de 1946...*, cit., p. 455.

exatamente, o que Pontes de Miranda anunciava (e criticava): o Supremo Tribunal Federal, no julgamento da Apelação Cível n. 4.519, em 9 de outubro de 1936[247], reconheceu a inconstitucionalidade apenas da tributação das mercadorias *em trânsito*, sem qualquer oposição ao "imposto de exportação" cobrado pelos e entre os Estados. Inclusive, a discussão que se estabelece entre o Ministro Carvalho Mourão, Relator, e o Ministro Costa Manso, que foi voto vencido, situava-se exatamente na questão de saber se o gado (objeto da tributação) estava ou não *em trânsito*. Em caso positivo, como decidiu o Supremo, não poderia haver cobrança do imposto, por expressa vedação constitucional; em caso negativo, orientação do Ministro Costa Manso, o tributo seria devido. A controvérsia não alcançou o fato de o imposto entre os Estados ("de exportação") ser ou não constitucional. Reitere-se: a grande questão estava em julgar a possibilidade de tributação de mercadorias *em trânsito*, o que, conforme reconhece o Supremo Tribunal Federal, estaria vedado tanto na vigência da Carta de 1891 quanto na de 1934:

> "Imposto de transito; quer no regime da Constituição de 1891 (art. 11, inciso 1º), quer no regime da actual Carta de 16 de julho de 1934 (art. 17, n. IX) é inconstitucional o imposto cobrado sobre mercadoria proveniente de qualquer dos Estados da União quando em transito por outro.
>
> Voto vencido: tratando-se na especie, não de mercadoria em transito, mas de mercadoria originada no Estado e dele exportada, tem todo o cabimento a cobrança do imposto creado pela lei n. 1.764, de 31 de dezembro de 1920 que não é inconstitucional. [...]".

Foi apenas na Constituição de 1937 que tal prática foi absolutamente abolida[248] pela redação do artigo 25, que determinava:

---

247. Appelação Civel n. 4.519, Relator Ministro Carvalho Mourão, julgamento em 09.10.1936, coletânea de acórdãos n. 159, p. 159.
248. Cf. CASTRO, Araújo. *A Constituição de 1937*. Edição fac-similar. Brasília: Senado Federal, Conselho Editorial, 2003, pp.102-104.

"Artigo 25 – O território nacional constituirá uma unidade do ponto de vista alfandegário, econômico e comercial, não podendo no seu interior estabelecer-se quaisquer barreiras alfandegárias ou outras limitações ao tráfego, vedado assim aos Estados como aos Municípios cobrar, sob qualquer denominação, impostos interestaduais, intermunicipais, de viação ou de transporte, que gravem ou perturbem a livre circulação de bens ou de pessoas e dos veículos que os transportarem".

Acerca desse dispositivo, Francisco Campos[249] destaca:

"A nossa Constituição não dá sequer lugar a controvérsia. Ela atribue à União o poder de regular o comércio entre os Estados, e como se não bastasse, insiste em declarar que, em se tratando de comércio interestadual, o território da nação constitue uma unidade alfandegária, econômica e comercial. Não há, portanto, para o comércio interestadual fronteiras internas; para efeitos do comércio interestadual, só há um território, e neste território não haverá soluções de continuidade".

A Constituição de 1937 dá continuidade à discriminação rígida de competências, bem como a autonomia municipal,

---

249. *Apud* CASTRO, Araújo. *A Constituição de 1937...*, cit., p. 103. (Jornal do Comércio de 24 de março de 1938). No mesmo sentido, Leite Neto: "O imposto de exportação interestadual não se compacede com a boa prática do regime republicano federativo. Ele constitui um elemento perigoso de desagregação nacional. O artigo 25 da Constituição de 1937 é de uma clareza meridiana. Estabeleceu de maneira insofismável a unidade do território nacional sob o ponto de vista alfandegário, econômico e comercial, não podendo no seu interior estabelecer-se quaisquer barreiras alfandegárias ou outras limitações ao tráfego, vedando, assim, aos Estados, como aos Municípios, cobrar, sob qualquer denominação, impostos interestaduais, intermunicipais, de viação ou de transporte, que gravem ou perturbem a livre circulação de bens ou de pessoas e dos veículos que os transportarem". LEITE NETO, Francisco. "Discriminação de rendas", p. 235, *in* NOGUEIRA, Octaciano (org.). *Doutrina Constitucional Brasileira – Constituição de 1946, tomo II*. Brasília: Senado Federal, Conselho Editorial, 2006, pp. 221-242.

mas, no entanto, mantém o campo de competência concorrente entre Estados e União, com prevalência ao imposto da União, no caso de bitributação – que permanece vedada, a exemplo da Carta anterior. De acordo com Carvalho Pinto, a discriminação de rendas de 37 "consubstancia um dos sistemas mais perfeitos de discriminação de rendas, representando um estágio avançado na longa e laboriosa evolução da matéria no direito constitucional brasileiro"[250].

Contudo, especificamente no que se refere à questão da tributação interestadual, a eficácia plena da Constituição foi postergada: como muitos Estados já haviam incorporado as receitas provenientes dos impostos de "exportação", atos legislativos posteriores à promulgação da Carta de 1937 disciplinaram a forma pela qual essas exações seriam extintas. Tratava-se de um cumprimento "gradativo" do texto constitucional, sem que houvesse qualquer fundamento jurídico para essa transição[251]:

> "Pouco mais de um mês após, surgia o Decreto-Lei n. 142, de 29 de dezembro de 1937, simples lei ordinária que derrogou parcialmente uma Constituição! Tal decreto, verdadeiro caso de teratologia legislativa, estabeleceu que os impostos interestaduais vedados pelo texto constitucional fossem, gradativamente, eliminados da receita no prazo de três anos, na base de 20 por cento no primeiro ano, 30 por cento no segundo e o restante no terceiro, isto é, em 1940. Grande era a resistência dos Estados na eliminação dos impostos interestaduais, por isso que contribuíam com rendas avultadas para o Erário público estadual. O Decreto-Lei n. 143, de 30 de novembro de 1938, adiou, para 1943, o prazo para desaparecimento completo do imposto de exportação interestadual. Finalmente o Decreto-Lei n. 5.368, de 1º de

---

250. CARVALHO PINTO, Carlos Alberto A. de. *Discriminação de rendas...*, cit., p. 146.
251. LEITE NETO, Francisco. "Discriminação de rendas"..., cit., p. 236.

abril de 1943, prorrogou tal prazo para 1º de janeiro de 1944, quando afinal seria, como foi, definitivamente extirpado este cancro da nossa legislação tributária".

Apesar da evidente evolução do sistema de divisão de competências tributárias desde 1891, na Constituinte de 1946, o problema da discriminação de rendas foi, novamente, retomado e ainda para destacar a insuficiência de receitas para fazer frente às despesas dos Municípios[252]. Para Horácio Lafer, um dos primeiros a se manifestar na Assembleia sobre a necessidade de conferir receitas aos Municípios, os impostos de que dispunham eram pouco eficientes para a geração de receitas, especialmente em comparação com os Estados, que possuíam o imposto sobre venda e consignações, além do imposto de transmissão de propriedade[253], era necessário dar atenção aos Municípios e melhorar qualitativamente o sistema tributário nacional[254]:

---

252. Sobre isso, Leite Neto é enfático: "o único critério que nos permitirá a racionalização da distribuição de rendas é o de estabelecermos uma perfeita correspondência entre o montante destas e o dos encargos que pela Constituição competem às três entidades que se superpõem: União, Estados e Municípios". LEITE NETO, Francisco. "Discriminação de rendas"..., cit., p. 238.
253. "Os Estados, portanto, com o imposto de venda e consignações – pode-se concluir com segurança – foram aquinhoados com um sistema financeiro que se apresenta revestido dos melhores requisitos de ordem técnica, tanto mais que conta ele com outra força ponderável – o imposto de transmissão de propriedade –, que, embora não possua a mesma elasticidade, apresenta a vantagem de não ser suceptível de retrações que possam perturbar sua vida econômica, por isso que, nos períodos de crise como nos de inflação, a propriedade não deserta o mercado imobiliário". LAFER, Horácio. "Política econômica e discriminação de rendas", pp. 259-260, *in* NOGUEIRA, Octaciano (org.). *Doutrina Constitucional Brasileira – Constituição de 1946, tomo II*. Brasília: Senado Federal, Conselho Editorial, 2006, pp. 243-278.
254. LAFER, Horácio. "Política econômica e discriminação de rendas", cit., p. 267. Mais adiante, Lafer apresenta sua proposta para a questão municipal, que se baseia em dois pontos: (i) devolução aos Municípios do imposto de indústrias e profissões e o imposto territorial rural; e (ii) reversão, em proveito destes de uma porcentagem sobre todo o aumento de arrecadação verificado na receita dos impostos federais e estaduais, tomando-se como parâmetro as arrecadações de 1945, com distribuição proporcional entre os Municípios.

> "Todos os que se interessam pelas finanças públicas e sentem as graves e assoberbantes responsabilidades do momento têm o dever de voltar às vistas para o cruciante problema que está atrofiando as cédulas da nossa organização política e matando no nascedouro, matando de inanição o organismo propulsor das riquezas no País. Nunca poderá ser rica a Nação que mantém em estado de miserabilidade as entidades primárias de sua organização, simplesmente, porque nelas é que reside, em forma embrionária, a força construtiva das riquezas; de tal forma é verdadeira esta assertiva, que sobre ela repousa um axioma: – para ser rico, o Estado deve enriquecer primeiro o Município".

Goffredo da Silva Telles Jr.[255], integrante da Assembleia Constituinte, destaca:

> "A tendência mundial é favorecer, com altas rendas tributárias, o govêrno nacional e os govêrnos das localidades, em detrimento dos govêrnos regionais. [...] Fortalecê-los financeiramente é promover o progresso do organismo nacional. [...] Ora, no Brasil, a receita municipal é, aproximadamente, três vezes *menor* do que a estadual (ou regional). Vivem, pois, os municípios brasileiros, em estado de miséria financeira. Basta esta observação para deixar patenteado que o sistema constitucional de discriminação das rendas tributárias brasileiras, razoável em tese, não tem, contudo, sido aplicado com a necessária judiciosidade".

Aliomar Baleeiro[256], ao relatar o capítulo constitucional sobre a "Discriminação de Rendas" na Constituinte de 1946, é ainda mais enfático:

---

255. TELLES JR., Goffredo da Silva. *O Sistema Brasileiro de Discriminação de Rendas*. Imprensa Nacional: Rio de Janeiro, 1946, p. 21.
256. BALEEIRO, Aliomar. *Alguns Andaimes da Constituição*. Rio de Janeiro: Aloísio Maria de Oliveira, Editor, 1950, p. 23.

"A expressão fria dos números comprova essa trágica realidade que espera da Constituinte de 1946 e a terapêutica decisiva, pois, o mal se está agravando vertiginosamente. O Sr. Juarez Távora, em 1932, espantava-se porque os Municípios arrecadavam apenas 16% do total dispendido pelos brasileiros com tributos. Hoje, de cada cruzeiro de impostos pagos pelo povo brasileiro a União recebe 48 centavos, os Estados 37, o Distrito Federal 7 e os Municípios apenas 81 A ridicularia assegurada, em 1944, às municipalidades representa a metade do quase nada de 1932.

Quando um fato social atinge a essa gravidade e se apresenta com tendência à agravação cumpre dar-lhe remédio pronto sem quaisquer hesitações. [...].

Não há necessidade de insistir nas conseqüências funestas da concentração demográfica, econômica e financeira na Capital da República enquanto os Municípios do interior de todo o país sofrem o fenômeno inverso, tendo como principal causa a quase inexistência de serviços públicos, à mingua de receitas, que ali são coletadas sem nenhuma recuperação em despesas públicas de intêresse local, com o que cada vez mais se empobrece o interior. O fato, pois, deve ser recebido com alarma, porque não traduz apenas um desajuste financeiro, mas sobretudo social".

Após esmiuçar a situação fática de miséria em que se encontravam os Municípios brasileiros, bem como realizar a comparação do sistema de discriminação de rendas brasileiro com sistemas de outros países, Baleeiro apresenta o plano da subcomissão[257] da Assembleia Constituinte da qual era integrante. Tratava-se de conferir maior racionalidade para a organização financeira da Federação e, sob uma mesma seção, tratar de três capítulos e temáticas diversas: a discriminação das rendas, a elaboração, execução e fiscalização dos orçamentos. Outro destaque importante, já mencionado, seria a

---

257. BALEEIRO, Aliomar. *Alguns Andaimes...*, cit., pp. 36 e ss.

competência da União para editar normas gerais de direito financeiro, visando à uniformidade no tratamento dessa matéria já que "a crescente expansão das atividades do Estado moderno [...] incrementou o desenvolvimento das relações jurídicas entre o fisco e os contribuintes"[258].

A proposta inicial da subcomissão "Discriminação de Rendas" era muito mais abrangente e inovadora do que o texto constitucional aprovado. O objetivo era não apenas de uma tentativa de conferir autonomia efetiva aos Municípios, mas, em igual medida, o de conferir um grau de maior detalhamento e sistematicidade do sistema tributário (que, à época se confundia com o financeiro), o que fica bastante claro pela manifestação do presidente da subcomissão, Souza Costa, ao apresentar o plano então proposto[259, 260]:

> "Nele [o plano] nos permitimos aconselhar a unificação do direito financeiro e, bem assim, medidas que favoreçam a situação atual dos Municípios".

Apesar de algumas vitórias da subcomissão, como a distribuição aos Municípios, em partes iguais, de 10% da arrecadação federal do imposto sobre rendas e proventos de qualquer natureza (artigo 15, § 4º), ou mesmo a entrega de 30% do excesso de receita estadual sobre a municipal, em favor dos Municípios (artigo 20), e da verdadeira "revolução municipalista" realizada na Assembleia Constituinte

---

258. BALEEIRO, Aliomar. *Alguns Andaimes...*, cit., p. 37.
259. *Apud* BALEEIRO, Aliomar. *Alguns Andaimes...*, cit., p. 183.
260. Na mesma ocasião, Baleeiro, como relator da subcomissão: "Em primeiro lugar, a Subcomissão não poderia ficar surda ao verdadeiro clamor nacional a respeito da situação de miséria em que se encontram os Municípios brasileiros. Êsse debate aberto há uns 20 anos, creio que se deve sobretudo a Juarez Távora a Cincinato Braga e a Sampaio Corrêa, seguidos, depois, por muitos outros, criando verdadeiro movimento de consciência nacional, a fim de que a Constituição corrija o mal, que escapou aos legisladores do passado". BALEEIRO, Aliomar. *Alguns Andaimes...*, cit., pp. 183-184.

de 1946²⁶¹, no geral, o anteprojeto aprovado não foi seguido em suas bases fundadoras. A ideia de consolidação e sistematização das normas financeiras foi rapidamente superada, além de ter havido significativa redução do campo de competência municipal.

Acerca da competência tributária municipal, nos termos do primeiro projeto, caberia aos Municípios a criação: (i) do imposto de licenças; (ii) do imposto predial e territorial urbano, inclusive sobre a valorização aleatória de imóveis; (iii) do imposto sobre diversões públicas; (iv) do imposto cedular sobre a renda de imóveis rurais; (v) do imposto de indústrias e profissões; (vi) do imposto de transmissão *causa mortis* sobre imóveis rurais situados no seu território; e (vii) taxas, contribuições de melhoria e preços, todos relacionados às atividades desenvolvidas em seus territórios²⁶².

Posteriormente, com a revisão do projeto inicial, uma nova sugestão foi apresentada, que terminou por ser incorporada ao texto da Constituição, no artigo 29. De acordo com o anteprojeto, caberiam aos Municípios, além das taxas, contribuições de melhorias e outras rendas, os seguintes impostos: (i) imposto de licença; (ii) impostos predial e territorial urbano; (iii) imposto sobre diversões públicas; (iv) imposto de indústrias e profissões; e (v) imposto sobre atos da sua economia ou assuntos da competência municipal.

Em que pese a "revolução" trazida pela Constituição de 1946 nas finanças municipais, referida carta esteve longe de sanar todos os problemas relacionados com a discriminação de rendas, especialmente pela manutenção da competência concorrente que, na existência de conflito entre Estados e União, beneficiava esta última, possibilitando não apenas a

---

261. Expressão de Orlando Carvalho, utilizada por Baleeiro ao encerrar a apresentação do relatório final da subcomissão. Cf. BALEEIRO, Aliomar. *Alguns Andaimes...*, cit., p. 182.
262. BALEEIRO, Aliomar. *Alguns Andaimes...*, cit., pp. 57-58.

criação de tributos mascarados, para evitar a configuração da bitributação, mas também a concentração do poder tributário na esfera federal. O primeiro projeto apresentado pela subcomissão relatada por Aliomar Baleeiro continha a exata redação do artigo 11 da Constituição de 1934, que vedava a bitributação:

> "É vedada a bi-tributação, como tal entendida a de govêrnos diferentes sôbre a mesma pessoa ou coisa em razão do mesmo fato, prevalecendo o imposto decretado pela União quando a competência fôr concorrente. Sem prejuízo do recurso judicial que couber, incumbe ao Senado Federal, *ex officio* ou a requerimento de qualquer contribuinte, declarar a existência da bi-tributação e determinar qual dos dois tributos deve prevalecer, sem prejuízo do disposto no parágrafo anterior".

Após a apreciação de todos os itens desse primeiro projeto pela Grande Comissão Constitucional, também esse dispositivo, a exemplo de outros tantos, foi criticado, novas redações foram propostas e entendeu-se pela necessidade de não vedar a bitributação sistematicamente, "tanto mais quanto vem sendo praticada, no Brasil, com o imposto de consumo, de renda e outros"[263].

Na análise de Amílcar Falcão, a redação da Carta de 1946 é melhor em qualidade, se comparada às Constituições de 1934 e 1937 e tal decorre do vínculo inequívoco que se estabelece entre "bitributação" e "competência concorrente", *"seja porque, ao final da mesma disposição, diz-se claramente que a declaração da bitributação conduzirá à suspensão da 'cobrança do tributo estadual', o que elimina qualquer cogitação razoável, quer a propósito do problema da invasão da competência, quer quanto ao bis in idem"*[264].

---
263. BALEEIRO, Aliomar. *Alguns Andaimes...*, cit., p. 68.
264. FALCÃO, Amílcar de Araújo. *Sistema Tributário Brasileiro – Discriminação de Rendas*. Rio de Janeiro: Edições Financeiras, 1965, p. 109.

Apesar do clamor doutrinário favorável à bitributação, não se pode deixar de notar que o artigo 21 da Constituição de 1946[265], ao não vedar expressamente a bitributação e manter a competência tributária concorrente, certamente não auxiliou para o melhor desenvolvimento do direito tributário nacional. De outro lado, em uma tentativa de atender aos clamores por maior autonomia municipal, o antigo imposto sobre indústrias e profissões, previsto originalmente na Constituição de 1891 e de competência estadual, foi atribuído aos Municípios. No que se refere aos impostos federais e estaduais, o quadro tributário não foi substancialmente alterado, se comparado com a Carta de 1937.

Dessa forma, ainda que tenha havido alguma evolução na delimitação da competência tributária nos textos constitucionais, ainda dominavam o debate tributário questões relacionadas com a dupla incidência de impostos e o papel que cada espécie tributária deveria exercer. A solução frequentemente mencionada era a codificação do direito tributário, a fim de que se estabelecesse, de forma clara, a definição de tributo, das espécies tributárias e os fatos que geravam a incidência respectiva. O discurso pela sistematização do direito tributário era, de alguma forma, subjacente em praticamente todas as épocas em que o debate sobre a discriminação de rendas florescia. Para ilustrar este ponto, vale fazer algumas referências.

Em 1902, Alfredo Varella apresentou à Câmara dos Deputados sete projetos de leis, cujo objetivo era uniformizar, pelas vias da codificação, as normas de finanças públicas no Brasil, pelo estabelecimento das regras relativas à periodicidade, forma e conteúdo dos orçamentos, além de questões

---

265. "Artigo 21 – A União e os Estados poderão decretar outros tributos além dos que lhe são atribuídos por esta Constituição, mas o imposto federal excluirá o estadual idêntico. Os Estados farão a arrecadação de tais impostos e, à medida que ela se efetuar, entregarão vinte por cento do produto à União e quarenta por cento aos Municípios onde se tiver realizado a cobrança".

relacionadas à dívida pública. A justificativa conjunta dos projetos tem o seguinte início[266]:

> "A verdadeira legislação dos povos é a legislação do imposto, proclamou um dia, no alvorecer do seculo, a brilhante intelligencia de Mirabeau. E na verdade, sua primazia fica logo manifesta, desde que consideremos ser a outra supprivel pelos costumes. O imposto, não: ha de ter boa instituição e regulamento. De outra sorte, o Estado é profundamente opprimido, jazem na miséria os particulares. [...] Se a preciosa liberdade é columna fundamental do Estado republicano, a outra columnae em que assenta é a da boa legislação do imposto, e mais nesta do que naquella. Já existiu a Republica sem liberdade completa, mas com o fiel emprego do que é de todos ao bem de todos: nunca existirá onde, poderosa a liberdade, o suor do povo fique á mercê dos governantes. Observação é esta de grande monta, que nos leva a formular o seguinte postulado político, da mais alta relevancia: não ha tyrannia possivel onde os dinheiros do Estado estejam a salvo do arbítrio".

Ainda que se tratasse de uma codificação financeira, a questão tributária estava justificadamente presente e representava uma das razões centrais motivadoras da reforma proposta, já que se tratava de garantir uma "boa legislação do imposto" que, à época, era elemento formador dos pilares da Ciência das Finanças. Portanto, mesmo que questões substanciais do direito tributário estivessem à margem da discussão[267], a necessidade de conferir racionalidade aos modos de concretização do gasto público advinha da premência de

---

266. VARELA, Alfredo. *Direito Constitucional Brasileiro: reforma das instituições nacionais*. Ed. fac-similar. Brasília: Senado Federal, Conselho Editorial, 2002, pp. 87-88.

267. Como inclusive salienta a comissão responsável pela elaboração do Código Tributário Nacional. *Trabalhos da Comissão Especial do Código Tributário Nacional*. Rio de Janeiro: Ministério da Fazenda, 1954, p. 82.

inserir essa mesma racionalidade às receitas que viabilizavam essas despesas. Tratava-se de um pequeno embrião do movimento de codificação tributária.

Veiga Filho, não muito tempo depois, em 1906, passa, igualmente, a defender a necessidade de codificação da legislação financeira, deixando ainda mais clara a conexão desta com outras questões que hoje são estritamente tributárias, como a "relação entre a administração financeira e os contribuintes", com a finalidade de explicitar os direitos e deveres de cada um dos sujeitos envolvidos na relação jurídica cujo objeto seja o pagamento de tributo[268]:

> "O regimen financeiro do Brazil é o da multiplicidade de leis, sem um criterio uniforme. A codificação d'ellas, como presentemente se projecta, será um grande serviço publico. Os materiaes para a organisação de um codigo financeiro encontram-se nas seguintes fontes: a) – leis que regulam as relações entre a administração financeira e os contribuintes, porque, sem o conhecimento dellas, não se podem determinar os direitos e obrigações reciprocas entre as entidades relacionadas; b) – leis concernentes á organisação financeira e ás relações hierarchicas entre os respectivos agentes; c) – actos regulamentares do poder executivo que, na ausencia e silencio da lei, tem providenciado n'esta ordem de relações; d) – a jurisprudência financeira composta das decisões dos tribunaes de contas e mais repartições fiscaes, firmando a intelligencia que, na pratica, tem sido dada ás respectivas leis; e) – as leis constitucionaes, base de todo o regimen financeiro; f) – as leis orçamentarias e as de contabilidade publica; g) – os convênios, concordatas e tratados financeiros.

Carvalho Pinto, igualmente, após tratar do tema da discriminação de rendas ao longo das Constituições brasileiras, até 1937, conclui[269]:

---

268. VEIGA FILHO, João Pedro da. *Manual...*, cit., p. 26.
269. CARVALHO PINTO, Carlos Alberto A. de. *Discriminação de rendas...*, cit., p. 169.

> "O princípio da codificação impõe-se no direito tributário, não só em obediência à reconhecida autonomia que adquire êste ramo do direito financeiro, como ainda pela necessidade de sua maior proteção, no sentido de resguardá-lo num corpo mais estável, contra os golpes que interêsses imprevistos e imediatos da administração pública costumam vibrar desordenadamente nas leis dessa natureza".

Paulo Barbosa de Campos Filho, ao criticar a escassez das reflexões teóricas sobre o direito tributário propriamente dito – que, nesse momento, já apresentava contornos independentes da Ciência das Finanças e começava a se descolar do direito financeiro – aponta como razão de tal fato a instabilidade das "leis fiscais", somada com a falta de uma "lei orgânica fiscal"[270]:

> "Mas, se a constante flutuação das leis fiscais e as dúvidas suscitadas pela delicada interpretação das mesmas criam dificuldades ao estudo do direito tributário, afastando dêle inteligências que se voltam para outros domínios, não se deve ser nisso causa única do fenômeno, nem assim o mais sério dos diversos fatôres concorrentes. Mais grave, a nosso ver, que a instabilidade das leis fiscais, ou elemento capaz, no nosso sentir, de melhor explicar o pequeno número de vocações para aquêle estudo, é a falta de leis orgânicas fiscais, a falta, digamos, de uma preceituação superior, ou de uma lei por assim dizer fundamental, que trace disciplina à própria legislação tributária, dando-lhe rumos certos, diretrizes gerais e constantes, que lhe permitam alcançar seus fins, sem se perder em descaminhos, sutilezas e contradições que são os males de que hoje padece".

A solução apontada pelo autor, que decorre, inclusive, do movimento de codificação já existente, é a aprovação de

---

270. CAMPOS FILHO, Paulo Barbosa de. "Codificação do Direito Tributário Brasileiro". *Revista Forense*, n. 108, outubro, 1946, pp. 5-12.

uma "lei geral, fundamental", que impusesse aos entes da Federação a obrigação de observância e constituísse a "lei orgânica fiscal de todo o país": tratava-se não de criar um Código Nacional, unitário, mas sim de compilar os princípios comuns sob os quais o exercício da competência impositiva deveria ser realizado, conferindo uniformidade à prática da tributação[271]:

> "Assim nos orientando, não teríamos, bem apreciadas as coisas, um verdadeiro Código Tributário nacional, ou uma legislação tributária única, ideal, aliás, puramente teórico e, como mostramos, ilusório, mas teríamos, e é o que convém, uma lei tributária fundamental, a cujos princípios, sem necessidade de Códigos e, menos ainda, de algumas centenas dêles, tôdas as legislações tributárias seriam obedientes, com grandes vantagens para a organização e para o funcionamento dos nossos diversos aparelhamentos fiscais.
>
> [...]
>
> Uma lei assim serviria, afinal, como de tecido conectivo entre a Constituição, por um lado, e as próprias leis tributárias, da Uniao, dos Estados e dos Municípios, pelo outro. E existe, realmente, entre aquelas e estas, um grande claro a preencher".

Na mesma linha e na mesma época, Goffredo da Silva Telles Jr., por ocasião da Assembleia Constituinte de 1946, destaca[272]:

> "Para sanar a disparidade existente na conceituação dos impostos só há um remédio: *a codificação tributária*.

---

271. CAMPOS FILHO, Paulo Barbosa de. "Codificação do Direito Tributário Brasileiro"..., cit., pp. 10-11.
272. Para mais referências sobre o movimento de codificação do direito tributário, cf. *Trabalhos da Comissão Especial do Código Tributário Nacional...*, cit., especialmente Exposição de Motivos n. 1.250, de 21.07.1954.

> Só um código, definindo e regulamentando cada espécie tributária, evitaria que um mesmo nome de impôsto seja atribuído a impostos diversos, ou que impostos considerados diversos incidam sôbre as mesmas fontes. O código tributário é uma garantia para o contribuinte e para o Poder Público".

O primeiro passo concreto em direção à codificação foi a previsão, na Constituição de 1946, da competência da União para legislar sobre "normas gerais de direito financeiro", no artigo 5º, inciso XV. Contudo, tão somente em 1953 essa inserção teve efeitos concretos: a formação de uma Comissão Especial composta por Rubens Gomes de Souza e diversos técnicos do Ministério da Fazenda, cuja tarefa seria elaborar um Projeto de Código Tributário Nacional, adotando-se como material para discussão o anteprojeto de autoria de Rubens Gomes de Souza[273]. O resultado foi a aprovação da Lei n. 5.172, apenas em 1966.

Por ocasião da publicação do Código, a Carta de 1946 ainda estava em vigor, **mas com uma alteração substancial no que se refere ao direito tributário**: no intervalo entre a formação da Comissão Especial e a publicação do Código, foi promulgada a Emenda Constitucional n. 18, de 1965, que introduziu à Constituição de 1946 um Sistema Tributário Nacional, cuja pretensão foi resolver todas as questões problemáticas que persistiram com a nova ordem constitucional, tal como o problema da superposição de competências, acima destacado[274]. Clóvis de Andrade Veiga destaca as principais

---

273. *Trabalhos da Comissão Especial do Código Tributário Nacional...*, cit., p. 6.
274. De acordo com o anteprojeto de Reforma da Discriminação Constitucional de Rendas, a origem da Emenda Constitucional n. 18 tem suas bases fundadas em duas premissas: "A primeira delas é a consolidação dos impostos de idênticas naturezas em figuras unitárias, definidas por via de referência às suas bases econômicas, antes que a uma das modalidades jurídicas que pudessem revestir. A segunda premissa é a concepção do sistema tributário como integrado no plano econômico e jurídico nacional, em substituição ao

alterações, dentre as quais se inclui a exclusão da competência concorrente entre União e Estados – foco dos muitos problemas do sistema tributário da época[275]:

> "a) transferência da competência do *Impôsto sôbre Exportação* da área estadual para a federal;
>
> b) retorno para a esfera estadual do *Impôsto sôbre Transmissão* 'inter vivos' que pela Emenda Constitucional n. 5 passara para a competência dos Municípios;
>
> c) substituição de denominação do *Impôsto de Consumo* pela de *Impôsto sôbre Produtos Industrializados*;
>
> d) substituição de denominação do *Impôsto sôbre Vendas e Consignações* pela de *Impôsto sôbre Circulação de Mercadorias*, com novas características em virtude de não ser cumulativo;
>
> e) criação dos *Fundos de Participação dos Estados e do Distrito Federal* e de *Participação dos Municípios*;
>
> f) extinção do *Impôsto de Indústrias e Profissões*;
>
> g) competência privativa da União na instituição de *Empréstimo Compulsório*;
>
> h) competência da União na alteração das alíquotas ou das bases de cálculo de impostos;
>
> i) eliminação da competência concorrente, prevista no art. 21 da Constituição de 1946".

No que se refere à forma segundo a qual a competência tributária seria exercida, o artigo 2º da Emenda prescrevia a observância aos princípios da legalidade e anterioridade (para os impostos sobre o patrimônio e a renda), além da vedação à limitação ao tráfego, no território nacional, por meio de tributos

---

critério, atual e histórico, de origem essencialmente política, da coexistência de três sistemas tributários autônomos, federal, estadual e municipal". *Reforma da Discriminação Constitucional de Rendas (anteprojeto).* Fundação Getúlio Vargas, Comissão de Reforma do Ministério da Fazenda, 1965, p. 5.
275. VEIGA, Clóvis de Andrade. *O Sistema Tributário na Constituição de 1967.* São Paulo: Revista dos Tribunais, 1967, p. 4.

interestaduais e intermunicipais. Além disso, havia ainda a previsão de algumas imunidades, como aquelas aplicáveis aos templos de qualquer culto, partidos políticos, etc. O artigo 3º completava o quadro dos princípios, ao enunciar que a União não poderia cobrar tributo que não fosse uniforme em todo território nacional, nem estabelecer discriminação tributária em função da origem ou destino do bem.

A publicação do CTN ocorreu em 1966, pela Lei n. 5.172, e nele estão incorporados muitos dos dispositivos da EC 18/1965. Os termos de referida Emenda Constitucional foram incorporados à Constituição de 1967, que recepcionou o CTN com *status* de lei complementar e já apresentava um sistema tributário mais parecido com aquele aprovado em 1988, ao menos no que se refere à discriminação das rendas.

De todo modo, a partir dessas breves considerações é possível perceber que a codificação do direito tributário se efetiva por conta da inadiável tarefa de estabelecer as fontes de receita de cada ente da Federação, de forma a evitar sobreposições e abusos dos Poderes Legislativos respectivos, como se vinha observando desde a Constituição do Império. Essa, pode-se dizer, **é a semente do Código Tributário Nacional; uma semente cuja base se relaciona intrinsecamente com a atividade política do Estado e, assim, com a necessidade de prover, de forma eficaz, recursos materiais para o sustento de cada um dos entes federados.**

Em 1988, com a promulgação da Constituição "cidadã", o Sistema Tributário ganha mais artigos e os contribuintes mais garantias. Nesse momento, a sistematização do direito tributário já havia alcançado 22 anos e o legislador já possuía material suficiente para construir um sistema tributário mais sólido e bem delimitado[276].

---

276. Para uma crítica do sistema tributário anterior à Carta de 1988 e as demandas que a Assembleia Constituinte deveria cumprir, confira-se: COÊLHO, Sacha Calmon Navarro. "O novo Sistema Tributário". *Revista de*

O artigo 150 da Constituição, além de contemplar os princípios da legalidade e anterioridade (agora, aplicável a todas as espécies tributárias), ainda compreende o princípio da não discriminação em matéria tributária (isonomia), a irretroatividade da lei tributária, o não confisco, dentre outras limitações ao poder de tributar. De outro lado, as competências tributárias estão absolutamente delimitadas e definidas, com a inserção, ainda, da figura das contribuições no artigo 149.

Tendo-se em vista a forma pela qual o direito tributário é incluído em âmbito constitucional pela Carta de 1988 e a consolidação, que tem início e se propaga com a vigência do CTN, da autonomia didática entre Direito Tributário e Direito Financeiro (além da superação teórica da Ciência das Finanças), a produção intelectual desse ramo, ao menos no que se refere às questões constitucionais, passa a se concentrar, em grande parte, no estudo e demarcação dos princípios constitucionais tributários. Evidente que a ampliação das garantias aos contribuintes foi resultado da evolução da prática tributária. Contudo, a partir de 1988, o direito tributário passou a ser lido muito mais pelas lentes dos princípios do que, propriamente, pela consideração da discriminação de rendas e, assim, da demarcação da competência tributária. Esse movimento

---

Direito Tributário, n. 36, São Paulo: Revista dos Tribunais, pp. 112-134. "A questão da Reforma Tributária coloca-se como tema central e fundante ante a Assembleia Constituinte, por muitos e variados motivos: a) por primeiro, sem **autonomia financeira formal e material** não há federalismo. De conseguinte será preciso viabilizar para Estados e Municípios recursos que os tornem autossuficientes; b) em segundo lugar cumpre, até para possibilitar a florescência do federalismo e da descentralização referida em (a), repartilhar as fontes de receitas tributárias, sem que isso signifique **um aumento da carga impositiva, global, já suficientemente elevada** não implicando a assertiva em dizer que o quadro fiscal ora existente não possa sofrer ajustes qualitativos e quantitativos. [...]; c) derradeiramente, faz-se necessário **resgatar o estado de cidadania do contribuinte**, reconstruindo todo o sistema jurídico de contenção ao poder de tributar, impiedosamente derruído nestes 20 anos de arbítrio e desrespeito". COÊLHO, Sacha Calmon Navarro. "O novo Sistema Tributário"..., cit., p. 114.

resulta em uma ruptura entre o direito tributário e os motivos pelos quais a disciplina normativa dos tributos evolui. A grande questão constitucional passa a ser a análise dos limites pelos quais a tributação pode ser exercida. Dessa feita, tem-se um esquecimento de que esses limites nada mais são do que **instrumentos** para a realização da autonomia financeira e política dos entes da Federação, que se verifica com a repartição rígida de competências tributárias.

Ainda que a discriminação de rendas não se confunda com o sistema tributário, como destaca Amílcar Falcão[277], não se pode negar que esse mesmo sistema tem suas bases fincadas nessa discriminação e por ela se explica. Essa afirmação fica claramente justificada pela rápida análise acima realizada, sobre a evolução do direito tributário nos textos das Constituições do Brasil. Além do mais, José Afonso da Silva corrobora essa hipótese ao afirmar[278]:

> "[a discriminação de rendas] Insere-se na técnica de repartição de competências entre as entidades federativas. Mas, no Brasil, o sistema tributário está dominado pelas normas discriminatórias das rendas. **Todo o sistema gira em tôrno da partilha do poder impositivo. E esta, por isso, revela-se como núcleo do sistema tributário nacional, com seus consectários da competência tributária, distribuição de receita e do federalismo cooperativo**".

Ademais, tendo-se em vista que esta tese considera que o direito tributário é, a um só tempo, constituído pelo e

---

277. "Discriminação de rendas é conceito inconfundível com sistema tributário. [...] Com efeito, por sistema tributário designa-se o conjunto dos tributos existentes em um estado, considerados seja nas suas recíprocas relações, seja quanto aos efeitos globalmente produzidos sôbre a vida econômica e social". FALCÃO, Amílcar. *Sistema tributário brasileiro...*, cit., pp. 26-27.
278. SILVA, José Afonso. *Tributos e normas de política fiscal na Constituição do Brasil*. São Paulo, 1968, p. 12.

constituidor do Estado, sempre por meio da linguagem, não faria sentido argumentar que a base do sistema tributário seriam os princípios, já que estes são representativos da limitação do poder de tributar que decorre da própria formação do Estado. Alegações como essas devem assumir a postulação de que as garantias constitucionais tributárias são antecedentes lógicos ao direito tributário e, nos termos das premissas deste trabalho, isso não faria sentido, já que somente se pode falar em garantias uma vez que se está diante do Estado e isso depende de um sistema tributário que possibilite a distribuição de receitas para a administração.

Esse entendimento também é compartilhado por Murphy e Nagel, que analisam a inviabilidade de se tecer críticas do direito tributário a partir de um "direito à propriedade". Como já ressaltado linhas acima, para os autores a propriedade somente existe dentro da realidade institucional do Estado, que, por sua vez, depende de tributos para se constituir. O problema, argumentam, é que a propriedade é uma instituição tão imbricada nas nossas vidas, que se torna praticamente invisível[279]:

> "É ilegítimo apelar para um mínimo de direitos de propriedade, na, digamos, "renda antes da tributação" [*pretax income*], com o propósito de avaliar políticas tributárias, quando todas essas figuras são o produto de um sistema no qual os tributos são uma parte inseparável. Não se pode justificar nem criticar um regime econômico tomando-se como uma norma independente algo que é, na verdade, uma de suas consequências".

---

279. "It is illegitimate to appeal to a baseline of property rights in, say, 'pretax income', for the purpose of evaluating tax policies, when all such figures are the product of a system of which taxes are an inextricable part. One can neither justify nor criticize an economic regime by taking as an independent norm something that is, in fact, one of its consequences". MURPHY, Liam, NAGEL, Thomas. *The Myth of Ownership*..., cit., p. 9.

Portanto, não é despropositado cogitar de uma concepção de direito tributário cujo primeiro elemento esteja na delimitação da competência tributária e, especialmente, nos porquês dessa delimitação. Caso se enxergue o direito tributário pelas vias da discriminação de rendas e não apenas dos princípios constitucionais tributários, o campo argumentativo possível para a justificação de casos nessa área se expande consideravelmente, sem que para isso seja necessário o retorno à Ciência das Finanças ou mesmo a introdução de elementos que seriam considerados "pré ou extrajurídicos", resultando na construção de um direito tributário invertebrado.

Contudo, caso se volte os olhos para o Sistema Tributário Nacional, nos termos em que delineado na Constituição, facilmente percebe-se que **há mais um dado que integra e justifica esse primeiro elemento da concepção**: trata-se da determinação das **espécies tributárias** pelas quais o exercício da tributação será realizado.

Partindo-se da hipótese de que o fundamento do sistema constitucional tributário está na necessidade de tributação, tendo-se em vista o papel financiador que os tributos exercem e que esse fundamento se manifesta normativamente pela delimitação das competências tributárias (ou, simplesmente, pela disciplina da discriminação de rendas), deve-se também indagar como referida função é **operacionalizada**. Essa resposta é dada pela própria Constituição, ao estabelecer as espécies tributárias possíveis. A análise desse tema, sob essa ótica, permite melhor interpretar as formas possíveis de tributação, além de compor a justificativa da hipótese ora desenvolvida: a de que uma das bases da tributação é a atividade financeira do Estado.

2.2. A dinâmica da obtenção de receitas: as espécies tributárias

Nos termos do artigo 145, o legislador atribui à União, aos Estados, ao Distrito Federal e aos Municípios competência para criarem *impostos, taxas* e *contribuições de melhoria*. Não obstante, mais adiante prevê duas outras formas de obtenção de receitas: os *empréstimos compulsórios*, de competência exclusiva da União, de acordo com o artigo 148, e as *contribuições*, que poderão ser criadas pela União (artigo 149, *caput*), pelos Estados, Distrito Federal e Municípios, quando se trate de criar tributos para financiar os respectivos sistemas previdenciários (artigo 149, § 1º) e pelos Municípios e Distrito Federal, para financiar o serviço de iluminação pública (artigo 149-A).

Acerca das formas de obtenção de receitas e o método de classificá-las, há um debate intenso e constante na doutrina[280], que decorre, basicamente, de dois fatos: (i) a redação do artigo 4º, inciso II do CTN, que descarta a destinação legal como elemento diferencial para a determinação da "natureza jurídica específica do tributo", e (ii) a redação do artigo 145 da Constituição, que seria o dispositivo que teria especificado as espécies tributárias e as limitou aos "impostos, taxas e contribuições de melhoria". Em verdade, para aqueles que se posicionam favoravelmente acerca da existência de apenas três espécies tributárias justificam essa postura no artigo 145 da Constituição, o qual, ao apenas tratar de "impostos, taxas e contribuições" corrobora e recepciona a redação do artigo 4º, inciso II do CTN[281].

Contudo, afirmações como essas apenas podem ser realizadas caso a opção metodológica de análise tenha sido aquela em que se desconsidera a finalidade segundo a qual os tributos são criados e o papel institucional que exercem na constituição do Estado. Isso porque tais posicionamentos

---

280. Nos termos em que mencionado acima: CARVALHO, Paulo de Barros. *Curso de Direito Tributário*..., cit., BARRETO, Paulo Ayres. *Contribuições*..., cit., TOMÉ, Fabiana Del Padre. *Contribuições para a Seguridade Social*..., cit. e GAMA, Tácio Lacerda. *Contribuição de Intervenção*..., cit.
281. Nesse sentido, além de Barros Carvalho: CARRAZZA, Roque Antonio. *Curso de Direito Constitucional Tributário*. São Paulo: Malheiros, 2006.

não admitem a inserção de dados relativos à despesa pública no estabelecimento de critérios para a identificação de quais prestações pecuniárias podem (e devem) ser classificadas como *tributo*. O corte epistemológico situa-se em momento anterior: na obtenção de receita, sem qualquer vínculo com a finalidade instrumental que os tributos assumem, seja na prática da atividade financeira do Estado, seja na própria constituição do Estado, como visto linhas acima. Por essa razão, referidas teorias não comportam a incorporação da figura das *contribuições* como espécie tributária autônoma, mas tão somente como uma variável possível de impostos, taxas ou contribuições de melhoria, haja vista, em cada ocasião específica, as características do fato gerador e da base de cálculo eleita.

De outro lado, teorias que incorporam as contribuições e empréstimos compulsórios como espécies autônomas o fazem a partir da consideração de outros critérios, distintos da análise do binômio "fato gerador e base de cálculo", que sejam aptos a incluir tais formas de obtenção de receita como tipo tributário independente dos impostos, taxas e contribuições de melhoria[282].

Conforme já alertado acima, este trabalho não pretende adentrar as peculiaridades de cada uma dessas teorias e nem sequer refutá-las diretamente, mas apenas destacar, no que for necessário para comprovação da hipótese, como tais temas podem auxiliar na delimitação de uma concepção diferente de direito tributário. No que se refere à classificação das espécies tributárias, caso se adote a premissa da qual esta tese parte, de que o direito tributário é, a um só tempo, constituído e constituidor do Estado, e que isso resulta da necessidade de o Estado encontrar meios materiais de financiamento, tem-se que o exercício da tributação (e, como decorrência necessária,

---

282. Nesse sentido: HORVATH, Estevão. "As contribuições na Constituição brasileira. Ainda sobre a relevância da destinação do produto da sua arrecadação". *Revista de Direito Tributário*, n. 100, São Paulo: Malheiros, pp. 122-129, BARRETO, Paulo Ayres. *Contribuições...*, cit. e TOMÉ, Fabiana Del Padre. *Contribuições para a Seguridade Social...*, cit.

as formas de obtenção de receitas) não pode ser pensado senão a partir das finalidades pelas quais a expropriação do patrimônio do particular ocorre. Por essa razão, não haveria qualquer idiossincrasia cogitar da destinação do tributo como critério para a identificação de uma espécie tributária distinta daquelas previstas no artigo 145 da Constituição. Nesse sentido, inclusive, é possível até refletir sobre a possibilidade de uma interpretação que harmonize ambos os dispositivos[283], caso se estabeleça uma diferença entre os diferentes níveis de destinação da receita. Contudo, como esse não é o objeto específico da obra, o que importa é ressaltar que a assunção de que o direito tributário é resultado e criador do Estado e que a sua disciplina normativa decorre da necessidade de angariar recursos para os fins que o Estado persegue, resulta, sem problemas teóricos, na consideração das contribuições e dos empréstimos compulsórios como espécies dotadas de autonomia no sistema, ao lado dos impostos e taxas[284].

2.3. Algumas conclusões preliminares

A partir das considerações acima despendidas, cumpre retomar o primeiro elemento da concepção de direito tributário proposta, exatamente para verificar se a hipótese foi devidamente testada e comprovada: trata-se da *prática normativa relativa à criação, cobrança, fiscalização e pagamento de tributos que se justifica em face da necessidade de os particulares fornecerem meios materiais para o Estado cumprir com suas tarefas básicas, como segurança e ordem interna.*

---

283. PISCITELLI, Tathiane dos Santos. "Uma proposta harmonizadora para o tema da destinação: análise a partir do PIS e da COFINS". *In*: Instituto Brasileiro de Estudos Tributários. (Org.). *Direito Tributário, Linguagem e Método: As grandes disputas entre jurisprudência e dogmática na experiência brasileira atual.* São Paulo: Noeses, 2008, p. 949-969.
284. Entende-se que a espécie "contribuição" compreende tanto as contribuições do artigo 149 (*caput* e parágrafo 1º) quanto a contribuição do artigo 149-A e assim também as contribuições de melhoria.

Diante de todo o exposto, já é possível afirmar que a delimitação da competência tributária informa o tronco central do primeiro elemento da concepção, pois será pelas normas de competência (legislativa) que os entes da Federação poderão, justificada e legitimamente, exigir tributos dos particulares. A definição das espécies tributárias é uma questão que complementa o exercício da competência e, portanto, situa-se no mesmo nível daquela; trata-se de saber mediante quais instrumentos específicos a tarefa de angariar receitas será realizada. Nos termos das considerações despendidas neste item, a concepção de direito tributário que esta tese entende defensável incorpora, sem a necessidade de muitas manobras teóricas, a existência de pelo menos quatro espécies tributárias: impostos, taxas, contribuições e empréstimos compulsórios.

Sendo assim, o primeiro passo para a construção da concepção ora proposta já foi dado: tem-se por suficientemente testada e justificada a hipótese de que o fundamento do direito tributário se encontra no sistema de discriminação de rendas constante da Constituição de 1988 (que nada mais é do que o resultado da evolução da disciplina normativa desse tema desde a Constituição de 1891). Contudo, esse é, apenas, o primeiro passo. Faz-se necessário agora, para completar o desenho da concepção, discorrer sobre as formas e limites segundo os quais o exercício da competência tributária será implementado e, assim, tratar do papel que os princípios, imunidades e determinação das bases impositivas jogam na demarcação dessa concepção. Passa-se, portanto, a um outro bloco de justificativas: aquelas estritamente dogmáticas, que apresentam a relação entre o direito tributário e o Estado democrático de direito no Brasil.

3. Segundo elemento da concepção: o direito tributário como meio assecuratório do Estado democrático de direito

Dado o passo inicial, de identificar a discriminação de competências como a base do primeiro elemento da concepção, deve-se perguntar sob quais condições a competência tributária pode ser exercida. Uma indagação como essa remete à consideração da forma de Estado que a Constituição da República de 1988 elege.

Nos termos do artigo 1º da Constituição, o Brasil constitui-se em um Estado Democrático de Direito, cujos fundamentos são: a soberania, a cidadania, a dignidade da pessoa humana, os valores sociais do trabalho e da livre iniciativa, o pluralismo político e a criação de leis por representantes democrática e diretamente eleitos. A manutenção e existência desse Estado, como visto acima, depende da tributação. A discriminação de competências na Constituição e a indicação das respectivas espécies tributárias provê parte consideravelmente relevante dos meios materiais pelos quais o Estado se sustenta.

Contudo, a indicação de tais meios materiais, apesar de ser suficiente para a constituição e permanência do Estado, não basta para garantir a efetivação do Estado Democrático de Direito; sua existência e implementação dependem, em primeiro lugar, de normas que garantam a justa tributação, seja do ponto de vista formal, seja do ponto de vista material. Ora, se o direito tributário é, a um só tempo, constituído e constituidor do Estado, estando-se diante de um Estado Democrático de Direito, tem-se que a função do direito tributário não é, apenas, garantir receitas para a manutenção da máquina administrativa, mas, na mesma medida, assegurar a efetivação da forma de Estado escolhida pelo constituinte (e formada pela própria tributação). Dessa feita, na delimitação de uma concepção de direito tributário que considere um dado ordenamento jurídico, não se pode ignorar o modelo segundo o qual o Estado foi constituído e como o exercício da tributação auxilia na perseguição dos objetivos dele, Estado.

Com isso se quer afirmar que, apesar de a aproximação inicial da concepção de direito tributário aqui defendida ser a necessidade de obter receitas para assegurar a continuidade do Estado e a prestação de serviços públicos, o exercício da tributação não pode ser realizado de qualquer maneira. O direito tributário tem, assim, outra função, agregada à primeira: a de garantir a efetivação do Estado Democrático de Direito. Isso implica o exercício da competência tributária vinculado à observância de princípios formais e materiais, cujo objetivo, em um sentido lato, é realizar a justiça fiscal.

Antes de estabelecer as formas pelas quais se entende que a justiça fiscal é realizada pelo direito tributário e, ainda, apontar a medida em que tais instrumentos informam a presente concepção, cumpre fazer algumas considerações breves sobre a definição de "Estado Democrático de Direito".

A expressão "Estado de Direito" refere-se à organização estatal em que os poderes dos governantes são limitados pelas normas jurídicas – trata-se de modelo oposto ao Estado de Polícia ou ao Estado Iluminista, em que todo o poder ficava concentrado nas mãos do monarca, cujas possibilidades de ações eram ilimitadas; a ordem jurídica não se lhe aplicava e os fins do Estado eram por ele determinados. Em um Estado de Direito, contudo, é o *direito* que orienta a conduta de governantes e governados. A diferença específica entre um Estado de direito e um Estado Democrático de Direito é que no segundo a atuação dos governantes está limitada pelo direito através de normas promulgadas, em sentido amplo, pelo povo. Em outras palavras: o direito que limita a atuação dos governantes está positivado em comandos (dentro dos quais pode-se ter uma Constituição) aprovados por representantes do povo, eleitos democraticamente. Trata-se de uma limitação qualificada ao poder estatal – não basta a existência de leis que disciplinem suas ações; são necessárias normas jurídicas aprovadas de forma representativa e, portanto, democrática, pelas quais o poder está legitimado. Essa é a concepção de Canotilho, que se incorpora à tese, para fins de detalhamento dos princípios tributários que informam a concepção de direito tributário aqui tratada[285]:

> "O Estado constitucional é 'mais' do que Estado de direito. O elemento democrático não foi apenas introduzido para 'travar' o poder (*to check the power*); foi também reclamado pela necessidade de *legitimação* do mesmo poder (*to legitimize State power*). [...] Assim, o princípio da soberania popular, concretizado segundo procedimentos juridicamente regulados, serve de 'charneira' entre o 'Estado de direito' e o 'Estado democrático', possibilitando a compreensão da moderna fórmula *Estado de Direito Democrático*".

Mais adiante, Canotilho destaca que o Estado (Democrático) de Direito possui um mínimo normativo, que se revela pelo seguinte conteúdo: supremacia da Constituição, divisão dos poderes, princípio da legalidade da administração, independência dos tribunais e vinculação respectiva à lei, e universalidade da jurisdição. Confira-se[286]:

> "[...] os elementos considerados como *momentos formais do estado de direito* são: (1) o princípio da constitucionalidade e correlativo princípio da supremacia da constituição; (2) *divisão dos poderes*, entendida como princípio impositivo da vinculação dos actos estatuais a uma competência, constitucionalmente definida e da ordenação relativamente separada de funções; (3) *princípio da legalidade da administração*; (4) *independência dos tribunais* (institucional, funcional e pessoal) e *vinculação do juiz à lei*; (5) *garantia da protecção jurídica e abertura da via judiciária* para assegurar ao cidadão o acesso ao direito e aos tribunais".

---

285. CANOTILHO, José Joaquim Gomes. *Direito Constitucional e Teoria da Constituição*. Coimbra: Almedina, 2003. P. 100.
286. CANOTILHO, José Joaquim Gomes. *Direito Constitucional...*, cit., p. 255.

Finalmente, como forma de realização do Estado de Direito e, assim, desse mínimo normativo, Canotilho trata de alguns "subprincípios concretizadores", dentre os quais se encontram: (i) legalidade, (ii) segurança jurídica e proteção da confiança dos cidadãos; (iii) proporcionalidade (proibição de excesso) e (iv) proteção jurídica e garantias processuais[287].

Aplicando-se essas considerações ao modelo brasileiro, nosso Estado Democrático de Direito se revela, em primeiro lugar e conforme já mencionado, pela redação do artigo 1º da Constituição:

> "Art. 1º A República Federativa do Brasil, formada pela união indissolúvel dos Estados e Municípios e do Distrito Federal, constitui-se em Estado Democrático de Direito e tem como fundamentos:
>
> I – a soberania;
>
> II – a cidadania;
>
> III – a dignidade da pessoa humana;
>
> IV – os valores sociais do trabalho e da livre iniciativa;
>
> V – o pluralismo político.
>
> Parágrafo único. Todo o poder emana do povo, que o exerce por meio de representantes eleitos ou diretamente, nos termos desta Constituição".

Os objetivos de um Estado Democrático de Direito podem ser realizados em dois níveis: formal e materialmente. Do ponto de vista formal e considerando uma perspectiva exclusivamente tributária, normas que contenham comandos relativos à observância da (i) legalidade, (ii) isonomia, (iii) irretroatividade, (iv) anterioridade e (v) do aspecto objetivo da capacidade contributiva são realizadoras de tais objetivos.

---

287. CANOTILHO, José Joaquim Gomes. *Direito Constitucional...*, cit., pp. 256-278.

ARGUMENTANDO PELAS CONSEQUENCIAS NO DIREITO TRIBUTÁRIO

Do ponto de vista material e também a partir de uma análise tributária, deve-se indicar como assecuratórias do Estado Democrático de Direito comandos relativos: (i) ao aspecto subjetivo da capacidade contributiva, (ii) à proibição do confisco – que, em verdade, complementa a capacidade contributiva, (iii) à observância da justiça distributiva na determinação dos ônus e bônus da tributação, dado que se revela pela análise específica de alguns princípios (por exemplo, discriminações favoráveis à distribuição de renda) e de bases impositivas (por exemplo, tributação de grandes fortunas).

Ainda que essas alegações tenham pretensão universal e, portanto, visem descrever como o direito tributário se manifesta em Estados Democráticos de Direito, para os fins deste trabalho, deve-se adequá-las e aplicá-las ao ordenamento brasileiro, com a finalidade de indicar, ao final, o conteúdo material possível dos argumentos consequencialistas em direito tributário.

Para tanto, as justificativas da hipótese aqui testada serão apresentadas em dois blocos. Primeiro, tratar-se-á dos **elementos formais do Estado democrático de direito** realizados pelo direito tributário, para, após, partir para a **análise material** e, assim, para a determinação do conteúdo mínimo necessário das normas tributárias. Em ambas as etapas, quer-se demonstrar que a justiça fiscal (genericamente considerada) é um elemento intrínseco ao Estado Democrático de Direito e, assim, à concepção de direito tributário aqui defendida. A medida de realização dessa justiça se verifica pela existência de comandos constitucionais que a visam, nos termos explicitados a seguir. O foco central (mas não exclusivo) de tais análises e que, portanto, integrará a concepção proposta, estará na figura dos princípios. Antes de iniciar o estudo específico desses dois blocos de argumentos, cumpre tecer algumas considerações sobre essas figuras e especificar ainda mais o método pelo qual a presente hipótese será testada.

3.1. Detalhamento do teste da hipótese: princípios, imunidades e o papel dessas normas na formação da concepção de direito tributário proposta

A Constituição de 1988, diferente de todas as outras que a antecederam, previu um extenso rol de restrições aplicáveis ao exercício da tributação, que se revelam ou nos "princípios constitucionais tributários" ou nas "imunidades".

No que se refere aos princípios, de um ponto de vista geral, esta obra adota a orientação de que se trata de normas jurídicas, estruturadas em antecedente e consequente e veiculam um de dois tipos de prescrição: ou se está diante de limites objetivos ao exercício da tributação pelo Estado, tal como se vê na anterioridade e irretroatividade tributárias, ou se está diante de valores veiculados pelo texto constitucional e positivados na forma de princípios. No primeiro caso, trata-se de comandos que se revelam como instrumentos para atingir determinados fins, podendo, eles mesmos, ser absolutamente determinados. Um exemplo já mencionado é a anterioridade: a determinação normativa é bastante específica e imediatamente aplicável, com o objetivo de garantir segurança jurídica aos contribuintes. De outro lado, os princípios que veiculam valores são de difícil mensuração e estabelecem a observância de uma meta ou fim, como acontece com o não-confisco, em que não há um limite fixado para se estabelecer até qual momento se tem uma tributação razoável e a partir de quando tem início o confisco.

Essa percepção dos princípios, rapidamente resumida aqui, é encontrada em Barros Carvalho, para quem[288]:

---

288. CARVALHO, Paulo de Barros. *Curso de Direito Tributário...*, cit., p. 141. Ainda sobre esse tema, cf. CARVALHO, Paulo de Barros. "O princípio da segurança jurídica". *Revista de Direito Tributário*, n. 61, São Paulo: Malheiros, pp. 74-90 e CARVALHO, Paulo de Barros. "Sobre os princípios constitucionais tributários". *Revista de Direito Tributário*, n. 55, São Paulo: Revista dos Tribunais, pp. 143-155.

"Em Direito, utiliza-se o termo 'princípio' para denotar as regras de que falamos, mas também se emprega a palavra para apontar normas que fixam importantes critérios objetivos, além de ser usada, igualmente, para significar o próprio valor, independentemente da estrutura a que está agregado e, do mesmo modo, o limite objetivo sem a consideração da norma. Assim, nessa breve reflexão semântica, já divisamos quatro usos distintos: *a*) como norma jurídica de posição privilegiada e portadora de valor expressivo; *b*) como norma jurídica de posição privilegiada que estipula limites objetivos; *c*) como valores insertos em regras jurídicas de posição privilegiada, mas considerados independentemente das estruturas normativas; e *d*) como limite objetivo estipulado em regra de forte hierarquia, tomado, porém, sem levar em conta a estrutura da norma. Nos dois primeiros, temos 'princípio' como 'norma'; enquanto nos dois últimos, 'princípio' como 'valor' ou como 'critério objetivo'".

Já as imunidades representam delimitações no desenho da competência tributária, uma vez que estabelecem proibições, dirigidas aos legisladores, relativa à criação de determinados tributos relativos às certas situações previstas no texto constitucional. Ainda de acordo com Barros Carvalho, que tece severa crítica aos estudos sobre imunidade tributária até então conduzidos, a imunidade prescreve a **incompetência** dos entes para tributar e não propriamente uma exclusão da competência "anteriormente" existente[289]:

---

289. CARVALHO, Paulo de Barros. *Curso de Direito Tributário...*, cit., p. 178. No mesmo sentido, Misabel Derzi: "A imunidade é regra constitucional expressa (ou implicitamente necessária) que estabelece a não-competência das pessoas políticas da Federação para tributar certos fatos e situações, de forma amplamente determinada, delimitando negativamente, por meio de redução parcial, a norma de atribuição de poder tributário. DERZI, Misabel Abreu Machado. "Revisitando a imunidade recíproca, o princípio federal e a autonomia dos Municípios". *Revista de Direito Tributário*, n. 100, São Paulo: Malheiros, pp. 53-78.

> "[o conceito de imunidade tributária é] *a classe finita e imediatamente determinável de normas jurídicas, contidas no texto da Constituição Federal, e que estabelecem, de modo expresso, a incompetência das pessoas políticas de direito constitucional interno para expedir regras instituidoras de tributos que alcancem situações específicas e suficientemente caracterizadas*".

Considerando essa rápida introdução, já é possível afirmar que tanto os princípios quanto as imunidades estabelecem limites para o exercício da competência tributária. Todavia, quando se fala em *limites*, neste contexto, não se pretende adentrar a discussão relativa aos efeitos da imunidade nas normas de competência (limitam, delimitam ou excluem?), nem ao menos afirmar que todos os princípios são limites objetivos e não valores. O termo *limite*, aqui, é utilizado da forma mais usual possível e não implica a incorporação de posições teóricas como essas referidas. Com tal expressão, quer-se apenas sublinhar que **a atividade de obtenção de receitas, que se dá pelo exercício da competência tributária, nos termos em que estabelecido pela Constituição e a partir das espécies de tributos lá contempladas, não é incondicionada e, assim, prevalecente sobre qualquer outro direito.** Há limites constitucionalmente previstos, que integram a concepção de direito tributário aqui defendida. Por essa razão, críticas relativas a uma suposta supervalorização da atividade financeira do Estado e da necessidade de angariar recursos em detrimento dos direitos dos contribuintes seriam improcedentes, pois **este trabalho não parte da consideração de que os direitos dos contribuintes devem ficar relegados a segundo plano diante de alegações relativas à necessidade de arrecadação**. Muito pelo contrário. As normas constitucionais que estabelecem princípios e imunidades tributárias auxiliam no desenho da concepção e, assim, não podem ser ignoradas. O ponto importante a se destacar é que essas normas têm um lugar muito específico na construção desta forma de olhar o direito tributário: elas não estão no centro da concepção, como atualmente se defende. Elas integram os instrumentos pelos quais o direito tributário se coloca em prática, pois apenas fazem sentido dentro de uma realidade institucional específica: o Estado. Ora, sendo a tributação constituída e constituidora do Estado, a análise dos princípios e imunidades e, mais genericamente, dos limites a partir dos quais ela será exercida depende não apenas da discriminação de rendas, mas também do fato de que visam a realizar um certo modelo de Estado (Democrático de Direito).

São, portanto, comandos instrumentais e essa postura conduz à afirmação de que os princípios e imunidades, isoladamente considerados, não assumem um papel central nesta concepção de direito tributário. Apesar disso, não é possível dizer que tais normas ficam subjulgadas ou excluídas da construção que se pretende elaborar. Conforme salientado, elas devem ser estudadas não apenas porque revelam a medida pela qual a competência tributária será exercida e, assim, complementam o desenho da concepção, mas igualmente porque sua observância assegura a tributação de acordo com o Estado democrático de direito.

Contudo, exatamente para que não se corra o risco de adentrar em considerações que não seriam relevantes para o objetivo da obra, não será o intento deste item tratar, com detalhes, de cada um dos princípios e imunidades tributárias. Pretende-se abordar tais temas na exata medida em que influenciam na determinação da concepção ora proposta e isso implica o agrupamento de referidas normas em dois blocos, já adiantados acima: (i) normas que realizam e asseguram o Estado democrático de direito do ponto de vista formal e (ii) normas que estabelecem o conteúdo material da tributação e, assim, buscam a realização do Estado Democrático de Direito por outras vias, como aquela relativa à função distributiva do direito tributário.

As normas que se encaixam no primeiro bloco, reitere-se, agora considerando o texto constitucional brasileiro, são aquelas relativas aos princípios da legalidade, isonomia, anterioridade e irretroatividade no direito tributário, além da capacidade contributiva em seu aspecto objetivo, genericamente previstos nos artigos 145, § 1º e 150, incisos I, II, III, alíneas *a*, *b* e *c*, respectivamente. De outro lado, a função distributiva do direito tributário é veiculada pelos princípios da capacidade contributiva em seu sentido objetivo, do não-confisco e da uniformidade geográfica, nos termos dos artigos 145, 150, inciso IV e 151, inciso I, parte final, todos da Constituição, além, ainda de ser possível identificar essa função em outras normas, como aquelas relativas à progressividade de alguns impostos e à delimitação material das bases impositivas.

Desde logo já é possível notar duas tomadas de posição ao dividir certas normas constitucionais nos dois blocos mencionados: a primeira é que apenas se considera, nesta construção, as normas do Sistema Tributário Nacional – não há menção a outros princípios, tais como aqueles previstos no artigo 5º e incisos da Constituição. Essa postura decorre de uma exigência prática: o objetivo da tese, reiteradamente relembrado, é demarcar uma dada concepção de direito tributário para, a partir dela, estabelecer o conteúdo possível dos argumentos consequencialistas nesta área. Entende-se que para a construção dessa concepção basta a análise das normas constitucionais especificamente aplicáveis ao direito tributário, e com tal atitude não se corre o risco de reduzir demasiadamente o âmbito de identificação da matéria, pois se parte da percepção de que outros princípios constitucionais "gerais", como universalidade da jurisdição, devido processo legal, direito ao sigilo, ampla defesa, contraditório, etc., quando aplicados ao direito tributário deverão ser lidos às luzes daquele ramo do direito e daquele conjunto normativo específico. Assim, é evidente que ao se afirmar que a legalidade é um dado relevante para a concepção de direito tributário que se propõe não há a negativa da possibilidade de o contribuinte acionar o Judiciário na busca da declaração de ilegalidade ou inconstitucionalidade de um determinado tributo, nem sequer a importância desse princípio. Contudo, **como se pretende identificar apenas os elementos que, de forma definitiva e invariável, compõem aquela concepção**, alguns princípios ficarão de fora das considerações a seguir despendidas, sob pena de ampliar desnecessariamente a busca pela comprovação da hipótese da obra.

A segunda tomada de posição refere-se ao fato de que, mesmo dentro das normas que integram o Sistema Tributário Nacional, nem todas estão contempladas na divisão apresentada e nada se diz acerca das imunidades. Isso decorre da mesma postulação acima esclarecida: nem todas as normas constitucionais tributárias são relevantes para a determinação da concepção proposta – sem que isso implique descartar a importância dos demais princípios e imunidades tributárias. O que se quer afirmar é que **tais normas não são determinantes e necessárias para o desenho da concepção que se defende existir, qual seja, aquela segundo a qual o exercício da tributação justifica-se pela necessidade de obtenção de receitas para o Estado, condicionada pela observância de critérios de justiça fiscal**. Tais critérios manifestam-se pelo fato de o direito tributário também ser um instrumento de realização do Estado democrático de direito e parte essencial de um ordenamento jurídico justo. Isso não implica negar que o direito tributário possa assumir outras finalidades, tais como aquelas relativas à garantia e à preservação da liberdade religiosa, possibilitada, em grande medida, pela imunidade prevista no artigo 150, inciso VI, alínea *b*, da Constituição, porém, tão somente, que a presente concepção não se preocupa com essas funções acidentais, mas apenas com o núcleo irredutível da prática tributária, da forma como ela se apresenta no texto constitucional. A não incidência de impostos sobre templos de qualquer culto, apesar de ser essencial para viabilizar a liberdade religiosa e, em um sentido lato, o Estado Democrático de Direito, não revela nada sobre o direito tributário, sobre como o exercício da tributação ocorrerá, com quais objetivos centrais e a partir de quais premissas.

Por esse motivo, **estarão identificados nos dois blocos acima referidos apenas as normas que são efetivamente relevantes para a identificação da concepção ora apresentada**. Ao final das considerações realizadas em cada um desses blocos entende-se que se terá dado mais um passo à frente no detalhamento da concepção de direito tributário que se quer construir.

3.2. Realização do aspecto formal do Estado democrático de direito: legalidade, isonomia, anterioridade, irretroatividade e capacidade contributiva

a) Legalidade

Partindo-se da postulação de que o pilar fundamental em um Estado Democrático de Direito é a criação de normas de acordo com um processo democrático e participativo, é possível dizer que o princípio da legalidade na tributação pode ser entendido como pilar de todos os outros mencionados que, do ponto de vista formal, asseguram o referido modelo de Estado. A esse respeito, vale citar o entendimento de Misabel Derzi[290]:

> "Ora, o que, portanto, significa a expressão 'Estado Democrático de Direito'? Acabamos de ver que não é uma expressão meramente de forma de governo, é uma expressão que significa sistema político, vale dizer, existe necessariamente a forma, não se fala em democracia sem co-deliberação e co-decisão da sociedade que se auto-ordena e que se põe a ordem jurídica, a tributação por meio da lei. Sem isto não há democracia, mas ao lado da forma, dentro dela, dentro

---

290. DERZI, Misabel de Abreu Machado. "Princípio da praticabilidade do direito tributário (segurança jurídica e tributação)". *Revista de Direito Tributário*, n. 47, São Paulo: Revista dos Tribunais, pp. 166-179.

deste vaso, dentro deste pote a que se referia Pontes de Miranda, a Constituição colocou algum conteúdo, dotou já de algum conteúdo esse pote necessariamente obrigatório. E quando se pergunta: segurança, como? Liberdade, como? Igualdade, como? Mediante lei!"

Nos termos do artigo 150, inciso I da Constituição, o aumento ou criação de tributos somente poderá ser veiculado por lei. Tendo-se em visa que a instituição ou modificação de tributos depende ou da alteração ou da previsão exaustiva de todos os critérios da regra-matriz de incidência tributária (leia-se: conduta passível de tributação, informada pelas condicionantes de tempo e espaço, base de cálculo e alíquota eleitas, além dos sujeitos que irão compor os polos ativo e passivo da relação jurídica tributária), conclui-se que referido princípio pressupõe, também, a tipicidade fechada no direito tributário e representa uma especificação da legalidade contida no artigo 5º, inciso II da Constituição.

De outro lado, tendo-se em vista que apenas o Poder Legislativo é competente para editar leis e que tal Poder é composto por representantes do povo, eleitos democraticamente, tem-se que a legalidade no direito tributário se coloca como uma instrumento auxiliar na efetivação do Estado Democrático de Direito e, pois, apenas tributos assim criados serão passíveis de serem exigidos legitimamente.

Nesse momento, pode surgir a indagação relativa tanto à criação de tributos por meio de medidas provisórias quanto à possibilidade de alterações de alíquotas dos impostos de importação, exportação, IPI e IOF via Decreto do Poder Executivo. No que se refere ao segundo tema, entende-se, juntamente com Ataliba, que o disposto no artigo 153, § 1º da Constituição corrobora o princípio da legalidade, ao invés de representar uma exceção a ele. Isso porque o âmbito de atuação do Poder Executivo quanto à modificação das alíquotas desses impostos depende dos parâmetros estabelecidos em *lei*; as medidas do Executivo estão subordinadas e são dependentes da lei[291]:

> "Na verdade, o *Executivo não pode nada*. Pela nossa Constituição o legislador é que *pode*, nesses casos, estabelecer o máximo e o mínimo, permitindo que o Executivo varie; se o legislador não der isso, o Executivo não poderá variar. Isso é preciso que fique claro, porque essa tônica decorre da arrumação das coisas, e não das coisas individualmente consideradas; decorre do sistema que tem espírito e diretrizes, que são os seus princípios".

Já em relação às medidas provisórias, se se afirma que apenas o Poder Legislativo tem competência para editar leis e, pois, criar tributos, como explicar, a partir da concepção ora desenvolvida, a introdução e modificação de tributos por tal via? A resposta é simples: a Constituição, ao disciplinar os instrumentos e métodos pelos quais se dá a introdução de normas no ordenamento jurídico, previu duas situações excepcionais: as medidas provisórias e as leis delegadas. Em ambos os casos, a utilização desses instrumentos ficaria restrita às situações e condições previstas nos dispositivos constitucionais pertinentes.

O legislador constituinte, no artigo 62, estabeleceu que as medidas provisórias seriam cabíveis apenas diante de situações de relevância e urgência. Por óbvio, salvo em casos muito específicos, como aqueles de guerra externa ou sua iminência, a criação ou o aumento de tributos não se revela como uma situação de "relevância e urgência" – e com isso não se nega que a receita a ser obtida com a tributação seja relevante, mas tão-somente que os casos em que

---

291. ATALIBA, Geraldo. "Limitações Constitucionais ao Poder de Tributar". *Revista de Direito Tributário*, n. 62, São Paulo: Malheiros, pp. 111-132.

a instituição ou majoração de tributos se manifesta como "relevante e urgente" são limitadíssimos e não podem ser vistos como regra. Nesse exato sentido é o entendimento de Barros Carvalho[292]:

> "[...] Medida Provisória, dada a sua precariedade, é uma medida – como o nome está dizendo – que ingressa provisoriamente, para atender a efeitos de urgência e de relevância. Isto não se coaduna, não se compartilha com esta conquista secular de que os tributos têm de contar com o assentimento do povo, com o assentimento dos eleitores, para que se estabeleça o ordenamento jurídico de um país, no caso o Brasil".

Sendo assim, a interpretação que se confere ao princípio da legalidade em matéria tributária é bastante restrita: trata-se de prescrição constitucional que visa efetivar o Estado Democrático de Direito e legitimar exigência de tributos, o que se realiza pela criação de leis pelo Poder Legislativo – órgão competente para a introdução de normas no sistema. As Medidas Provisórias apenas serão aceitas e consoantes com a concepção proposta se observada a literalidade dos requisitos do artigo 62 da Constituição, de forma que uma Medida Provisória que crie ou aumente tributos apenas estará legitimada e, pois, de acordo com os ditames do Estado Democrático de Direito que o comando da legalidade implementa se inexoravelmente presentes os pressupostos para a sua edição. Caso contrário, estar-se-á diante de um instrumento normativo desprovido de validade e que refuta as funções democráticas e legitimadoras que o processo legislativo possui – a despeito da

---

292. CARVALHO, Paulo de Barros. "Medidas provisórias em matéria tributária". *Revista de Direito Tributário*, n. 75, São Paulo: Malheiros, pp. 162-170. No mesmo sentido: DERZI, Misabel de Abreu Machado. "Medidas provisórias: sua absoluta inadequação à instituição e majoração de tributos". *Revista de Direito Tributário*, n. 45, São Paulo: Revista dos Tribunais, pp. 130-142.

posição do Supremo Tribunal Federal acerca da criação de tributos por tais medidas[293].

b) *Isonomia*

Em relação ao segundo princípio que informa o conteúdo da concepção de direito tributário ora apresentada e que se refere à realização de aspectos formais do Estado Democrático de Direito, tem-se que a igualdade não está apenas genericamente prevista no artigo 5º, *caput* da Constituição, a exemplo do que ocorre com a legalidade, mas também enunciada no Preâmbulo da Carta Constitucional como um dos valores supremos que norteiam o Estado Democrático então instituído. Em complementação, o Sistema Tributário Nacional contempla algumas especificações de tal princípio.

---

293. Medida Cautelar na Ação Direta de Inconstitucionalidade n 1.667, Tribunal Pleno, Relator Ministro Ilmar Galvão, julgamento em 25.09.1997, DJ 21.11.1997. Sobre o tema, considerando a redação da Constituição antes da Emenda Constitucional n. 32/2000, Humberto Ávila destaca: "Apesar de as decisões iniciais do Supremo Tribunal Federal terem fornecido uma interpretação restritiva, no sentido de permitir a edição de medidas provisórias em casos extraordinários, as recentes decisões não apenas permitiram sua edição quase sem limites materiais, como também aceitaram sua reedição ininterrupta, mesmo quando a medida provisória anterior não tenha sido convertida em lei no prazo de trinta dias (art. 62). [...] Os princípios e regras que decorrem do sobreprincípio do Estado de Direito, para assegurar segurança jurídica e democracia (arts. 1º, 5º e 150, I e II), e os requisitos constitucionais ('Em caso de relevância e urgência') não receberam conteúdo normativo no caso da delimitação da competência para a edição das medidas provisórias. Isso demonstra que o significado protetivo do princípio da legalidade da tributação, apesar de expressamente estabelecido pela Constituição, que o coloca como espécie de 'limitação' (art. 150, I, em conjunto com o art. 5º, II), foi diminuído pelo Poder Judiciário. O Supremo Tribunal Federal permitiu, de fato, a instituição regular de tributos por medidas provisórias". ÁVILA, Humberto. *Sistema Constitucional Tributário*. São Paulo: Saraiva, 2008, pp. 127-128.

Inicialmente, e como diretriz mais geral da isonomia em matéria tributária, determina o artigo 150, inciso II da Constituição estar vedada a instituição de "tratamento desigual entre contribuintes que se encontrem em situação equivalente, proibida qualquer distinção em razão de ocupação profissional ou função por eles exercida, independentemente da denominação jurídica dos rendimentos, títulos ou direitos". Em complementação a esse comando, o legislador constituinte ainda estabeleceu, nos artigos 151, inciso I e 152 duas outras proibições relacionadas com a isonomia: a primeira, relativa à impossibilidade de a União criar tributos que não sejam uniformes em todo o território nacional ou "que implique distinção ou preferência em relação a Estado, ao Distrito Federal ou a Município, em detrimento de outro", salvo a situação ressalvada na parte final do dispositivo, que será objeto de análise do item seguinte; e a segunda referente à vedação dirigida aos Estados, Distrito Federal e Municípios no estabelecimento de diferença tributária entre bens e serviços, tendo-se como critério a procedência ou destinos respectivos.

A isonomia é determinante da tributação segundo o Estado Democrático de Direito porque revela uma limitação positiva ao exercício da tributação pela administração; não se trata da igualdade como fim a ser atingido (identificável apenas na última parte do artigo 151, inciso I, que não será estudado nesse momento), mas como um bloqueio às ações estatais, nas palavras de Tércio Sampaio Ferraz Jr.[294]:

> "[...] nós teríamos que aceitar que a noção de igualdade na Constituição tem dois usos fundamentais e por meio desses dois usos nós poderíamos chegar a critérios interpretativos diferentes das diversas questões que são

---

294. FERRAZ JR., Tércio Sampaio. "Princípio da Igualdade no Sistema Tributário". *Revista de Direito Tributário*, n. 58, São Paulo: Revista dos Tribunais, pp. 204-208.

atravessadas pelo chamado princípio da igualdade. Eu distinguiria aqui entre um uso de bloqueio e um uso de realização legitimante, um uso de bloqueio e um uso de finalidade. O uso de bloqueio na interpretação afirma a igualdade e daí decorre uma série de vedações: não se pode fazer isso, não se pode fazer aqui, é vedado discriminar aqui, é vedado discriminar tributos neste e naquele sentido, etc.".

Ora, se o Estado Democrático de Direito se caracteriza exatamente pela existência de limitações aos poderes dos governantes, os quais, eleitos democraticamente pelo povo, elaboram as leis, essa mesma atividade de produção normativa, para que se realize do Estado de direito (que antecede o Estado Democrático de Direito, na visão de Canotilho), deve ser guiada por parâmetros normativos e, assim, por limitações jurídicas, sendo uma das mais fundamentais a ausência de discriminação entre os cidadãos, inclusive na criação de tributos. Ataliba, antes mesmo da promulgação da Constituição de 1988, já se manifestava no sentido de que a igualdade era um requisito para a correta observância do princípio da legalidade[295]:

> "A legalidade é a pedra de toque de toda e qualquer construção jurídica, mas especialmente de uma construção jurídica democrática, constitucionalista, como nós pretendemos. Mas não é qualquer lei, a lei há de ser necessariamente isônoma, tem que ser igual para todos. Uma legislação que não seja igual para todos, uma lei que não compense as desigualdades existentes, ou uma lei que agrave as desigualdades que a sociedade tem (as desigualdades regionais, ou no plano social ou econômico), a lei que não seja isônoma não será instrumento de civilização ou de um direito justo".

---

295. ATALIBA, Geraldo. "Constituinte e Sistema Tributário". *Revista de Direito Tributário*, n. 36, São Paulo: Revista dos Tribunais, pp. 139-146.

A diferenciação positivada na lei somente será admitida e, portanto, praticada nos lindes do Estado Democrático de Direito se o critério de discriminação se justificar racionalmente e diante dos valores presentes no texto da Constituição. Essa é a posição de Celso Antônio Bandeira de Mello, que, ao tratar do princípio da igualdade, busca a identificação do critério que autoriza o tratamento desigual[296]:

> "[...] tem-se que investigar, de um lado, aquilo que é adotado como critério discriminatório; de outro lado, cumpre verificar se há justificativa racional, isto é, fundamento lógico para, à vista do traço desigualador acolhido, atribuir o específico tratamento jurídico construído em função da desigualdade proclamada. Finalmente, impende analisar se a correlação ou fundamento racional abstratamente existe, é, *in concreto*, afinado com os valores prestigiados no sistema normativo constitucional. A dizer: se guarda ou não harmonia com eles".

c) *Anterioridade e Irretroatividade*

Finalmente, os princípios da anterioridade e irretroatividade, que devem ser tratados conjuntamente, tendo em vista a realização do mesmo valor por ambas as determinações: a segurança jurídica dos contribuintes, que é constitutiva do Estado de direito, para utilizar, novamente, as palavras de Canotilho[297]:

> "O homem necessita de *segurança* para conduzir, planificar e conformar autónoma e responsavelmente a sua vida. Por isso, desde cedo se consideram os princípios da *segurança jurídica* e da *protecção da confiança* como elementos constitutivos do Estado de direito".

---
296. BANDEIRA DE MELLO, Celso Antônio. *Conteúdo jurídico do princípio da igualdade*. São Paulo: Malheiros, 2004, pp. 21-22.
297. CANOTILHO, José Joaquim Gomes. *Direito Constitucional...*, cit., pp. 257.

No mesmo sentido, José Souto Maior Borges salienta[298, 299]:

"Um dos princípios fundamentais sobreleva, porque não deve, a pretexto algum, ser desconsiderado (desaplicado). Trata-se da *segurança jurídica*, sem a qual o Brasil não poderia sequer se definir como Estado Democrático de Direito (CF, art. 1º, *caput*). Deveras: tão

---

298. BORGES, José Souto Maior. "Segurança jurídica: sobre a distinção entre as competências fiscais para orientar e autuar o contribuinte". *Revista de Direito Tributário*, n. 100, São Paulo: Malheiros, pp. 19-26. Sobre o mesmo tema, Marçal Justen Filho: "A Constituição em várias de suas passagens, assegura a segurança como valor fundamental, especialmente no campo tributário. Poderíamos dizer que não foi por outro motivo que expressamente o novo texto da Constituição disciplinou a hipótese da irretroatividade, para evitar qualquer tipo de dúvida que pudesse existir no espírito do pouco atento, levando-o a pensar na ausência de irretroatividade. E isso significa, portanto, que, há uma firme e decidida intenção do novo texto constitucional, de evitar qualquer dúvida sobre a prevalência da segurança sobre qualquer outra hipótese, especialmente em termos de elevação e aumento de tributação. JUSTEN FILHO, Marçal. Palestra proferida no V Congresso Brasileiro e Direito Tributário, realizado nos dias 24 a 26 de abril de 1991. *Revista de Direito Tributário*, n. 56, São Paulo: Revista dos Tribunais, p. 112. Na mesma ocasião, destacou Roque Carrazza: "Vejam os colegas que a **segurança jurídica** em sua dupla manifestação **(certeza do direito e proibição do arbítrio)**, exige que todas as leis (tributárias e não tributárias) tenham o timbre da irretroatividade. Realmente, a necessidade de assegurar-se às pessoas a mantença dos atos e fatos lícitos por ela praticados, impõe que todas as leis sejam irretroativas". CARRAZZA, Roque Antonio. Palestra proferida no V Congresso Brasileiro de Direito Tributário, realizado nos dias 24 a 26 de abril de 1991. *Revista de Direito Tributário*, n. 56..., cit., p. 132.

299. Nas XVI Jornadas Latino-americanas de direito tributário, promovidas pelo ILADT, em 1993, diversos teóricos apresentaram trabalhos sobre o conteúdo e requisitos da segurança jurídica e, de um ponto de vista geral, a conclusão foi a de que a segurança jurídica é sinônimo de certeza e que em um Estado Democrático de Direito somente se realiza quando são observados princípios que limitam a arbitrariedade das autoridades. A irretroatividade das leis é verbalmente mencionada e pode-se acrescer a ela, também, a anterioridade, cuja função é conferir certeza e previsibilidade aos contribuintes. Cf. "El principio de Seguridad Juridica en la creación y aplicación del tributo (Trabalho do relator geral das 'XVI Jornadas Latinoamericanas de Derecho Tributario', promovidas pelo ILADT, Lima, Peru, 1993). *Revista de Direito Tributário*, n. 62, São Paulo: Malheiros, pp. 133-156.

> importante é a segurança jurídica, na arquitetônica do sistema constitucional, que a Constituição enuncia já no seu "Preâmbulo", assim como no art. 5º, *caput*. *Segurança* é direito e garantia fundamentais, não sendo possível desconsiderá-la em qualquer nível de aplicação infraconstitucional, isto é, nas leis e regulamentos fiscais e até nos atos de sua execução".

A determinação de observância da anterioridade na exigência da lei tributária está prevista no artigo 150, inciso III, alíneas *b* e *c* da Constituição. Além disso, o artigo 195, § 6º estabelece uma regra específica para a criação ou aumento das contribuições destinadas ao financiamento da seguridade social. Trata-se, em quaisquer dos casos, de estabelecer uma *vacatio legis* própria do direito tributário, prazo dentro do qual os contribuintes poderão se programar financeiramente ou para o novo tributo ou para a majoração de uma exação já existente. Já o princípio da irretroatividade está previsto no artigo 150, inciso III, alínea *a*, da Constituição e determina que as leis tributárias que criem ou majorem tributos somente poderão ser aplicadas para o futuro, vedada a retroação.

Ambos são decorrência da segurança jurídica porque conferem ao contribuinte duas certezas distintas: uma, de que a norma tributária não terá vigência imediata, possibilitando a previsibilidade das ações do Fisco; outra, relativa ao fato de que os efeitos da norma que institua ou aumente tributos serão, tão somente, prospectivos, deixando intactos os atos ocorridos antes de sua vigência. Isso, porém, não significa que os princípios da legalidade e isonomia, acima mencionados, igualmente não realizem a segurança jurídica. Inclusive porque são normas cujo objetivo é assegurar o Estado Democrático de Direito, é evidente que tais princípios também podem ser interpretados como medidas assecuratórias da segurança. Contudo, quer-se dar maior destaque à anterioridade e à irretroatividade, pois se entende que essas determinações estão mais clara e diretamente vinculadas com a certeza e previsibilidade que a Constituição confere aos cidadãos que terão de se submeter à incidência tributária. Para Ávila[300]:

> "A segurança jurídica é subprincípio do Estado de Direito e, relativamente à regra da irretroatividade, sobreprincípios. Ela pode ser descrita com base em duas perspectivas. Primeiro, o cidadão deve saber previamente quais são as normas válidas. Isso só é possível quando elas atingirem fatos ocorridos após a sua edição (proibição de retroatividade) e quando o cidadão tiver condições de conhecer com antecedência o conteúdo das leis (regra da anterioridade). A diretriz que decorre dessa norma (regra da anterioridade) pode ser definida como *aspecto formal-temporal da segurança jurídica*, sendo descrito sem referência ao conteúdo da lei objeto de aplicação. Na hipótese, a segurança jurídica diz respeito à previsibilidade, independentemente do conteúdo legal".

Portanto, mesmo que se considere que a certeza e previsibilidade conferidas ao sujeito passivo são meramente formais, já que nada dizem sobre o conteúdo da lei – ponto que ficaria sob a análise da legalidade material[301] –, não há dúvidas que os dois comandos mencionados possuem, como valores implícitos, a segurança jurídica e, em um sentido mais lato, a concretização do Estado Democrático de Direito.

A existência de exceções ao princípio da anterioridade não mitiga a importância do princípio, nem sequer representa uma tentativa de limitar sua atuação. O legislador constituinte obedeceu uma certa racionalidade ao estabelecer as exceções:

---

300. ÁVILA, Humberto. *Sistema Constitucional Tributário*..., cit., pp. 147-148.
301. "[...] o dever de determinação exige uma certa medida de inteligibilidade, clareza, calculabilidade e controlabilidade para os destinatários da lei. A diretriz decorrente dessas prescrições pode ser definida como *aspecto material da segurança jurídica*, que mantém contato com o conteúdo da lei. Ele é também denominado legalidade em sentido material. Nessa perspectiva, a segurança jurídica diz respeito à possibilidade de calcular previamente *algo*". ÁVILA, Humberto. *Sistema Constitucional Tributário*..., cit., p. 148.

ou se trata de situações urgentes, em que o Estado não pode esperar o lapso da anterioridade para obter a receita que o tributo proporcionará, ou se está diante dos casos em que os tributos são utilizados como finalidades extrafiscais e, assim, desvinculados de sua função primeira que é a de obter receitas para a Administração; as alterações dos tributos extrafiscais devem produzir efeitos imediatos, sob pena de não se alcançar o resultado pretendido com a majoração da exação (por exemplo, redução das importações de dado produto). Para ilustrar o primeiro caso, tem-se os empréstimos compulsórios decorrentes de calamidade pública, guerra externa ou sua iminência e o imposto extraordinário de guerra; no segundo caso, os impostos de importação, exportação e IOF^{302}. Trata-se, portanto, de situações em que há justificativa constitucional para o afastamento do princípio, sem que isso represente ofensa à segurança jurídica ou ao Estado democrático de direito.

d) *Capacidade contributiva em seu aspecto objetivo*

O princípio da capacidade contributiva é interpretado pela doutrina como uma especificação do princípio da igualdade e generalidade no direito tributário^{303}. Ferreiro Lapatza resume de forma bastante clara esse entendimento^{304}:

---

302. Sem prejuízo das exceções fragmentadas ao artigo 150, inciso III, alínea *b* e artigo 150, inciso III, alínea *c*, que contemplam: (i) ICMS Combustíveis e IPI; e (ii) os empréstimos compulsórios instituídos em razão de investimentos públicos relevantes e as alterações de bases de cálculo do IPTU e IR. Esses casos não estão mencionados nos dois grandes blocos acima destacados porque se entende que não se está diante de uma verdadeira exceção. Nessas situações o princípio da anterioridade é observado; não há afastamento absoluto da regra.
303. COSTA, Alcides Jorge. "Capacidade contributiva". *Revista de Direito Tributário*, n. 55, São Paulo: Revista dos Tribunais, pp. 297-302. ÁVILA, Humberto. *Sistema Constitucional Tributário*..., cit., AMARO, Luciano. *Direito Tributário Brasileiro*. São Paulo: Saraiva, 2008, entre outros.
304. "Todos tienen que pagar tributos. Pero todos los que puedan, naturalmente. Todos los que tengan capacidad económica para soportar las cargas

"Todos têm que pagar tributos. Porém, todos que possam, naturalmente. Todos que tenham capacidade econômica para suportar as cargas que representam.

Todos são iguais para o legislador na hora de implementar os tributos. Contudo, naturalmente a igualdade exige um tratamento igual aos iguais e desigual para os desiguais. Quanto maior seja a riqueza de um indivíduo, sua capacidade econômica, maior deve ser a quantidade com que deve contribuir ao sustento das despesas públicas. Somente assim suporta-se de igual forma as cargas tributárias. Somente assim essas cargas são igualmente gravosas para os distintos contribuintes".

De outro lado, a doutrina ainda reconhece que referido princípio, cuja essência está em bem distribuir a carga tributária, tem duas manifestações distintas, mas complementares. É possível falar em "capacidade contributiva objetiva ou absoluta" e "capacidade contributiva subjetiva ou relativa".

A capacidade contributiva objetiva está mais diretamente relacionada com a discriminação de rendas; e, portanto, "*à atividade de eleição, pelo legislador, de eventos que demonstrem aptidão para concorrer às despesas públicas. Tais eventos, assim escolhidos, apontam para a existência de um sujeito passivo em potencial*", nas palavras de Regina Helena Costa[305]. Já a capacidade contributiva subjetiva situa-se na análise concreta do indivíduo e na verificação de que, ocorrido o fato previsto na norma, há possibilidade material (e normativa)

---

que representan. Todos son iguales para el legislador a la hora de implantar los tributos. Pero naturalmente la igualdad exige un trato igual a los iguales y desigual a los desiguales. Cuanto mayor sea la riqueza de un individuo, su capacidad económica, mayor ha de ser la cantidad con la que ha de contribuir al sostenimiento de las cargas públicas. Sólo así se soportan en igual forma las cargas tributarias. Sólo así estas cargas son igualmente gravosas para los distintos contribuyentes". FERREIRO LAPATZA, José Juan. *Curso...*, cit., p. 282. No mesmo sentido, COSTA, Regina Helena. *Princípio da capacidade contributiva*. São Paulo: Malheiros, 2003. Especialmente pp. 40-42.

305. COSTA, Regina Helena. *Princípio da capacidade contributiva...*, cit., p. 27.

de haver a incidência tributária ou mesmo diante de quais condições tal possibilidade se verifica (alíquotas progressivas, seletividade, etc.)[306].

Em ambas as manifestações do princípio, vê-se claramente a realização da isonomia, em diferentes medidas. No primeiro caso, trata-se de distribuir igualmente a carga tributária, a partir da eleição de fatos que sejam passíveis de manifestar riqueza e, pois, capacidade econômica. No segundo caso, tendo-se distribuída a carga tributária e indicados os fatos passíveis de tributação, deve-se estabelecer as condições e intensidades do ônus impositivos para cada sujeito passivo, individualmente considerado, a partir da produção de normas que estabeleçam as formas específicas de tributação: progressiva, proporcional, seletiva, etc.

Contudo, a relação de tais manifestações com o princípio da igualdade, que está imbricado com a realização dos valores do Estado democrático de direito, não impede que se separe as diferentes facetas desse princípio para melhor interpretá-lo e melhor compreender o direito tributário. Nesse sentido, entende-se que a capacidade contributiva objetiva,

---

306. Acerca dessa divisão, Ferreiro Lapatza: "Portanto, para a aplicação efetiva desses princípios [igualdade e generalidade], é necessário determinar, primeiro, quem tem e quem não tem capacidade contributiva. Determinar o que a doutrina tem chamado de capacidade contributiva absoluta. A capacidade para contribuir. Em segundo lugar, já determinado aqueles que podem e devem ser tributados, é necessário fixar em que medida têm que tributar cada um deles, de acordo com a sua capacidade contributiva relativa. De acordo com a medida de sua capacidade, posta em 'relação', comparando-a com a capacidade das 'demais'". FERREIRO LAPATZA, José Juan. *Curso*..., cit., p. 282. No original: "Por tanto, para la aplicación efectiva de estos principios es necesario determinar, primero, quién tiene y quién no tiene capacidad contributiva. Determinar lo que la doctrina ha llamado capacidad contributiva absoluta. La capacidad para contribuir. En segundo lugar, determinado ya quiénes pueden y tienes que tributar, es necesario fijar en qué medida tiene que tributar cada uno de ellos, de acuerdo con su capacidad contributiva relativa. De acuerdo con la medida de su capacidad, puente en 'relación', comparándola con la capacidad de 'las demás'".

na análise aqui proposta, deve-se situar-se como uma norma tributária que participa na realização do Estado democrático de direito em seu aspecto formal, já que se trata de promover o princípio da igualdade também do ponto de vista formal – o objetivo é distribuir, de forma equânime e de acordo com o mesmo critério (*i.e.* manifestação de riqueza), a carga tributária.

Ressalte-se, apenas, que com isso não se pretende afirmar que a capacidade contributiva objetiva não seja um elemento importante para assegurar a justiça fiscal e, pois, não possa integrar o aspecto material do Estado democrático de direito, mas, tão somente, que essa vertente do princípio *melhor se encaixa* nesse primeiro bloco de análise, sem prejuízo de outras interpretações que o incluam, integralmente no segundo momento, relacionado com a distribuição material dos ônus da tributação.

Sendo assim, a capacidade contributiva subjetiva, claramente expressada na redação do artigo 145, § 1º da Constituição[307], será mencionada apenas linhas adiante, no contexto da justiça fiscal, juntamente com as técnicas apropriadas para tanto – progressividade, seletividade, etc. Por fim, vale mencionar que o fato de existir controvérsias doutrinárias acerca da extensão do princípio da capacidade contributiva a todas as espécies tributárias[308], não macula o argumento que se pretende provar: a distribuição equânime e justa dos ônus da tributação deve estar presente em um sistema tributário constituído e constituidor de um Estado democrático de direito, independentemente, inclusive, da enunciação de tal princípio ou mesmo da suposta limitação a uma única espécie tributária (impostos).

---

307. "§ 1º – Sempre que possível, os impostos terão caráter pessoal e serão graduados segundo a capacidade econômica do contribuinte, facultado à administração tributária, especialmente para conferir efetividade a esses objetivos, identificar, respeitados os direitos individuais e nos termos da lei, o patrimônio, os rendimentos e as atividades econômicas do contribuinte".
308. *Ex vi* COSTA, Regina Helena. *Princípio da capacidade contributiva...*, cit.

Superadas essas ressalvas, entende-se que a menção ao presente princípio encerra e conclui a descrição das normas constitucionais que, por objetivarem garantir e viabilizar, formalmente, um Estado Democrático de Direito, compõem parte da concepção de direito tributário aqui defendida. Nos termos da Constituição de 1988, não há que se cogitar do exercício da tributação apartado dessas garantias fundamentais. Com isso se quer afirmar que a atividade de obtenção de receitas via imposição tributária pode, em teoria, ocorrer sem qualquer vínculo com um processo democrático de aprovação de leis, cujo conteúdo deverá observar a isonomia e, do ponto de vista formal, não poderão retroagir nem sequer adquirirem vigência imediata – mesmo que isso não seja desejável[309].

Contudo, porque o legislador constituinte de 1988 vinculou a tributação a tais limitações, os princípios aqui referidos são essenciais e constituidores do direito tributário, tal como contemporaneamente se coloca e é aplicado no Brasil. Dessa feita, adiante-se, **argumentos consequencialistas que versem sobre a violação dos valores implícitos a esses princípios (manutenção do Estado democrático de direito em seu aspecto formal, mais amplamente, e segurança jurídica, de um ponto de vista mais restrito), serão plenamente válidos e passíveis de serem rotulados como "jurídicos"**.

3.3. Realização de elementos do Estado democrático de direito pela tributação: princípios e bases impositivas como concretizadores da justiça distributiva

Do ponto de vista material, entende-se que a tributação é realizadora do Estado democrático de direito porque

---

309. A despeito do entendimento de Hensel, que afirma somente ser possível existir tributação em um Estado de Direito. HENSEL, Albert. *Derecho tributario...*, cit., p. 85.

seu desenho constitucional permite interpretá-la como concretizadora da justiça fiscal e, de forma mais específica, da justiça distributiva. Sobre isso, alguns esclarecimentos e justificativas se fazem necessários.

Inicialmente, deve-se esclarecer que, ao se afirmar que o direito tributário visa à realização da justiça distributiva e que esse é um elemento essencial na construção da concepção aqui proposta, não se nega, reitere-se, que a tributação assuma outras funções, como, por exemplo, o incentivo ou desincentivo às áreas social e econômica, pela criação de contribuições, a garantia da liberdade religiosa pela imunidade dos templos, a garantia de expressão pela imunidade dos partidos políticos, dos sindicatos de trabalhadores e dos livros, jornais, periódicos e do papel destinado à sua impressão, a garantia à manutenção do pacto federativo pela imunidade recíproca e demais dispositivos constitucionais que visam reduzir ou minimizar a guerra fiscal entre os entes, dentre outros. Mesmo que existentes, contudo, tais finalidades não são, entende-se, elementos capazes de integrar o núcleo irredutível da prática tributária, como mencionado linhas acima. Seria possível se cogitar da tributação dos templos, ou mesmo a inexistência de normas voltadas à redução da guerra fiscal; tais elementos são acidentais e, apesar de constituírem em conjunto o desenho do direito tributário, não são capazes de, isoladamente, sustentarem-se para compor a concepção aqui defendida. Por essa razão, não serão consideradas na construção ora proposta.

De outro lado, deve-se justificar porque se argumenta que a realização da justiça distributiva é um fim perseguido pelo direito tributário, tomando-se em conta o modelo brasileiro. Sobre isso, destaque-se, em primeiro lugar que parece inegável, pela rápida análise dos princípios da tributação, que a forma pela qual a distribuição dos tributos é realizada é assunto de preocupação constitucional: o recado é o de que em um Estado democrático de direito não basta que o exercício da tributação obedeça a requerimentos formais, como aqueles vistos no item anterior, é necessário, também, um direcionamento material mínimo quanto à forma de se tributar. Essa afirmação fica bastante clara a partir da reflexão do princípio da capacidade contributiva em seu aspecto subjetivo e das técnicas existentes para aferir essa capacidade, como a progressividade de alíquotas e a tributação proporcional. Caso o direito tributário não se preocupasse com a justa distribuição de ônus e bônus na tributação, sequer faria sentido o debate sobre as melhores formas de captar a manifestação de riqueza e a solução para os sistemas existentes sob o julgo de um Estado democrático de direito poderia, perfeitamente, ser um tributo fixo e igual para todos.

Uma outra justificativa, menos contingencial e mais estrutural – e por essa razão, mais passível de ser universalizada, extrapolando os lindes do Estado brasileiro – que permite confirmar a presença da justiça distributiva na tributação segundo a Constituição de 1988, decorre do fato de o Brasil ser um Estado liberal, do ponto de vista da teoria política; e, em Estados como esses, a tributação *deve ser* distributiva. Acerca desse ponto, alguns esclarecimentos são necessários.

De início, cumpre detalhar o que se pretende dizer quanto se afirma que o Brasil é um Estado liberal: trata-se de assumir que as instituições jurídicas **não** estão organizadas a partir da pressuposição de que a distribuição de bens e rendas realizadas pelo mercado é justa e, assim, qualquer tentativa de alteração dessa distribuição (para níveis negativos, ao menos) representaria uma invasão indevida na autonomia do indivíduo e, dessa feita, a tributação deveria cingir-se apenas ao financiamento de bens públicos básicos (como segurança, liberdade e defesa), com o mínimo de intervenção possível nessa ordem pré-estabelecida. Ao contrário. Nossas instituições jurídicas e, em especial, o direito tributário, está desenhado com vistas a garantir a redistribuição de bens e rendas, de forma a atingir uma sociedade mais justa e isonômica. Essa afirmação pode ser facilmente verificada, novamente, pela grande quantidade de normas constitucionais tributárias cujo objetivo é garantir a justiça distributiva: capacidade contributiva, tributação diferenciada para microempresas e empresas de pequeno porte, além da discriminação tributária favorável às regiões menos desenvolvidas do país, tributação das grandes fortunas, progressividade do imposto sobre a renda, progressividade do imposto predial e territorial urbano, etc.

Disso decorre que uma interpretação do direito tributário que desconsidere o dado da distribuição e classifique a tributação como uma invasão no patrimônio do particular é representativa de uma concepção equivocada, cujas bases são liberalistas, e não encontra respaldo na ordem constitucional que se apresenta. A esse respeito, Bobbio salienta que uma sociedade liberal busca a igualdade dos pontos de partida entre seus membros e, caso tal igualdade já esteja consolidada, deve-se buscar sua manutenção[310]. Como no Brasil ninguém discordaria que uma tal igualdade não se verifica, uma concepção que afaste o direito tributário da tarefa de realizar a redistribuição dos ônus e bônus entre os membros da sociedade, além de desconsiderar o fato de que a tributação, como realidade institucional, informa e constitui o modelo de Estado (liberal) e, portanto, é necessariamente distributiva, simplesmente não é coincidente com os princípios a partir dos quais a Constituição é erigida e não merece seriamente o rótulo de liberal.

Uma questão diversa, contudo, é a de saber qual teoria da justiça apresenta o melhor caminho para essa igualdade. Nesse sentido, seria possível citar diversos autores que construíram diferentes arquétipos de teorias liberais da justiça, como John Rawls, Ronald Dworkin e Thomas Nagel[311], cada

---

310. BOBBIO, Norberto. *Teoria Geral da Política – A Filosofia Política e as Lições dos Clássicos*. Rio de Janeiro: Campus, 2000, pp. 297-306.
311. RAWLS, John. *A Theory of Justice – revised edition*. Cambridge, Massachusetts: Harvard University Press, 2000. DWORKIN, Ronald. *Law's Empire...*, cit. e MURPHY, Liam, NAGEL, Thomas. *The Myth of Ownership...*, cit.

qual com suas particularidades teóricas e meios para atingir uma situação de maior justiça igualitária (*fairness*) entre os entes de uma dada comunidade. Tomar posição em relação a isso e adotar uma dada concepção de justiça não é o objeto da tese. O que se pretende demonstrar é, apenas, que a interpretação da Constituição de 1988 apenas pode ser realizada sob bases liberais e nunca liberalistas, sob pena de ignorar o próprio conteúdo do texto constitucional e da configuração social que ele visa a atingir.

Tendo-se em vista essas considerações, entende-se por suficientemente justificado o relevo à função distributiva (e, assim, a um aspecto específico da justiça fiscal) como integrante da presente concepção e o negligenciamento às demais funções, que, em que pese importantes, não estão nas bases fundadoras do direito tributário.

Superada essa ressalva, entende-se que a função distributiva da tributação deve ser analisada sob duas perspectivas distintas: a primeira, relacionada com a existência de princípios constitucionais cujo conteúdo revele direcionamentos ao legislador na criação de normas tributárias e, assim, a imposição de um comportamento cujo resultado seja a realização da justiça distributiva. Essa primeira possibilidade será analisada no contexto de avaliação dos princípios e entende-se que a capacidade contributiva, o não confisco e as exceções à uniformidade geográfica cumprem com tal papel.

A outra perspectiva refere-se à análise específica das bases impositivas, dos fatos que o legislador constituinte elegeu como passíveis de sofrerem tributação. Deve-se indagar em que medida o desenho das regras-matrizes mínimas de incidência dos tributos revelam a função distributiva da tributação. Sobre isso, entende-se que referida função manifesta-se pela progressividade de determinados impostos (como o imposto de renda e impostos sobre a propriedade), pela seletividade de outros tantos tributos que incidem sobre o consumo (como o ICMS e o IPI) e pela existência da previsão de criação de um imposto sobre grandes fortunas.

Conforme salientado linhas acima, deve-se tratar, inicialmente, dos princípios para, após, analisar as bases impositivas.

3.3.1. *Princípios que revelam o caráter distributivo da tributação: capacidade contributiva, não-confisco e uniformidade geográfica*

a) *Capacidade contributiva em seu aspecto subjetivo*

Conforme já mencionado, o princípio da capacidade contributiva está previsto no artigo 145, § 1º da Constituição e, além de possuir um aspecto objetivo, de acordo com o qual os fatos tributáveis (do ponto de vista dos impostos) devem ser aqueles apreciáveis economicamente, detém um aspecto subjetivo, cuja preocupação está nas formas e técnicas de se aferir e mensurar referidos fatos. Trata-se de distribuir os ônus da tributação de forma que aqueles que manifestem mais riqueza sejam mais onerados, pela identificação da situação individual do sujeito passivo. Sem qualquer dúvida, está-se diante da tributação pelas vias da justiça distributiva.

Com o objetivo de melhor analisar esse dispositivo, vale transcrevê-lo seus termos literais:

> "Artigo 145 – [..]
>
> § 1º – Sempre que possível, os impostos terão caráter pessoal e serão graduados segundo a capacidade econômica do contribuinte, facultado, à administração tributária, especialmente para conferir efetividade a esses objetivos, identificar, respeitados os direitos individuais e nos termos da lei, o patrimônio, o rendimento e as atividades econômicas do contribuinte".

Uma análise mais cuidadosa de referido artigo permite separá-lo em três partes distintas: em primeiro lugar, está-se diante do comando constitucional que preza os impostos pessoais. A expressão: "sempre que possível, os impostos terão caráter pessoal" manifesta a clara orientação da Constituição pelos impostos cujas condutas eleitas como passíveis de sofrerem a incidência tributária estejam relacionadas com características pessoais do sujeito passivo, sem que isso implique a impossibilidade de impostos reais. De outro lado, ao lado dessa determinação substantiva sobre as bases impositivas, o artigo 145, § 1º determina que os impostos sejam "graduados segundo a capacidade econômica dos contribuintes". Ou seja: tais espécies tributárias[312] deverão ser exigidas de acordo com a manifestação de riqueza individual do sujeito passivo; serão graduadas a partir desse critério. E, finalmente, como forma de conferir efetividade seja à pessoalidade dos impostos, seja à cobrança a partir da manifestação de capacidade econômica para contribuir com as despesas públicas, a Constituição faculta à Administração tributária que, nos termos da lei e respeitados os princípios constitucionais, identifique sinais externalizadores de riqueza, como os rendimentos e patrimônio do sujeito passivo.

Assim, para que esse princípio se concretize, não basta, apenas, a eleição pela Constituição de fatos passíveis de tributação que revelem riqueza; é necessário, também, que a legislação estabeleça os métodos para mensurar individualmente a capacidade contributiva dos sujeitos passivos, de forma a imprimir maior justiça ao sistema tributário como um todo. Tais métodos tanto se referem a uma eventual

---

312. Reitere-se o entendimento acima elaborado, segundo o qual a limitação desse princípio aos impostos não retira a característica distributiva do ordenamento brasileiro, já que tal distribuição pelas vias da tributação é um requerimento da forma de Estado – no caso pátrio: liberal e democrático de direito.

graduação progressiva de alíquotas (como será visto adiante) quanto a autorizações à Administração tributária para adotar medidas que, positivamente, busquem o patrimônio ou rendimento dos contribuintes, tal como ocorre com a legislação que permite a quebra do sigilo bancário em favor da fiscalização tributária[313]. Essa, portanto, é a dimensão subjetiva (ou relativa) do princípio da capacidade contributiva, claramente positivada no artigo supratranscrito.

Sobre o tema, merece destaque o entendimento de José Maurício Conti, que considera essencial no sistema tributário a ideia de realização da justiça fiscal, seja pelas vias do princípio da capacidade contributiva, no caso dos impostos, seja pelas mãos do princípio do benefício, aplicável às demais espécies tributárias[314, 315]:

> "[...] um sistema tributário que tenha por meta ser o mais justo possível pode adotar, ainda que não como princípio norteador da tributação, mas como princípio aplicável a alguns tributos, o princípio do benefício.
>
> E é o que ocorre no sistema tributário moldado pela atual Constituição.
>
> Ao lado do princípio da capacidade contributiva – princípio este norteador do nosso sistema tributário – temos algumas situações em que o legislador adotou o princípio do benefício como o que vai regular a imposição de determinadas exações".

---

313. Artigos 5º e 6º da Lei Complementar n. 105/2001.
314. CONTI, José Maurício. *O princípio da capacidade contributiva e a questão da progressividade*. São Paulo: S.N., 1994 (Dissertação de mestrado defendida na Faculdade de Direito da Universidade de São Paulo, 2005), p. 89.
315. O princípio do benefício é aquele segundo o qual o cidadão deve arcar com a incidência de tributos de acordo com o nível de seu bem-estar na sociedade, que reflete o quanto ele se beneficia dos serviços públicos. Acerca do tema, cf. MURPHY, Liam, NAGEL, Thomas. *The Myth of Ownership*..., cit., pp. 16-19.

Serão objeto da presente análise apenas as formas de mensuração da capacidade econômica (com o intuito de atingir a capacidade contributiva)[316]. A instrumentalização de tal graduação pode ser realizada pela utilização das técnicas relacionadas à tributação proporcional, ao uso da progressividade de alíquotas e à determinação de seletividade em relação a certos bens. Contudo, a análise das características de tais institutos apenas será realizada no contexto do estudo das bases impositivas, onde será abordado em que medida se entende que a eleição de certos fatos como passíveis de sofrerem o ônus tributário, agregados à progressividade, proporcionalidade ou seletividade, visam à realização da justiça distributiva no sistema tributário.

Não obstante, desde logo mencione-se que uma interpretação estrita do artigo 145, § 1º da Constituição permite a construção segundo a qual a tributação progressiva é mais desejada para se atingir a justiça tributária, já que, assim, haveria gradação efetiva e positiva da riqueza e não apenas contingencial pelo maior ou menor valor da base de cálculo. Também nessa linha tem sido o posicionamento recente do Supremo Tribunal Federal, conforme será visto mais adiante.

b) Não-confisco

O princípio do não-confisco está previsto no artigo 150, inciso IV da Constituição, que prescreve que os tributos não

---

316. É possível dizer que a capacidade econômica difere da capacidade contributiva: a capacidade econômica seria a aptidão do cidadão de obter rendimentos, de um ponto de vista geral. Já a capacidade contributiva seria uma aptidão específica, relacionada com o fato de o cidadão estar apto a suportar o ônus tributário. Seria, assim, um detalhamento da capacidade econômica, cujo resultado seria a tributação, tendo-se em vista a existência de capacidade contributiva. Essa diferença fica bastante clara em relação ao imposto de renda, em que se verifica uma faixa de isenção; uma situação em que as pessoas que lá se enquadram possuem capacidade econômica, mas não propriamente capacidade contributiva.

poderão ter caráter confiscatório. Tal dispositivo, em verdade, é um complemento ao princípio da capacidade contributiva: os tributos serão graduados de acordo com a manifestação de riqueza do sujeito passivo, sendo, inclusive, permitido à Administração identificar seus rendimentos, patrimônios e atividades econômicas para a aferição mais apurada possível da manifestação de riqueza, critério que deve guiar a imposição tributária. Contudo, o limite de cumprimento dessa verificação e, assim, da tributação do ponto de vista concreto, está na ausência de confisco. Mesmo que se verifique grande manifestação de riqueza, a tributação não poderá ser confiscatória de forma a deixar o contribuinte sem patrimônio algum.

Trata-se, naturalmente, de comando com alto grau de generalidade, já que não há um limite exato, acima do qual se verifica o confisco: está-se diante de uma análise casuística, que deve levar em consideração toda carga tributária à qual o sujeito passivo se submete[317]. Sobre o tema, Paulo de Barros Carvalho salienta[318]:

> "O problema reside na definição do conceito, na delimitação da ideia, como limite a partir do qual incide a vedação do art. 150, IV, da Constituição Federal. Aquilo que para alguns tem efeitos confiscatórios, para outros pode perfeitamente apresentar-se como forma lídima de exigência tributária. [...]
>
> De evidência que qualquer excesso impositivo acarretará em cada um de nós a sensação de confisco. Porém, o difícil é detectarmos os limites. Haverá sempre uma zona nebulosa, dentro da qual as soluções resvalarão para o subjetivismo".

---

317. A despeito disso, o Supremo Tribunal Federal admite o controle concentrado de normas tributárias supostamente confiscatórias. Nesse sentido, Ações Diretas de Inconstitucionalidade n. 1075 e 2010.

318. CARVALHO, Paulo de Barros. *Curso de Direito Tributário*..., cit., p. 158.

Acerca da relação entre o princípio da capacidade contributiva e a proibição do confisco, Regina Helena Costa assevera[319]:

> "No que tange aos impostos, cuida-se de princípio derivado do princípio da capacidade contributiva, já examinado, pois constitui efeito deste, na medida em que preconiza que esses tributos serão graduados segundo a capacidade econômica do contribuinte (art. 145, § 1º).
>
> Consiste, portanto, num dos limites postos pela capacidade contributiva à progressão fiscal, ao lado do não-cerceamento de outros diretos constitucionais".

Na mesma linha, José Maurício Conti salienta[320]:

> "O princípio constitucional que veda a tributação com efeito de confisco pode ser considerado como derivado da ideia de capacidade contributiva. Isto porque, ao assumir caráter confiscatório, o tributo estará atingindo valor que excede a capacidade contributiva. Poderá até o indivíduo dispor de recursos com os quais tenha possibilidade de arcar com o ônus fiscal – ou seja, poderá ter capacidade econômica e mesmo financeira –, no entanto não terá capacidade contributiva, em razão da ilegitimidade de que se revestirá a imposição, que atinge seu direito de propriedade".

A partir dessas considerações, verifica-se que o princípio da capacidade contributiva apresenta limites e tal decorre da necessária realização da justiça fiscal: um ordenamento que tributasse todos os cidadãos na máxima medida do possível seria tão injusto quanto aquele que ignora as diferentes

---

319. COSTA, Regina Helena. *Curso de Direito Tributário*. São Paulo: Saraiva, 2009, p. 75.
320. CONTI, José Maurício. *O princípio da capacidade contributiva...*, cit., p. 79.

manifestações de riqueza na distribuição dos ônus e bônus da tributação. Referido limite é o não confisco que, então, emoldura a possibilidade de ação do Estado na configuração do direito tributário.

c) *Os limites da uniformidade geográfica e outros tratamentos diferenciados*

Nos termos em que visto acima, o princípio da uniformidade geográfica está previsto no artigo 151, inciso I da Constituição e visa garantir um tratamento igualitário, em termos de tributação federal, entre todos os entes da Federação. Nesse aspecto, estaria voltado à realização de aspectos formais do Estado Democrático de Direito e, mais especificamente, a assegurar a isonomia.

Contudo, referido dispositivo faz uma ressalva em sua parte final, propiciando o tratamento tributário diferenciado (e favorecido) aos entes que revelem diferenças quanto ao nível de desenvolvimento econômico e social em relação aos demais. Trata-se, pois, de autorizar a concessão de benefícios fiscais com o objetivo de viabilizar a melhor distribuição das riquezas do país: alguns, literalmente, pagarão pelo incentivo ao desenvolvimento sócio-econômico de outros, menos favorecidos. Confira-se a redação constitucional:

> "Artigo 151 – É vedado à União:
>
> I – instituir tributo que não seja uniforme em todo o território nacional ou que implique distinção ou preferência em relação a Estado, ao Distrito Federal ou a Município, em detrimento de outro, admitida a concessão de incentivos fiscais destinados a promover o equilíbrio do desenvolvimento sócio-econômico entre as diferentes regiões do País".

A mesma lógica que se verifica nas exceções ao princípio da uniformidade geográfica pode ser vista na determinação de tratamento tributário diferenciado e favorecido para as microempresas e empresas de pequeno porte, no artigo 146, inciso III, alínea *d* da Constituição. Nesse caso, além de se tratar de um mecanismo de realização do princípio da isonomia, já que estabelece tratamento isonômico às pessoas jurídicas, nas medidas de suas desigualdades, também revela-se como uma tentativa de garantir a justiça distributiva: empresas menores e, portanto, com menor capacidade contributiva e poder aquisitivo, contribuirão menos para as despesas do Estado, ao passo que aquelas de grande porte terão uma fatia maior no financiamento dos gastos públicos.

3.3.2. *As bases impositivas e as técnicas de proporcionalidade, progressividade e seletividade*

A discriminação das rendas tributárias no sistema brasileiro não manifesta uma opção clara pela prevalência de tributação sobre o patrimônio ou sobre o consumo[321]. Pela análise abstrata das bases impositivas, especialmente no que se refere aos impostos e às contribuições da União verifica-se quase que um equilíbrio entre os dois modelos.

Do ponto de vista do consumo, tem-se a tributação pelos seguintes impostos: IPI, impostos de importação e exportação, ICMS e ISS, de competência da União, Estados e Municípios, respectivamente. Ainda nesse bloco, pode-se inserir a contribuição de intervenção no domínio econômico que incide sobre a comercialização e importação de combustíveis, cuja competência é federal, e, ainda, as contribuições destinadas ao financiamento da Seguridade Social que incidem sobre a importação de bens e serviços, também de competência da União.

---

321. Para uma análise detalhada da tributação do consumo *versus* renda, veja: WARREN, Alvin. "Would a consumption tax be fairer than an income tax?" *The Yale Law Journal*, vol. 89, 1980, pp. 1081-1124.

De outro lado, a tributação do patrimônio e/ou riqueza é mais extensa – não que isso necessariamente signifique mais gravosa – uma análise como essa depende da avaliação das alíquotas de cada um dos tributos e a comparação entre as bases[322]. Independente disso, cite-se, nesse bloco: o imposto de renda, o ITR (imposto sobre a propriedade rural), o IOF (imposto sobre operações financeiras), o imposto sobre grandes fortunas, todos de competência da União, além do IPVA e ITCMD, de competência estadual, IPTU e ITBI, de competência municipal e as contribuições previdenciárias que incidem sobre a receita, faturamento e lucro das pessoas jurídicas, todas de competência federal.

A reflexão sobre as bases impositivas isoladamente, contudo, não é capaz de indicar a predileção do sistema tributário para a realização da justiça distributiva pelas vias da tributação. Evidente que um imposto como o sobre grandes fortunas fala por si só no que se refere ao cumprimento de tal tarefa; no entanto, essa não é a regra do sistema. Para que seja possível afirmar, com maior precisão, que o ordenamento tributário brasileiro prima pela tributação mais gravosa daquele que manifestam mais riqueza, faz-se necessário verificar, ainda, quais outros sinais passíveis de serem encontrados no texto constitucional que corroboram essa afirmativa e afastam o sistema tributário de uma tributação neutra.

De início, mencione-se que o fato de a maioria dos tributos serem exigidos de acordo com critérios de proporcionalidade

---

322. Nesse sentido, confira-se as análises do Instituto de Pesquisa Aplicada – IPEA, em especial: Comunicado da Presidência n. 22: *Receita Pública: quem paga e como se gasta no Brasil?* Disponível em http://www.ipea.gov.br/sites/000/2/comunicado_presidencia/09_06_30_ComunicaPresi_22_Receita-Publica.pdf, GIFFONI, Francisco de Paula, VILLELA, Luiz A. *Estudo para a Reforma Tributária, tomo 2. Tributação da Renda e do Patrimônio*. IPEA, marco de 1987. Disponível em: http://www.ipea.gov.br/pub/td/1987/td_0105.pdf e VARSANO, Ricardo. *Estudo para a Reforma Tributária, tomo 3. Tributação de Mercadorias e Serviços*. IPEA, marco de 1987. Disponível em: http://www.ipea.gov.br/pub/td/1987/td_0106.pdf.

(e, portanto, sem que haja majorações de alíquota em face do aumento da base de cálculo) não pode ser visto como um indicativo de que a Constituição do Brasil desconsiderou o uso da tributação com finalidades distributivas. Pelas razões já esboçadas linhas acima, o texto constitucional não comporta uma interpretação diversa senão a liberal. Qualquer tentativa de construção de sentido que adote bases liberalistas e, assim, queira imprimir sentido às normas constitucionais a partir da premissa de que o direito tributário deve ser tanto quanto possível neutro, de forma a não influir na distribuição do mercado e na propriedade privada, ignora todos os outros valores imbricados no texto da Constituição, relativos à busca pela igualdade dos pontos de partida e realização da justiça, inclusive no âmbito tributário. Além disso, a tributação proporcional não é o oposto de justiça distributiva – tanto assim que, por razões diversas Rawls defende a tributação proporcional e não progressiva, sem que para isso tenha que abandonar sua concepção liberal da justiça[323].

Portanto, de um ponto de vista geral e como regra, a tributação pelas vias apresentadas (consumo x renda/patrimônio) se faz a partir da proporcionalidade: trata-se de eleger uma alíquota única e fixa, que não varia de acordo com o aumento ou redução de base de cálculo – esta sim variável, sem que isso represente abandono da função distributiva do direito tributário. Tanto assim que em impostos tipicamente proporcionais, como o IPI e o ICMS, em que a tributação é determinada pelo valor do bem consumido, há determinação constitucional relativa à seletividade das alíquotas, tendo em vista a essencialidade dos bens. Ora, em casos como tais, independentemente da consideração de outras características do sujeito passivo, o legislador constituinte optou por beneficiar todos aqueles consumam bens de primeira necessidade, com a determinação de uma carga tributária menor, de um ponto

---

323. RAWLS, John. *A theory of justice*..., cit., pp. 242-251.

de vista geral. Ainda que o rico pague o mesmo tributo que a pessoa de menores rendimentos, o benefício, do ponto de vista da distribuição, é direcionado à manutenção do mínimo existencial: mesmo as pessoas com alta capacidade contributiva devem pagar uns poucos tributos quando se trata de bens essenciais; trata-se de garantir a igualdade dos pontos de partida.

De outro lado, em casos específicos, a Constituição destaca a necessidade de observância da progressividade de alíquotas e, aqui, a manifestação de critérios de distribuição da carga tributária fica ainda mais evidente. Referida técnica, cujo objetivo é, novamente, mensurar a capacidade contributiva e, além disso, agregar à tributação o dado de que aqueles que manifestam mais riqueza irão pagar mais tributos, de forma progressiva e não unicamente proporcional, está presente para o imposto de renda, ITR e IPTU, tendo-se em vista o aumento ou redução do valor do imóvel sobre o qual o tributo incide. Ao lado da progressividade, tem-se a possibilidade de aplicação de alíquotas diferenciadas do IPVA em função do tipo e utilização do veículo, e do IPTU, em razão do uso e localização do imóvel.

Uma análise mais detida dos artigos que estabelecem, seja a progressividade seja a diferenciação de alíquotas, permite afirmar que nem em todos os casos tem-se em referidos instrumentos a busca pela realização da capacidade contributiva, como se percebe pelo estudo do ITR: o legislador constituinte, no artigo 153, § 4º, inciso I determina que esse imposto terá alíquotas progressivas de forma a "desestimular a manutenção de propriedades improdutivas". Trata-se, na verdade, da atribuição de competência para o estabelecimento de alíquotas regressivas: quanto mais produtivo (e eventualmente menor) for o imóvel, menor será a alíquota aplicável; em contrapartida, um imóvel pouco produtivo e de larga extensão terá uma alíquota consideravelmente maior. A simples descrição do dispositivo constitucional já deixa claro que a progressividade do ITR tem uma finalidade bastante específica e desvinculada da capacidade contributiva: a de conferir um tratamento tributário mais ameno àqueles que realizarem a função social da propriedade.

Nos demais impostos, é possível verificar uma tentativa do legislador de distribuir os ônus tributários a partir da maior ou menor manifestação de riqueza. A previsão constitucional aplicável ao imposto de renda (artigo 153, § 2º, inciso I) não deixa dúvidas: está-se diante de um imposto pessoal, cujas alíquotas serão progressivas em função da renda auferida. Nesse caso, é evidente a utilização da progressividade como instrumento de realização da justiça distributiva: quanto maiores os rendimentos da pessoa física ou jurídica, maior a possibilidade de arcar com os ônus da repartição das despesas públicas e, pois, mais justa a tributação. Contudo, essa tranquilidade de encontro de conceitos que se vê no imposto de renda não pode ser reproduzida no IPTU e no IPVA.

Referidos impostos, por serem reais, e, assim, não incidirem em função de características pessoais manifestadas pelos sujeitos passivos, mas tão-somente tendo-se em vista a propriedade de um bem (sem qualquer análise subjetiva daquele que detém a propriedade), suscitam considerável debate teórico acerca da possibilidade da adoção de alíquotas progressivas[324]. Como o princípio da capacidade contributiva é, também, forma de realizar materialmente o princípio da igualdade no direito tributário, argumenta-se que a utilização de alíquotas progressivas nos impostos reais resultaria em ofensa à isonomia, pois não se mostra necessariamente

---

324. OLIVEIRA, Yonne Dolácio. "Progressividade do IPTU e princípios da capacidade contributiva e da redistribuição". *Cadernos de Direito Tributário e de Finanças Públicas*, ano 5, n. 17, São Paulo: Revista dos Tribunais, pp. 40-45. ATALIBA, Geraldo. "IPTU – Progressividade". *Revista de Direito Público*, ano 23, n. 93, São Paulo: Revista dos Tribunais, pp. 233-238. COSTA, Alcides Jorge. "IPTU – Progressividade". *Revista de Direito Público*, ano 23, n. 93, São Paulo: Revista dos Tribunais, pp. 239-242.

verdadeira a afirmação de que aquele que possui um imóvel de alto valor ou localizado em uma região nobre do Município manifesta mais riqueza do que aquele que possui um imóvel pequeno e mau localizado.

Esse argumento pode ser facilmente demonstrado pela seguinte comparação: imagine-se um investidor que possui dez imóveis pequenos, todos locados e situados na região central do Município de São Paulo e um outro indivíduo que possui um imóvel muitíssimo bem localizado e avaliado, mas tão-somente aquele. O investidor, pelos critérios de tributação do IPTU, possivelmente estaria isento do imposto, já que os imóveis são pequenos e não muito bem localizados, enquanto o outro indivíduo seria gravemente onerado pelo IPTU. Ora, nesse caso, se fossem levadas em consideração as características pessoais dos sujeitos passivos, não seria difícil aferir que, comparativamente, o primeiro manifesta uma capacidade contributiva superior ao segundo. No entanto, aplicando-se a progressividade e os critérios para a diferenciação de alíquotas do IPTU, tem-se o tratamento igualitário daqueles que se encontram em situações desiguais e, portanto, evidente ofensa ao princípio da isonomia, que é corolário da capacidade contributiva.

Em contraposição a esse argumento, seria possível afirmar que os critérios para a diferenciação de alíquotas, seja do IPTU, seja do IPVA e a progressividade respectiva, revelam uma *presunção* de capacidade contributiva, incorporada pelo texto constitucional e, portanto, passível de ser utilizada sem distorções, com fundamento no artigo 145, § 1º, que seria a base constitucional para que todos os impostos fossem progressivos, inclusive como medida de realização da justiça distributiva, nos termos em que já defendido por Geraldo Ataliba, Alcides Jorge Costa e Hugo de Brito Machado, respectivamente[325]:

---

325. ATALIBA, Geraldo. "IPTU – Progressividade"..., cit., p. 233, ATALIBA, Geraldo. "IPTU – Progressividade"..., cit., p. 240 e MACHADO, Hugo de

"[citando Emilio Giardina] Sem ignorar que outros métodos também conduzem a uma justa aplicação do princípio distributivo dos tributos (p. 456), mostra que tal é 'instrumento patente para o nivelamento da diversidade de condições econômicas dos cidadãos' (p. 460), operando como meio conciliador do princípio da solidariedade social [...]".

"A progressividade pode justificar-se como concretização de uma política redistributivista, porque se reconhece estar a renda distribuída de modo inconveniente à vista das aspirações éticas da sociedade. [...] A leitura da Constituição deixa patente que a progressividade citada no art. 156, § 1º, inclui-se entre as que se justificam como forma de concretização e uma política redistributivista. Já a progressividade a que alude o art. 182, § 4º, é, sem dúvida, ferramenta de ordenação de uma política urbana".

"A principal função da progressividade dos tributos é a redistribuição da riqueza. Com o tributo progressivo, o que tem mais paga não apenas proporcionalmente mais, porém mais do que isto, paga progressivamente mais".

De outro lado, o fato de situações extremas resultarem em distorções do princípio não necessariamente afasta a utilização da progressividade de uma forma geral. Reflita-se sobre o ICMS: como se trata de um imposto sobre o consumo, é bastante possível que uma pessoa rica seja avarenta e, assim, apenas consuma bens de baixíssimo valor, mesmo tendo capacidade econômica para consumir bens mais caros e sofisticados. Nesse caso, esse rico avarento ficaria sujeito ao mesmo ônus de ICMS que aqueles que, de fato, não têm condições de escolher produtos mais caros e, eventualmente, de melhor qualidade. Pois bem, diante desse exemplo, é possível dizer

---

Brito. "IPTU – Ausência de progressividade. Distinção entre Progressividade e Seletividade". *Revista Dialética de Direito Tributário*, n. 31, São Paulo: Dialética, pp. 82-91.

que a tributação proporcional para o ICMS distorce a capacidade contributiva, já que existem pessoas que, apesar de terem possibilidades materiais, não anseiam por um gasto superior e, assim, assumem a mesma carga tributária de imposto daqueles menos abastados? Evidente que não. E isso decorre do fato de que o sistema não pode (nem deve, para o bem da redução de complexidades) prever todas as variáveis, de forma a garantir que o objetivo da norma seja, em todas as situações, cem por cento atendido.

Por esse motivo, entende-se possível a utilização da técnica de progressividade em relação aos impostos reais. Ainda que tal uso possa resultar em algumas distorções, os benefícios relativos ao maior caráter distributivo que se imprimirá ao sistema são consideravelmente maiores. A esse respeito e apenas para corroborar o entendimento aqui exposto, mencione-se que alguns Ministros do Supremo Tribunal Federal, em discussões recentes, tem entendido que o artigo 145, § 1º da Constituição é norma que veicula a possibilidade de todos os impostos serem progressivos, inclusive aqueles de natureza real[326].

4. Resultado: uma outra concepção de direito tributário e os argumentos consequencialistas possíveis

Diante das considerações acima expostas, tem-se por delineada a concepção de direito tributário que o presente trabalho defende: trata-se da prática normativa que contém dois elementos. O primeiro está nas normas relativas à discriminação de rendas, e, logo, à distribuição das competências tributárias; as demais normas constitucionais que integram o

---

326. Teses ainda em julgamento no Supremo, cujo teor será analisado no capítulo 05. Cf. Recursos Extraordinários n. 423.768, 586.693 e 562.045 – sendo que os dois primeiros tratam da progressividade do IPTU, enquanto o último das possibilidade de alíquotas progressivas para o ITCMD.

Sistema Tributário, em uma análise inicial, são instrumentos para a realização da atividade pela qual o direito tributário faz sentido: aquela de obtenção de receitas para o Estado. Referidos instrumentos revelam-se, especialmente, na determinação das espécies tributárias, que complementa o exercício da competência e, assim, está no mesmo nível desta.

O segundo elemento situa-se no papel que o direito tributário joga na realização do Estado Democrático de Direito; trata-se de indagar como e sob quais condições o exercício da competência tributária será realizado. Conforme visto, tendo-se em conta a premissa de que o direito tributário é, a um só tempo, constituído e constituidor do Estado, estando-se diante de um Estado Democrático de Direito a função da tributação será, além de fornecer receitas para o Estado cumprir com as necessidades públicas básicas, assegurar referia forma de Estado e tal se dará pela realização da justiça fiscal. Do ponto de vista formal, tal se verifica pela observância dos princípios da legalidade, anterioridade, irretroatividade e da capacidade contributiva em seu aspecto objetivo. Já de uma perspectiva material, o Estado Democrático de Direito se efetiva pela função distributiva que se vê agregada à tributação e manifestada pelos princípios da capacidade contributiva subjetiva, do não-confisco e do tratamento diferenciado de entes visando à uniformidade geográfica, além das técnicas de proporcionalidade, progressividade e seletividade, relacionadas às bases impositivas.

Essa outra concepção de direito tributário, ora firmada e suficientemente justificada, constitui um instrumento relevante para avaliar a possibilidade da argumentação pelas consequências no direito tributário: **argumentos consequencialistas cujo conteúdo revele a consideração de um dos elementos aqui referidos serão válidos do ponto de vista jurídico e, assim, passíveis de serem tomados como razão de decidir, sem o risco de ser-lhes imprimida a pecha de argumentos políticos ou econômicos.** Referida concepção releva os valores da prática tributária e, nos termos em que desenvolvido no capítulo 2, os limites materiais da argumentação pelas consequências.

Com essas conclusões finaliza-se o teste das hipóteses apresentadas no decorrer da obra: pela apresentação de uma concepção rival, fez-se possível construir uma outra concepção de direito tributário, a partir da qual o consequencialismo tem seus limites jurídicos fincados. Contudo, em que pese a elaboração do argumento da obra estar completo, entende-se primordial discutir algumas decisões judiciais nas quais a argumentação pelas consequências se mostra presente. Esse será o objeto do próximo e último capítulo.

Capítulo 5
OS ARGUMENTOS CONSEQUENCIALISTAS NA PRÁTICA DO SUPREMO TRIBUNAL FEDERAL

A concepção de direito tributário estruturada e justificada no capítulo anterior será utilizada como critério para determinar o limite material dos argumentos consequencialistas em matéria tributária. A eleição desse critério é válida e adequada porque o conteúdo de argumentos desse tipo será determinado pela alegação de ofensas a valores que integram o ramo do direito a que se referem, nos termos em que detalhado no capítulo 2, e a determinação desses valores é possível pela construção de uma dada concepção de direito tributário.

Conforme visto, referida concepção contempla dois elementos: um, relativo à necessidade de prover recursos ao Estado para a garantia da prestação de serviços públicos essenciais. Esse dado se manifesta pela análise do tema da competência tributária e, assim, da discriminação de rendas e determinação das espécies tributárias. O outro elemento decorre do fato de o Brasil estar constituído na forma de um Estado Democrático de Direito com inclinações liberais do ponto de vista político, o que agrega à tributação a função de garantir a justiça fiscal e, de um ponto de vista mais específico, a justiça distributiva.

Disso decorre que **argumentos cujo foco esteja voltado para a realização ou mitigação de um desses elementos, tendo em vista as consequências decorrentes da universalização da decisão judicial, serão argumentos consequencialistas válidos e, portanto, argumentos jurídicos passíveis de integrarem a justificação de uma dada decisão judicial.**

Para ilustrar essa hipótese, cumpre proceder à análise de alguns casos tributários e dos argumentos passíveis de serem considerados na solução da disputa judicial. Ressalte-se que o objetivo dessa etapa não é o de realizar uma ampla pesquisa jurisprudencial, o que demandaria hipóteses e metodologia próprias, além da eleição de marcos temporais e outros limitadores. O que se pretende é, apenas, reforçar a possibilidade de utilização da concepção ora desenvolvida (e, por vezes, mostrar como, na prática tributária, ela pode ser utilizada) por meio do recurso aos argumentos consequencialistas, sem que esses recebam o rótulo de "argumentos econômicos ou políticos". A discussão irá se estabelecer e ser resolvida nos estritos lindes do direito.

O presente objetivo será cumprido em duas etapas. Em primeiro lugar, serão apresentados casos tributários em que o Supremo Tribunal Federal debateu sobre a possibilidade de modulação dos efeitos da decisão. Em situações como tais, o recurso aos argumentos consequencialistas é constante, já que a modulação temporal visa, exatamente, afastar as consequências danosas do julgado. O ponto é saber em que medida a presente concepção de direito tributário auxilia nessa tarefa e como permite apreciar criticamente a utilização de argumentos consequencialistas, ou critérios consequencialistas, por parte do Supremo. Após, serão mencionados casos em que a discussão sobre a modulação de efeitos não necessariamente se verifica, mas, a despeito disso, ou argumentos consequencialistas são suscitados ou, apesar de não sê-los, seriam perfeitamente cabíveis e desvelariam as razões de julgamento. Nessa etapa, haverá menção a debates ainda pendentes de julgamento no Supremo Tribunal Federal, nos quais, exatamente por isso, a disputa pela melhor solução se intensifica. Ao final deste capítulo, entende-se, ficará claro como a concepção de direito tributário aqui estabelecida pode ser útil para a melhor resolução de conflitos tributários, tendo-se em conta o uso de argumentos consequencialistas como instrumento para implementar a referida concepção.

1. A modulação de efeitos dos julgados do Supremo Tribunal Federal e a argumentação pelas consequências

Neste bloco inicial, serão analisadas três disputas recentemente decididas pelo Supremo Tribunal Federal: (i) o direito a crédito de IPI em virtude de operações anteriores tributadas à alíquota zero ou não-tributadas, (ii) a validade dos prazos de prescrição e decadência para as contribuições previdenciárias, previstos nos artigos 45 e 46 da Lei n. 8.212/1991 e (iii) a constitucionalidade da revogação da isenção de COFINS (Contribuição para o Financiamento da Seguridade Social) devida pelas sociedades de profissão regulamentada. Os itens (ii) e (iii) foram objeto de considerações no capítulo 03, por ocasião de críticas tecidas ao pensamento de Becker, enquanto o item (i) foi mencionado no capítulo 01 e auxiliou no delineamento introdutório do problema da obra. Agora, neste momento final, cumpre aprofundar a análise desses acórdãos, jogando luzes sobre a discussão a partir da ótica dos argumentos consequencialistas.

Em todos os casos citados, houve debate relacionado ao cabimento da modulação de efeitos do julgado e a discussão centrou-se, basicamente, no valor segurança jurídica. A questão a ser respondida pelos Ministros era: a produção irrestrita de efeitos do *decisium* geraria quebra da segurança? Ou, em nome dela, referidos efeitos deveriam ser limitados? Para melhor compreensão do tema, cumpre realizar uma breve descrição das teses em disputa no Supremo, bem como o resultado dos julgamentos para, após, avaliar criticamente os argumentos suscitados.

1.1. Interpretação da não-cumulatividade do IPI e o direito a crédito nas operações isentas e não tributadas

O caso do IPI, brevemente citado no capítulo 1 da obra, dizia respeito à extensão do princípio da não-cumulatividade previsto no artigo 153, § 3º, inciso II da Constituição e, assim, ao direito a creditamento do imposto nas hipóteses em que as operações anteriores fossem isentas (ou tributadas à alíquota zero) ou não sofressem o ônus do IPI (situações referidas pela legislação aplicável como "não tributadas").

Em 1998, com o julgamento do Recurso Extraordinário n. 212.484, o Supremo Tribunal Federal decidiu, através do Pleno, pela existência de direito a crédito de IPI nos casos de entrada de produtos isentos. Posteriormente, em 2002, com o julgamento do Recurso Extraordinário n. 357.277, esse entendimento foi estendido às operações tributadas à alíquota zero. Em 2003, contudo, a discussão voltou ao Plenário, suscitada pelo voto do Ministro Ilmar Galvão, no Recurso Extraordinário n. 370.682, tendo sido o julgamento concluído apenas em junho de 2007, com a reversão do entendimento e, portanto, com o reconhecimento de que o direito a crédito do imposto estava limitado à cobrança respectiva nas operações anteriores.

Por ocasião da superação da tese que até então figurava como vencedora no Supremo e que, apenas por "um desses acidentes da advocacia" voltou ao Pleno, nas palavras do Ministro Sepúlveda Pertence, o Ministro Ricardo Lewandowski suscitou questão de ordem, relativa à modulação temporal dos efeitos da decisão, no Recurso Extraordinário n. 353.657, cujo julgamento foi conjunto com o de número 370.682, já que se tratava da mesma tese. O principal fundamento de Lewandowski foi a necessidade de preservar a segurança jurídica dos contribuintes que, fiados nas decisões anteriores do Tribunal, ou se creditaram do imposto, ou ingressaram com medidas judiciais para ver reconhecido tal direito. Confira-se:

> "Bem, como é do conhecimento de todos, em duas ocasiões anteriores, a última em 18.12.2002, o Plenário desta Suprema Corte manifestou-se favoravelmente, por ampla maioria, ao creditamento do IPI nas operações de que tratam os recursos sob exame. E com base nessas decisões foram tomadas várias outras, de caráter monocrático, neste Tribunal, e de natureza coletiva, no Superior Tribunal de Justiça e nos Tribunais Regionais Federais.
>
> Em pesquisa que realizei, pude perceber que, não obstante a tendência que aqui se manifestava acerca da mudança do entendimento sobre a matéria, praticamente todos os Tribunais Regionais Federais e mesmo os magistrados de primeira instância da Justiça Federal continuaram a prestigiar a jurisprudência predominante na Corte.
>
> Os contribuintes, fiados em entendimento pacificado na Suprema Corte do País, por quase uma década, visto que as primeiras decisões datam do final dos anos 90, passaram a creditar-se, de forma rotineira, do IPI decorrente das operações que envolviam a entrada de insumos isentos, tributados com alíquota zero ou não tributados.
>
> Por tal motivo, e considerando que não houve modificação no contexto fático e nem mudança legislativa, mas sobreveio uma alteração substancial no entendimento do STF sobre a matéria, possivelmente em face de sua nova composição, entendo ser conveniente evitar que um câmbio abrupto de rumos acarrete prejuízos aos jurisdicionados que pautaram suas ações pelo entendimento pretoriano até agora dominante.
>
> Isso, sobretudo, em respeito ao princípio da segurança jurídica que, no dizer de Celso Antonio Bandeira de Mello, tem por escopo *"evitar alterações surpreendentes que instabilizem a situação dos administrados"*, bem como *"minorar os efeitos traumáticos que resultam de novas disposições jurídicas que alcançaram situações em curso"*.

O Ministro Ricardo Lewandowski foi o único que entendeu pela violação da segurança jurídica. Todos os demais manifestaram-se pela inadequação da modulação de efeitos, já que os contribuintes que efetivaram o crédito ou mesmo obtiveram o reconhecimento judicial para fazê-lo, realizaram-no "por sua conta e risco". Para rebater a ofensa a segurança jurídica, a maioria dos Ministros citou o fato de que inexistia jurisprudência consolidada sobre o tema, já que muitos dos recursos conhecidos e providos pelo Supremo, em favor dos contribuintes, pendiam de análise de Embargos de Declaração.

Um outro argumento suscitado ao lado deste para justificar a ausência de modulação de efeitos refere-se à restrição da modulação apenas nos casos de declaração de inconstitucionalidade (mesmo que em controle difuso, consoante jurisprudência firmada). Nesse caso, como a decisão não tem por objeto a declaração de inconstitucionalidade, mas apenas imprimir uma dada interpretação ao artigo 153, § 3º, inciso II, não faria sentido falar em modulação[327]. Esse aparece como o argumento central e propriamente "jurídico" da decisão. Finalmente, e sempre em caráter incidental, são citados alguns argumentos que, em princípio, seriam qualificados como "econômicos", tanto favoráveis quanto contrários aos contribuintes.

1.2. A revogação da isenção da COFINS das sociedades de profissão regulamentada

Nos termos em que mencionado no capítulo 03, a discussão sobre a constitucionalidade da revogação da isenção

---

327. Nesse sentido, trechos do voto do Ministro Eros Grau são ilustrativos: "O preceito [artigo 27, Lei 9.869/1999] respeita à declaração de inconstitucionalidade de lei ou ato normativo, quando se manifestem razões de segurança jurídica ou de excepcional interesse social. Cuida dos efeitos de declaração de inconstitucionalidade. Inconstitucionalidade. Repito: inconstitucionalidade. O preceito visa a minimizar eventuais efeitos perniciosos decorrentes da retroatividade dos efeitos de declaração de inconstitucionalidade. Declarações de constitucionalidade não geram efeitos perniciosos ao operarem retroativamente. Para tanto devem existir. Declarações judiciais de constitucionalidade, de qualquer porção do ordenamento apenas o confirmam, positivamente. Não se modulam declarações de constitucionalidade de leis ou atos normativos – toda a gente sabe disso".

prevista no artigo 6º da Lei Complementar n. 70/1991 pelo artigo 56 da Lei n. 9.430/1996 gerou debates no Supremo Tribunal Federal também em virtude do cabimento da modulação de efeitos, já que, sobre o tema, havia uma Súmula do Superior Tribunal de Justiça (276), que sedimentou a inexigência da contribuição das sociedades de profissão regulamentada.

Nesse caso, a questão de ordem relativa à modulação de efeitos foi suscitada pelo Ministro Carlos Alberto Direito no julgamento do Recurso Extraordinário n. 377.457, nos seguintes termos:

> "O que me preocupa muito, Senhor Presidente, são os efeitos dessa decisão no tocante às pessoas atingidas, porque se nós não admitirmos essa possibilidade teórica de aplicar a analogia para determinar a modulação dos efeitos, nós podemos ter uma execução em cascata que pode gerar uma consequência extremamente gravosa".

Assim como na decisão acima relatada, tratava-se de modular efeitos de decisão na qual não teria havido o reconhecimento de inconstitucionalidade. Ao contrário; com fundamento na tese de que inexiste hierarquia entre lei complementar e lei ordinária, o Supremo Tribunal Federal reconheceu a constitucionalidade do artigo 56 da Lei n. 9.430/1996, que revogou a isenção contida no artigo 6º da Lei Complementar n. 70/91. Portanto, em princípio, pelo argumento tradicionalmente jurídico (interpretação de uma norma, qual seja, o artigo 27 da Lei n. 9.868/1999, que disciplina as hipóteses de modulação de efeitos), não haveria que se cogitar da limitação temporal da eficácia da decisão. Não obstante esse dado e o precedente anteriormente firmado, acerca do caso do IPI – cuja razão jurídica, esteve, como visto, exatamente, na impossibilidade de modular decisões que não impliquem o reconhecimento de inconstitucionalidade de norma ou ato normativo – o debate sobre a modulação foi, novamente, aceito.

Contudo, diferentemente do que ocorreu no caso do IPI, houve cinco votos favoráveis à modulação, inclusive o proferido pelo Ministro Eros Grau que, na discussão anterior, enfaticamente negou tal possibilidade tendo-se em vista tratar-se de decisão que não continha declaração de inconstitucionalidade. Sobre a mudança abrupta de posicionamento, o Ministro apenas ressalvou:

> "Senhor Presidente, pelas razões mencionadas pelo Ministro Carlos Alberto Menezes Direito, e observando que, no caso, quando se discutiu a questão da alíquota zero a situação era inteiramente diferente, porque eram outras as razões, peço vênia a Vossa Excelência para admitir a modulação".

Assim, não apresenta qualquer justificativa acerca do por quê a situação presente é diferente da do IPI: se o argumento jurídico é idêntico, o que mudou? De outro lado, os Ministros que admitiram a modulação o fizeram a despeito da redação do artigo 28 da Lei n. 9.868/1999 e basearam os entendimentos na necessidade de garantir a segurança jurídica dos contribuintes e, nesse sentido, preservar o Estado Democrático de Direito. Especificamente quanto aos votos vencidos, a principal linha argumentativa esteve no fato de que, apesar da jurisprudência consolidada do Superior Tribunal de Justiça, vertida na Súmula 276, a segurança jurídica somente estaria quebrada, justificando uma eventual modulação, caso se tratasse de reversão do entendimento do próprio Supremo. Nesse sentido, manifestaram-se os Ministros Cezar Peluso, Carmen Lúcia, Gilmar Mendes e Marco Aurélio de Mello.

A análise dos votos deixa claro que tais Ministros imprimiram um conteúdo bastante limitado à quebra da segurança jurídica da qual poderia resultar a modulação de efeitos: **apenas a alteração de uma orientação consolidada daquele Tribunal que seria apta a gerar a discussão sobre os efeitos da decisão.**

1.3. Os prazos de prescrição e decadência previstos nos artigos 45 e 46 da Lei n. 8.212/1991

Conforme destacado no capítulo 3, o Supremo Tribunal Federal, no julgamento do Recurso Extraordinário n. 556.664, declarou a inconstitucionalidade dos prazos de 10 (dez) anos prescrição e decadência previstos nos artigos 45 e 46 da Lei n. 8.212/1991, por entender que tais temas são matérias privativas de lei complementar, nos termos do artigo 146, inciso III, alínea b, da Constituição.

No dia seguinte ao do julgamento (que ocorreu dia 11.6.2008), teve início a votação acerca da modulação dos efeitos do julgado. Nesse caso, um dos pressupostos do artigo 27 da Lei n. 9.868/1999 estava manifestamente presente, já que se tratava do reconhecimento de inconstitucionalidade de norma. Foi Ministro Gilmar Mendes que liderou o acolhimento da proposta de modulação, nos seguintes termos (e conforme já citado no capítulo 03):

> "Estou acolhendo parcialmente o pedido de modulação de efeitos, tendo em vista a repercussão e a insegurança jurídica que se pode ter na hipótese; mas estou tentando delimitar esse quadro de modo a afastar a possibilidade de repetição de indébito de valores recolhidos nestas condições, com exceção das ações propostas antes da conclusão do julgamento.
>
> Nesse sentido, eu diria que o Fisco está impedido, fora dos prazos de decadência e prescrição previstos no CTN, de exigir as contribuições da seguridade social. No entanto, os valores já recolhidos nestas condições, seja administrativamente, seja por execução fiscal, não devem ser devolvidos ao contribuinte, salvo se ajuizada a ação antes da conclusão do presente julgamento.
>
> Em outras palavras, são legítimos os recolhimentos efetuados nos prazos previstos nos arts. 45 e 46 e não impugnados antes da conclusão deste julgamento.

Portanto, reitero o voto pelo desprovimento do recurso extraordinário, declarando a inconstitucionalidade do parágrafo único do art. 5º do Decreto-lei n. 1.569 e dos arts. 45 e 46 da Lei n. 8.212/1991, porém, com a modulação dos efeitos, **ex nunc**, apenas em relação às eventuais repetições de indébito ajuizadas após a presente data, a data do julgamento".

A despeito da declaração de inconstitucionalidade, havia dúvidas se se tratava de situação em que a modulação seria cabível, já que a quebra de segurança jurídica, neste caso, seria bastante questionável. Nos termos do voto do Ministro Marco Aurélio, que restou vencido, o entendimento do Supremo acerca da obrigatoriedade de lei complementar para disciplinar os prazos de prescrição e decadência já estava, há muito, consolidado. Daí porque a modulação não poderia ser aprovada.

1.4. Balanço das decisões: critérios para o tema da modulação e a subjacência dos argumentos consequencialistas

Diante do breve relato dos três casos acima mencionados, cumpre analisar os argumentos suscitados nos julgados mais detidamente, de forma a tentar construir critérios para a modulação de efeitos das decisões do Supremo e, ainda, eventualmente, desvelar a presença de argumentos consequencialistas subjacentes às decisões.

Inicialmente, a partir da exposição dos **casos de IPI e COFINS** suprarrelatados, é possível construir os seguintes critérios para a modulação dos efeitos: em primeiro lugar, deve-se tratar de **decisão que declare a inconstitucionalidade de norma**, em controle difuso ou abstrato. Esse, nos termos do julgamento do IPI, aparece como um requisito inafastável. Contudo, a análise do debate sobre modulação dos efeitos da decisão proferida no caso da revogação de isenção da COFINS mostra que tal requisito admite, de acordo com os entendimentos fixados, certa relativização caso se trate de uma situação em que a afronta à segurança jurídica se mostra evidente. Acerca disso, os Ministros se dividiram, uns para alegar que a modificação de uma súmula do Superior Tribunal de Justiça seria suficiente para justificar tal afronta, enquanto outros argumentaram que apenas uma **mudança abrupta na jurisprudência consolidada do Supremo** é que resultaria em referida quebra da segurança. Essa última corrente se saiu vencedora.

Em ambos os casos, porém são citados argumentos relativos às consequências adversas que as partes poderiam sofrer, caso o julgamento se inclinasse para um ou outro lado. Referidas consequências seriam ou a perda de arrecadação por parte da Fazenda e prejuízo para o interesse público, ou grandes prejuízos financeiros para os contribuintes que, nas duas hipóteses, confiaram nas manifestações anteriores do Poder Judiciário para pautar suas ações. O resultado comum dos julgamentos foi: **prevalece a necessidade de proteger a Fazenda e o respectivo interesse arrecadatório, em detrimento de eventual prejuízo dos contribuintes**, que agiram por sua conta e risco, ou fiando-se em jurisprudência não consolidada (pela pendência de Embargos Declaratórios em um caso), ou em tese juridicamente duvidosa (como no caso da COFINS).

O que se verifica, pois, é que **o argumento econômico subjaz referidos julgamentos, mas, a despeito disso, não é elevado à categoria de ator central** – mesmo que uma análise mais detida dos acórdãos mostre que essas considerações econômicas constituíram se não a principal, uma das principais razões das decisões. Essa afirmação é facilmente comprovada pela reflexão sobre os argumentos que afastaram a existência de segurança jurídica apta a modular os efeitos.

No caso do IPI, o grande vilão contra a segurança jurídica foi o fato de as decisões não terem, ainda, transitado em julgado por conta da pendência de Embargos Declaratórios. Acerca disso, duas observações merecem ser feitas.

Em primeiro lugar, acerca da pendência dos Embargos. Ainda que absolutamente adequado tecnicamente (de fato, inexistia trânsito em jugado), um argumento como esse é fraco, já que, pela natureza dos Embargos de Declaração, o resultado da decisão não poderia gerar uma modificação no julgado, sob pena de caracterização de Embargos Infringentes – e Embargos Declaratórios não se prestam a efeitos infringentes. Logo, mesmo diante da pendência de recursos como esses, tais julgamentos não alterariam o quadro decisório.

Uma segunda observação refere-se a um trecho do voto do Ministro Sepúlveda Pertence em que o Ministro reconhece que a discussão sobre o direito a crédito de IPI apenas voltou ao Pleno por um "acidente da advocacia":

> "Há um equívoco no memorial da Fazenda ao afirmar que o renascimento da questão teria surgido no Agravo Regimental no recurso Extraordinário 353.777. Trata-se de um recurso da Caixa Econômica, Relator o Ministro Moreira Alves. Não foi aí que surgiu a remessa ao Pleno. Não. **Houve ali um desses acidentes da advocacia**. Como a orientação já estava firmada em relação aos créditos dos insumos adquiridos com isenção e também dos adquiridos com a alíquota zero, a advocacia do contribuinte tentou estendê-lo, na Primeira Turma, aos chamados NT, aquisição de produtos não tributados. Houve uma longa discussão, presentes hoje as duas ilustres personagens, **e acabou, enfim, tosquiado quem foi buscar lá: o Ministro Ilmar Galvão, fora o único vencido nas decisões plenárias sobre alíquota zero e sobre isenção, propôs então que o caso era de reexaminar todo o problema e, aí, se reabriu a discussão**".

Ora, se o debate foi retomado por um simples "acidente", parece evidente que os Ministros sequer cogitavam da revisão dos precedentes anteriormente firmados – o que apenas reforça a consolidação ou ao menos a inércia da jurisprudência até então. Pela análise da argumentação dispendida nos votos, parece claro que a razão central pela qual a modulação de efeitos não foi reconhecida não estava na impossibilidade de fazê-lo, tendo em vista a literalidade do artigo 27 da Lei n. 9.868/1999, nem sequer na ausência de jurisprudência consolidada. **O ponto central da tese vencedora parecia estar, exatamente, nas consequências negativas que um julgamento desse porte poderia trazer à Fazenda.** Tanto assim que, em diversas ocasiões esse argumento é suscitado. Confira-se:

> **Ministro Marco Aurélio:**
>
> Deve-se ter presente, por último, que a decisão proferida, em relação a contribuintes que hajam ingressado em Juízo e aos demais, mesmo considerados quanto a estes os últimos cinco anos, **implicará o esvaziamento do tributo, surgindo, como já consignado, passivo de proporções gigantescas a ser arcado pela própria sociedade**.
>
> A segurança jurídica está, na verdade, na proclamação do resultado do julgamento tal como formalizado, dando-se primazia à Constituição federal e exercendo o Supremo o papel que lhe é reservado – o de preservar a própria Carta da República e os princípios que a ela são ínsitos, como o da razoabilidade e o do terceiro excluído.
>
> De minha parte, **pouco importando os interesses individuais e momentâneos em jogo**, sufrago o entendimento, sempre e sempre, da preponderância da ordem jurídica. É o preço a ser pago em Estado Democrático de Direito, e é módico. Concluo pela eficácia das decisões tal como proferidas". (Destaques não contidos no original).
>
> **Ministro Eros Grau:**
>
> "Ora, se o resultado desse pleito judicial é adverso ao agente econômico, evidentemente será ele responsável pelos efeitos desse resultado. **Não é possível atribuirmos ao Estado [*rectius*, à sociedade] essa responsabilidade. Fazê-lo, isso equivaleria a instituirmos o capitalismo sem as incertezas inerentes às decisões de produção e de investimento, o capitalismo sem riscos, sem o salto no escuro.** [...]

Por fim, nenhuma razão relacionada ao interesse social, menos ainda a 'excepcional interesse social', prospera no sentido de aquinhoarem-se empresas que vieram a Juízo afirmando interpretação que esta Corte entendeu equivocada. **Fizeram-no, essas empresas, por sua conta e risco.** É seguramente inusitado: o empresário pretende beneficiar-se por créditos aos quais não faz jus; o Judiciário afirma que efetivamente o empresário não é titular de direito a esses mesmos créditos, mas autoriza a fazer uso deles até certa data... **Um 'negócio da China' para os contribuintes, ao qual corresponde inimaginável afronta ao interesse social".** (Destaques não contidos no original).

Ministro Cezar Peluso:

"Alega a requerente que a mudança do entendimento do Supremo – admitida por suposição – no curso de outros processos sobre o mesmo tema acarretaria *'fortíssimo impacto sobre a esfera de direitos de todo aquele universo empresarial'*, que ao longo dos anos pautou *'seus negócios segundo a linha de decisões que durante todo esse tempo veio sendo adotada'*.

Não me convence o argumento, **data venia**, pois a empresa somente teria direito ao crédito, em definitivo, após o trânsito em julgado da decisão que lhe reconhecesse.

Se se apropriou do crédito no curso do processo – e custa a crer que o tenha feito, porque, de regra, empresas de porte razoável com alguma orientação jurídica provisiona espécie e acompanha as ações judiciais, mensalmente – agiu por conta e risco, suposto *influenciado* pela jurisprudência anterior, mas ciente de que seu hipotético direito só estaria garantido após o trânsito em julgado da decisão". (Destaques não contidos no original).

Em todos os casos, contudo, o que se verifica é que esses argumentos são, apenas, incidentais. Ou seja, não integram a justificação do voto em seu sentido forte, são mencionados *ad argumentandum* e ao final das manifestações dos Ministros.

A grande questão "jurídica" está em saber se (i) houve ofensa à segurança jurídica e (ii) se a modulação é cabível, já que não se trata de declaração de inconstitucionalidade.

1.5. A necessidade de financiar a Administração Pública como razão de decidir

Diante de uma concepção de direito tributário como a de Becker, não haveria dúvida em se dizer que se está diante de argumentos puramente econômicos, que podem até constituir as razões do julgado, mas não representam fundamentos estritamente jurídicos. O objetivo dessa etapa da obra é demonstrar como esses argumentos podem sim ser classificados sob o rótulo "jurídicos" e o pressuposto para tanto é enquadrá-los em face da concepção de direito tributário proposta.

Inicialmente, que se trata de argumentos consequencialistas, não há dúvidas. Em todos os casos há referência direta ou indireta ao "reflexo", aos "resultados" da decisão judicial. A questão está em saber se são argumentos consequencialistas válidos, *i.e.*, argumentos cujo enfoque está nas consequências jurídicas da decisão e não apenas em simples resultados causais ou indiretos que não possuem relação com o direito. Essa resposta é dada, reitere-se, pela concepção de direito tributário ora proposta.

Referida concepção, apresentada no capítulo 04, é sustentada por dois elementos: um, relativo à necessidade de prover recursos ao Estado para a garantia da prestação de serviços públicos essenciais, e outro, relativo à justiça fiscal e manifestado pelo fato de o Brasil estar constituído na forma de um Estado democrático de direito com inclinações liberais do ponto de vista político. Argumentos que estejam direcionados à realização ou subversão de tais valores, tendo-se em vista as consequências que uma decisão poderá produzir, serão argumentos consequencialistas válidos.

Portanto, no caso em análise, os argumentos dos Ministros Marco Aurélio e Eros Grau, sobre a improcedência da modulação de efeitos tendo-se em vista os efeitos gravosos para os cofres públicos (e um eventual "esvaziamento do tributo", nas palavras do Ministro Marco Aurélio) seriam argumentos jurídicos e não simplesmente políticos e econômicos. **Justificar uma decisão em face das consequências negativas que um julgado trará para o financiamento de serviços públicos é possível e juridicamente correto.** Contudo, por óbvio, decidir nesse sentido e com base nesse tipo de razão (plenamente jurídica) demanda **justificações aceitáveis por conta dos julgadores, sob pena de todas as decisões serem proferidas em prol da Fazenda, tendo-se em vista a necessidade sempre presente de custear despesas públicas.** Referidas justificativas poderiam ser realizadas, por exemplo, pela apresentação de dados fáticos relacionados à perda de arrecadação na hipótese de a decisão ser meramente prospectiva. E isso, reitere-se, não implica um retorno à Ciência das Finanças, nem sequer um "direito tributário invertebrado", mas tão apenas o reconhecimento de uma outra concepção de direito tributário que traz como um de seus elementos centrais a finalidade de os tributos proverem receitas para o Estado.

Não obstante, porque esses argumentos são marginais na justificação dos votos – já que não seriam aptos a receber o qualificativo "jurídicos" – esse tipo de debate sequer é trazido à tona no julgamento. Seja a Fazenda, sejam os julgadores, ao procederem a esse tipo de alegação, limitam-se a repetir obviedades, relacionadas com a necessidade de defesa do interesse público, via arrecadação tributária. **O reconhecimento de argumentos como tais como jurídicos**, porque, sim, referem-se a um dos elementos da concepção de direito tributário aqui proposta, **resgataria esse tema e o traria para o debate judicial. O resultado seria a produção de decisões mais bem fundamentadas, inclusive porque as partes, ao procederem a alegações desse tipo, veriam-se no dever de justificá-las detalhadamente.**

ARGUMENTANDO PELAS CONSEQUENCIAS NO DIREITO TRIBUTÁRIO

Não se trata, pois, como pode parecer em um primeiro momento, de dizer que alegações relacionadas com o interesse arrecadatório sempre procedem. Ao contrário. Como já mencionado no capítulo 04, o que se pretende é chamar a atenção para a possibilidade **jurídica** de argumentos como esses, de forma que aquele que os alega sinta-se compelido a justificar, também juridicamente, razões como tais.

De outro lado, no que se refere ao caso da revogação da isenção da COFINS, o que parece ocorrer é a sobreposição de argumentos relativos à quebra da segurança jurídica em face da necessidade de se ter declaração de inconstitucionalidade como elemento essencial da modulação de efeitos. Contudo, novamente para decidir a favor da Fazenda, a maioria do Tribunal manifesta-se pela inexistência de referida quebra, tendo-se em vista que a jurisprudência modificada seria a do Superior Tribunal de Justiça e não a daquela Corte. Assim, restringe-se, e muito, as possibilidades de modulação de efeitos.

Como complementação, alguns Ministros alegaram que a tese dos contribuintes sequer seria confiável do ponto de vista jurídico. Nesse sentido, são os votos dos Ministros Carlos Britto e Cezar Peluso:

> **Ministro Carlos Britto**
>
> "[...] também entendo que, neste caso, a confiança do contribuinte não chegou a ser abalada, porque não fizemos senão confirmar uma distinção que começou no Brasil, com fôlego mais profundo, ou vôo mais alto, do ponto de vista intelectual, com Souto Maior Borges, o que levou Geraldo Ataliba até a mudar de opinião".
>
> **Ministro Cezar Peluso**
>
> [...] realmente, como já sustentei em meu voto, com o devido respeito, não vi densidade jurídica que justificasse uma confiança dos contribuintes a respeito dessa tese. Segundo, penso que não podemos, vamos dizer,

baratear o uso analógico da modulação para os julgamentos no controle dos processos subjetivos, porque, se não, vamos transformá-la em regra: toda vez que alterarmos a jurisprudência dos outros tribunais, teremos, automaticamente, por via de consequência, de emprestar a mesma limitação. Em terceiro lugar, no caso concreto, parece-me que, como se afirma a constitucionalidade, no fundo o Tribunal estaria concedendo moratória fiscal, se limitasse os efeitos".

Portanto, os contribuintes que se basearam na tese (não muito boa, segundo argumentam os Ministros), parecem tê-lo feito por sua conta e risco. Não há que se falar em modulação se a tese era questionável – situações como essas não gerariam ofensa à segurança jurídica. Diante dessas postulações, a questão é saber em que casos uma tese pode ser qualificada como "confiável". A existência se súmula do Superior Tribunal de Justiça sobre o tema deveria indicar algum grau de confiabilidade e procedência da tese.

De todo modo, um possível sumário das regras aparentes relativas à modulação de efeitos, considerando, por ora, apenas os dois primeiros casos, seria: (i) a modulação está restrita, em princípio, aos casos de reconhecimento de inconstitucionalidade, (ii) razões de manifesta quebra de segurança jurídica se sobrepõem à inexistência de declaração de inconstitucionalidade e (iii) a quebra da segurança jurídica se faz presente nos casos em que houver jurisprudência manifesta e consolidada do Supremo Tribunal Federal ou nos casos em que a tese for confiável.

É evidente a ausência de coerência entre os mandamentos fixados pelo Supremo Tribunal Federal e isso somente corrobora o fato de que existem outras razões, subjacentes a essas regras, que se prestam a justificar o entendimento formado: trata-se da necessidade de cuidar para que a decisão não seja demasiadamente prejudicial à Fazenda, do ponto de vista financeiro. Conforme visto, não há problemas jurídicos em argumentos desse tipo (consequencialistas e que levam em conta um dos aspectos da concepção aqui estabelecida), desde que eles sejam desvelados e elevados à categoria de argumentos jurídicos. Apenas desse modo, um debate isonômico pode ser produzido.

Em complemento ao que já foi exposto, cumpre, por fim, analisar mais detidamente a decisão tomada pelo Supremo Tribunal Federal no Recurso Extraordinário n. 556.664-1, relativa ao reconhecimento da inconstitucionalidade dos prazos de prescrição e decadência prescritos nos artigos 45 e 46 da Lei n. 8.212/1991. Conforme mencionado acima, o argumento utilizado pelo Ministro Gilmar Mendes para justificar a necessidade de modulação dos efeitos da decisão centrou-se na quebra de segurança jurídica. Vale citar, novamente, as palavras do Ministro:

> "[...] Estou acolhendo parcialmente o pedido de modulação de efeitos, tendo em vista a **repercussão e a insegurança jurídica que se pode ter na hipótese**". (Destaques não contidos no original).

Repercussão e insegurança jurídica em relação a quê? Além de não apresentar qualquer justificativa, propõe a modulação de efeitos de forma a evitar a repetição de indébito por parte dos contribuintes que recolheram tributos de acordo com os prazos reconhecidos como inconstitucionais, a não ser que possuam ações ajuizadas antes da conclusão do julgamento (*i.e.* 11.6.2009).

O Ministro Marco Aurélio divergiu dessa posição exatamente para salientar que não seria cabível falar em quebra de segurança jurídica, tendo-se em vista constantes manifestações do Supremo Tribunal Federal acerca da impropriedade da lei ordinária para dispor sobre prazos de prescrição e decadência. Ora, adotando-se uma das regras fixadas a partir dos entendimentos firmados nos casos do IPI e da COFINS, tem-se que somente se estaria diante de uma situação de insegurança jurídica que justificasse a modulação de efeitos no caso de alteração de jurisprudência do próprio Supremo. Contudo, a presente hipótese é o exemplo didático de **confirmação de jurisprudência e não alteração** que demande modulação de efeitos.

Uma decisão como essa somente se justifica diante de uma outra razão: a necessidade de garantir que não haja uma avalanche de ações da qual resulte grave prejuízo à Previdência Pública – já que os prazos declarados inconstitucionais referiam-se à constituição e cobrança de contribuições previdenciárias. Essa razão subliminar é destacada pelo Ministro Marco Aurélio em seu voto, inclusive para salientar a incongruência da decisão atual com aquela adotada para solucionar a modulação de efeitos no caso do IPI:

> "Indago: podemos cogitar de contexto a autorizar a modulação? A meu ver, não. E decidimos há pouco – **só que aqui os ventos beneficiam o Estado e no caso a que me refiro, o pleito se mostrou dos contribuintes** –, em situação mais favorável à modulação, e ela foi rechaçada, quando examinamos a questão da alíquota zero e do Imposto sobre Produtos Industrializados. O Tribunal, nessa oportunidade – e buscavam os contribuintes a modulação –, apontou que não haveria como se cogitar de insegurança jurídica porque os pronunciamentos anteriores, estes sim a favor dos contribuintes, dos beneficiários do pleito de modulação, não teriam transitado em julgado". (Destaques não contidos no original).

Trata-se, portanto, muito menos de "insegurança jurídica" e muito mais de garantia do interesse social pelas vias da tributação: não é razoável desprover a Previdência de recursos já computados, gastos e recolhidos pelos contribuintes. Daí, portanto, preservar os pagamentos anteriores e afastar a aplicação retroativa da decisão – salvo para aqueles que já tinham ação judicial em curso. Está-se diante, novamente, de um argumento consequencialista: a decisão seria capaz de subverter um dos valores do direito tributário, que é a existência de recursos para o Estado prover serviços essenciais. E quanto a isso, nenhum problema se apresenta. Contudo, como esse argumento não é trazido à tona no ato de decidir, já que sua consideração, pelos paradigmas de uma concepção pura de direito tributário, inseriria elementos econômicos no julgado. Como resultado, **tem-se uma decisão pobre em suas justificativas, que esconde as razões que conduzem a decisão adotada e, assim, impede o debate do ponto de vista dos contribuintes.**

Diante de todo o exposto, percebe-se que a incorporação de argumentos consequencialistas, o que pode ocorrer pelas vias da concepção de direito tributário ora apresentada, confere aos contribuintes mais um elemento nas disputas tributárias e eleva o nível de justificativa das decisões judiciais. Tem-se por demonstrado, portanto, a relevância de tais argumentos e a procedência de sua incorporação no discurso jurídico tributário.

Antes de concluir, porém, cumpre analisar um outro bloco de casos, em que os argumentos, ao invés de se referirem à necessidade de manutenção do Estado, como esses mencionados, abordam o segundo elemento da concepção de direito tributário que a tese defende existir: a justiça fiscal.

2. Um outro argumento consequencialista possível: a realização da justiça fiscal

Neste último bloco do capítulo, serão analisadas decisões que, ao contrário daquelas relatadas acima, elegem como razão central na justificação dos julgados o outro elemento integrante da concepção ora proposta: a justiça fiscal, de uma forma ampla, e a justiça distributiva mais especificamente. Argumentos consequencialistas acerca da delimitação de tais valores serão válidos porque pertencentes à concepção então apresentada.

O tema comum aos julgados será o da progressividade de alíquotas e a possibilidade de mensurar, pela progressividade, a capacidade contributiva. O resultado, como visto no capítulo 04, será uma melhor (e mais equânime) distribuição dos ônus e bônus da tributação.

Assim como realizado no item acima, a estrutura dessa análise será a seguinte: em primeiro lugar, serão apresentados e relatados os casos para, somente após, avaliar criticamente os argumentos suscitados. Assim, entende-se, fica mais evidente o uso de argumentos consequencialistas e eventuais razões subjacentes aos acórdãos. Além disso, ressalte-se que nem todos os casos já foram objeto de apreciação final pelo Supremo Tribunal Federal e, por isso, em certas hipóteses, as considerações ficarão limitadas aos votos existentes ou mesmo às notícias relativas ao julgamento. Isso não prejudica ou mitiga o ponto que se quer provar porque, como será verificado mais adiante, mesmo antes da conclusão do julgado, o argumento relativo à realização da justiça fiscal (pelo uso de alíquotas progressivas) se mostra claro norteador dos votos já proferidos, o que demanda justificativas contrárias a ele se os Ministros que ainda não votaram pretenderem afastar tal consideração.

Serão analisadas três disputas recentes no Supremo: (i) a possibilidade de as alíquotas do IPTU serem progressivas, antes e depois da EC 29/2000, (ii) a possibilidade de as alíquotas do ITCMD serem progressivas, a despeito da ausência de previsão constitucional nesse sentido e (iii) a progressividade de alíquotas da COSIP (contribuição para o financiamento do serviço de iluminação pública), tributo de competência dos Municípios e Distrito Federal, incluído na Constituição pela EC 39/2002.

2.1. A progressividade de alíquotas no IPTU

Nos termos da redação original da Constituição, as alíquotas do IPTU somente poderiam ser progressivas nos casos em que o imóvel urbano estivesse subutilizado ou mal aproveitado. Como medida coercitiva visando à manutenção da função social da propriedade urbana, o Poder Público poderia exigir a melhor utilização do imóvel, sob pena de cobrança de alíquotas progressivas durante todo o período em que o imóvel ficasse em tal situação. O fundamento para tanto seria o artigo 182, § 4º, inciso II da Constituição, combinado com a redação do artigo 156, § 1º. Como se tratava de progressividade não vinculada à realização da capacidade contributiva, mas sim à garantia de um bom aproveitamento de todos os imóveis urbanos, a cobrança do imposto nesses moldes não gerava discussões.

Contudo, em 2000, foi publicada a EC 29 (EC 29/2000), que alterou o artigo 156, § 1º da Constituição para estabelecer a possibilidade de o IPTU ter alíquotas progressivas em função do valor do imóvel e, ainda, alíquotas diferenciadas por conta da localização e utilização do bem.

A partir disso, a questão foi a de saber se a EC 29/2000 criou a possibilidade de as alíquotas do IPTU serem progressivas e diferenciadas ou, se ao contrário, houve mera explicitação do texto constitucional. O Supremo Tribunal Federal manifestou-se no sentido de que as leis municipais que estabelecessem a progressividade do IPTU por critérios desconectados à realização da função social da propriedade e tenham sido criadas antes da EC 29/2000 eram inconstitucionais. O resultado dessa posição foi a publicação da Súmula 668[328]. Assim,

---

328. "É inconstitucional a lei municipal que tenha estabelecido, antes da Emenda Constitucional 29/2000, alíquotas progressivas para o IPTU, salvo se destinada a assegurar o cumprimento da função social da propriedade urbana".

é natural concluir que, para o Supremo, a EC 29/2000 cria a possibilidade de cobrança diferenciada do IPTU, tendo em vista critérios relacionados mais diretamente com a capacidade contributiva. Esse entendimento, inclusive, é corroborado pelo julgamento do Recurso Extraordinário n. 153.771, no qual, muito antes da EC 29/2000, reconheceu-se a improcedência de alíquotas progressivas em função do valor do imóvel ou qualquer outro índice que tivesse por objetivo medir a capacidade contributiva.

Ainda assim, porém, teve lugar nesse Tribunal debate sobre a constitucionalidade da EC 29/2000. Os contribuintes alegaram que a cobrança do IPTU de acordo com as condições da redação atual do artigo 156, § 1º da Constituição ofenderia princípio da isonomia, já que tal imposto não leva em conta as características pessoais do sujeito passivo. Uma progressividade nesses moldes distorceria a capacidade contributiva, ao invés de realizá-la – nos termos da argumentação exposta no capítulo 04, no tópico relativo à definição das bases impositivas no texto constitucional.

Em 01.12.2010, houve o julgamento do Recurso Extraordinário n. 423.768, no qual houve o reconhecimento da constitucionalidade da cobrança progressiva do imposto, inclusive nos termos da EC 29/2000. Por ocasião do início do julgamento, em 2006, o Ministro Marco Aurélio, relator do processo, proferiu voto pela constitucionalidade da cobrança e foi seguido pelos Ministros Eros Grau, Cármen Lúcia Antunes Rocha, Joaquim Barbosa e Sepúlveda Pertence. Em 2010, o Ministro Carlos Ayres Britto levou a matéria de volta ao Plenário e acompanhou o voto do relator, juntamente com os Ministros Gilmar Mendes e Celso de Mello. O principal argumento suscitado foi exatamente a realização da capacidade contributiva e, assim, da justiça fiscal. Confira-se:

> "No caso, segundo o ministro Ayres Britto, trata-se de "justiça social imobiliária, com tratamento desigual para quem é imobiliariamente desigual". Ou seja, deve

pagar mais tributos aquele que tem mais bens imobiliários e maior capacidade contributiva, e a alíquota variável cumpre melhor essa função, se a base de cálculo do IPTU é o valor venal da propriedade"[329].

De outro lado, em 25.05.2011, o Supremo Tribunal Federal julgou um outro Recurso Extraordinário, de número 586.693, em relação ao qual havia repercussão geral reconhecida. A decisão foi na mesma linha do julgamento acima mencionado e, portanto, pela constitucionalidade da cobrança progressiva, tendo-se em vista critérios de justiça fiscal.

2.2. A progressividade de alíquotas no ITCMD

O ITCMD é um imposto de competência estadual, previsto no artigo 155, inciso I da Constituição e que, a exemplo do IPTU, classifica-se como "real", já que os fatos previstos na Constituição como aptos a gerar a cobrança de tributo não se relacionam com características pessoais do sujeito passivo. Referidos fatos são: (i) a transmissão *causa mortis* de quaisquer bens e direitos e (ii) a transmissão gratuita, por ato *inter vivos*, (doação) de quaisquer bens e direitos. Portanto, independentemente das peculiaridades do sujeito passivo (rendimentos, condição econômica, etc.), o tributo deve ser cobrado uma vez verificada a transmissão em tais moldes.

Não há, no texto constitucional, previsão relacionada à possibilidade de as alíquotas serem progressivas em função do valor do bem. A única disposição acerca das alíquotas refere-se à competência do Senado Federal para estabelecer as máximas, por meio de resolução (artigo 155, § 1º, inciso IV).

---

329. Nos termos da notícia veiculada pelo Supremo Tribunal Federal. Disponível em: http://www.stf.jus.br/portal/cms/verNoticiaDetalhe.asp?idConteudo=167302&caixaBusca=N

Apesar da omissão constitucional, alguns Estados estabeleceram, nas respectivas leis instituidoras, referida progressividade de alíquotas e o tema está em discussão no Supremo Tribunal Federal, tendo sido a repercussão geral reconhecida. Trata-se do Recurso Extraordinário n. 562.045 (e de outros dez semelhantes a ele), cujo julgamento foi suspenso em 04.08.2011, por conta do pedido de vista realizado pelo Ministro Marco Aurélio. Até o momento, apenas o relator, Ministro Ricardo Lewandowski, votou pela impossibilidade da cobrança progressiva do imposto. Os Ministros Eros Grau, Menezes Direito, Cármen Lúcia, Joaquim Barbosa, Ayres Britto e Ellen Gracie decidiram constitucionalidade da cobrança progressiva.

O debate está em saber se o ITCMD poderia ter alíquotas progressivas, considerando-se a ausência de previsão constitucional nesse sentido. A tomar-se unicamente pelo precedente do IPTU (Súmula 668), a resposta deveria ser negativa.

2.3. Progressividade de alíquotas da COSIP

A competência para a instituição da COSIP está prevista no artigo 149-A da Constituição, cuja redação é a seguinte:

> "Artigo 149-A – Os Municípios e o Distrito Federal poderão instituir contribuição, na forma das respectivas leis, para o custeio do serviço de iluminação pública, observado o disposto no art. 150, I e III.
>
> Parágrafo único. É facultada a cobrança da contribuição a que se refere o caput, na fatura de consumo de energia elétrica.

O caso que chegou ao Supremo Tribunal Federal, e teve a repercussão geral conhecida, foi o do Recurso Extraordinário n. 573.675-0, interposto pelo Ministério Público do Estado de Santa Catarina contra acórdão proferido pelo Tribunal de

Justiça desse Estado, em sede de ação direta de inconstitucionalidade ajuizada em face da lei do Município de São José, que criou tal contribuição. O Tribunal de Justiça considerou a lei constitucional, motivando, assim, a interposição do Recurso Extraordinário.

A criação da COSIP pelo Município de São José se deu pela publicação da Lei Complementar n. 7/2002, a qual: (i) elegeu como contribuintes todos os consumidores de energia elétrica situados na área urbana e rural do Município (artigo 1º, § 2º) e (ii) determinou que a base de cálculo seria o custo mensal do serviço de iluminação pública prestado pelo Município, sobre a qual seria aplicada uma alíquota progressiva, tendo-se em vista a faixa de consumo do serviço de energia elétrica de cada um dos contribuintes (artigo 2º). Trata-se, pois, de uma contribuição progressiva, cujo critério para o *discrímen* é o consumo de energia elétrica.

A discussão no Supremo Tribunal Federal centrou-se na alegada ofensa ao princípio da isonomia tributária, especificamente porque tal contribuição não abrangeria todos aqueles beneficiados pelo serviço de iluminação pública e, ainda, pela inexistência de critério preciso da medida da capacidade contributiva – a faixa de consumo de energia elétrica não pareceria figurar como uma medida de discriminação relevante. Ambos os argumentos, suscitados pelo Ministério Público estadual, foram superados pelas razões apresentadas no voto do Ministro Ricardo Lewandowski, relator, que considerou a lei constitucional. Todos os Ministros seguiram essa orientação, à exceção do Ministro Marco Aurélio, que considerava a própria Emenda Constitucional n. 39/2002 (EC 39/2002) inconstitucional.

2.4. Justiça fiscal como razão de decidir

As discussões judiciais relativas à progressividade do IPTU e do ITCMD possuem matrizes comuns: em ambos os casos, têm-se impostos reais e a pergunta situa-se na possibilidade de aplicar a eles técnicas mais efetivas de apuração do princípio da capacidade contributiva, além da tributação proporcional. Ainda que no IPTU haja, a partir da EC 29/2000, autorização constitucional para tanto, deve-se reiterar que esse tema já foi objeto de debate no Supremo Tribunal Federal, tanto na apreciação de alíquotas progressivas para o IPTU antes da EC 29/2000 quanto nessa mesma análise para o imposto de competência municipal sobre transmissão onerosa e por ato *inter vivos* de bens imóveis e direitos a ele relativos (ITBI). Em ambos os casos, o Tribunal considerou a utilização da progressividade inconstitucional, sendo que, para o ITBI, houve a publicação de uma súmula (656)[330], reconhecendo a inconstitucionalidade das alíquotas progressivas em face do valor venal do imóvel.

O julgamento do Recurso Extraordinário n. 153.771, acima mencionado e relativo ao IPTU, firmou o paradigma da interpretação da Corte sobre o tema: sendo o IPTU um imposto real, não há que se falar em utilização de alíquotas progressivas – a progressividade é técnica unicamente aceitável caso se trate de sancionar o contribuinte tendo-se em vista um mau uso da propriedade urbana, com a finalidade precisa de garantir a respectiva função social, nos termos da redação do artigo 182, § 2º, inciso II, combinada com o disposto no artigo 156, § 1º, ambos da Constituição. O mesmo raciocínio foi aplicado ao ITBI, por ocasião do julgamento do Recurso Extraordinário n. 234.105-3.

Com o retorno das discussões à Corte, duas considerações podem, de plano, ser realizadas: quanto ao IPTU, a mudança constitucional poderia resultar em autorização para a progressividade; quanto ao ITCMD, em princípio, o precedente do ITBI deveria ser aplicado, inclusive por um critério

---

330. É inconstitucional a lei que estabelece alíquotas progressivas para o Imposto de Transmissão "Inter Vivos" – ITBI com base no valor venal do imóvel.

de justiça formal, já que a situação é absolutamente idêntica – imposto real sem previsão constitucional quanto à progressividade. Contudo, pela análise dos votos até então proferidos, não é isso que se verifica.

Especificamente no caso do IPTU e a constitucionalidade da EC 29/2000, discutida nos autos do Recurso Extraordinário n. 423.768, o Ministro Marco Aurélio, relator, salientou, conforme noticiado no Informativo 433 do Supremo Tribunal Federal:

> "[...] a EC 29/2000 veio tão-só aclarar o real significado do que disposto anteriormente sobre a graduação dos tributos, não tendo abolido nenhum direito ou garantia individual, visto que a redação original da CF já versava a progressividade dos impostos e a consideração da capacidade econômica do contribuinte".

Além disso, segundo o informativo, o Ministro:

> "[...] reafirmou sua convicção, exposta em julgamentos anteriores ao advento da EC 29/2000, de que o § 1º do art. 145 possui cunho social da maior valia, tendo como objetivo único, sem limitação do alcance do que nele está contido, o estabelecimento de uma gradação que promova justiça tributária, onerando os que tenham maior capacidade para pagamento do imposto".

Trata-se, pois, de um argumento vinculado à maior ou menor realização da justiça tributária pelos impostos e, portanto, da incorporação das razões do Ministro Carlos Velloso, por ocasião do julgamento do Recurso Extraordinário n. 153.771, que foi o único vencido, por considerar constitucional a progressividade de alíquotas do IPTU mesmo sem previsão constitucional específica. De acordo com o Ministro, a redação original do artigo 156, § 1º da Constituição permitia tal progressividade tendo-se em vista razões relacionadas com a justiça distributiva:

> "Ela se assenta, a função social do art. 156, § 1º, numa política redistributivista, ou a progressividade assentada no art. 156, § 1º, visa a realizar uma política redistributivista, na linha da lição de Wilherm Gerloff [...]. [E citando Alcides Jorde Costa]: 'A progressividade pode justificar-se como concretização de uma política redistributivista, porque se reconhece estar a renda distribuída de modo inconveniente à vista das aspirações éticas da sociedade. Por fim, a progressividade pode ser utilizada como recurso de chamada finança de ordenamento ou, se preferir, como recurso do poder de polícia'".

Em relação ao caso do ITCMD, a referência à realização da justiça fiscal, um dos elementos da concepção de direito tributário aqui proposta, reitere-se, é ainda mais evidente. De acordo com o Informativo 520, do Supremo Tribunal Federal, o Ministro Eros Grau abriu divergência em face do voto do Ministro Ricardo Lewandowski, que negava a progressividade, e salientou que:

> "[...] todos os impostos estão sujeitos ao princípio da capacidade contributiva, mesmo os que não tenham caráter pessoal, e que o que esse dispositivo estabelece é que os impostos, sempre que possível, deverão ter caráter pessoal. Ou seja, a Constituição prescreve como devem ser os impostos, todos eles, e não somente alguns. Assim, todos os impostos, independentemente de sua classificação como de caráter real ou pessoal, podem e devem guardar relação com a capacidade contributiva do sujeito passivo".

Esse voto foi acompanhado pelos Ministros Carlos Alberto Menezes Direito, Carmen Lúcia Antunes Rocha, Joaquim Barbosa e, recentemente, por Carlos Ayres Britto, consolidando a maioria para a tese defendida por Eros Grau. O Ministro Marco Aurélio, que pediu vista do processo em 04.08.2011, possivelmente vai segui-lo, considerando os precedentes acima relatados quanto ao IPTU. De todo modo, o argumento central também nesse caso é a justiça fiscal, que se vê melhor realizada a partir das alíquotas progressivas para o ITCMD.

A aplicação de tais razões relacionadas à justiça (distributiva, em uma análise mais específica) no ITCMD revela-se ainda mais interessante do que no IPTU, pois, nesse caso, conforme mencionado, o Tribunal já tinha jurisprudência assentada para o ITBI, inclusive com a produção de uma súmula. Esse precedente poderia ser perfeitamente aplicável à presente situação. Contudo, a mudança da composição do Supremo gerou a análise e consideração de outros argumentos, que superam o fato de não haver previsão constitucional. Na elaboração da justificativa das decisões, pesou mais, ao menos por enquanto e de acordo com o que se depreende dos informativos, a necessidade de realizar a justiça fiscal. Argumentos consequencialistas fundados nesse tipo de razão serão plenamente válidos e nada têm de políticos. Trata-se da consideração de razões jurídicas, nos termos da concepção de direito tributário aqui estabelecida.

As mesmas razões de justiça fiscal são encontradas nos dois votos mais relevantes no julgamento da constitucionalidade da COSIP criada pelo Município de São José e da respectiva cobrança progressiva – esses votos são aqueles proferidos pelo Ministro Ricardo Lewandowski, relator, que conduziu a tese vencedora, e pelo Ministro Marco Aurélio, que abriu divergência e saiu vencido.

Para o Ministro Ricardo Lewandowski, partindo-se da premissa de que as contribuições são espécies de tributos, conclui-se que tais modalidades estão sujeitas a todo regime constitucional tributário. No que se refere ao princípio da capacidade contributiva, salienta o Ministro, em que pese haver menção expressa, na Constituição, de sua vinculação aos "impostos", ele poderia ser visto como uma "limitação ao poder de imposição fiscal que importa todo sistema tributário", mesmo não sendo aplicável a todos os tributos (*ex vi* as taxas).

Apesar da possibilidade daquele que preza por uma interpretação mais estrita do direito tributário questionar essa construção, o argumento utilizado pelo Ministro parece procedente. Em primeiro lugar porque, adotando-se o pressuposto de que as contribuições são espécies autônomas, é bem verdade que elas não se diferenciam substancialmente dos impostos, salvo pela destinação das receitas arrecadadas – inclusive por essa razão há um debate doutrinário acerca da sustentação teórica da tese relativa à classificação como modalidades autônomas, conforme visto no capítulo 04. Se análise restrita e concentrada nos fatos que resultam na tributação pelas contribuições, não é capaz de dizer se se está diante de um imposto ou contribuição, estender a elas o princípio da capacidade contributiva é plenamente viável do ponto de vista teórico. De outro lado, referida interpretação é corroborada pela concepção de direito tributário ora proposta, em que a justiça fiscal joga um papel relevante.

A partir, novamente, da referência ao capítulo anterior e das considerações feitas acima acerca do IPTU e ITCMD, verifica-se que o princípio da capacidade contributiva é determinante na realização da justiça fiscal, já que se trata de distribuir a carga tributária de acordo com a manifestação de riqueza de cada qual e tal determinação é vista como uma realização importante da justiça distributiva através do direito tributário e, em última análise, como medida de realização e garantia do Estado Democrático de Direito. Sendo assim, realizar uma interpretação mais ampla do dispositivo constitucional para dizer que ele também se aplica às contribuições somente concretiza tais objetivos. Já ao final do voto, destaca o Ministro Ricardo Lewandowski:

> "[...] Sim, porque o Município de São José, ao empregar o consumo mensal de energia elétrica de cada imóvel como parâmetro para ratear entre contribuintes o gasto com a prestação do serviço de iluminação pública,

> buscou realizar, na prática, a almejada justiça fiscal, que consiste, precisamente, na materialização, no plano da realidade fática, dos princípios da isonomia tributária e da capacidade contributiva, porquanto é lícito supor que quem tem um consumo maior tem condições de pagar mais".

É interessante notar que o Ministro Marco Aurélio, ao abrir divergência em face da posição firmada pelo Ministro Ricardo Lewandowski, não disputa as interpretações acima expostas (quais sejam: extensão da capacidade contributiva às contribuições e realização da justiça fiscal a partir dessa construção), mas apresenta um outro rol de motivos que, em certa medida, igualmente se relacionam com a justiça no/do direito tributário.

Para o Ministro, a própria EC 39/2002 seria inconstitucional, por dois motivos. Em primeiro lugar, pela atribuição aos Municípios e Distrito Federal da competência para criar contribuições, sendo que essa possibilidade era (ou deveria ser) exclusiva da União. A outra razão situa-se no fato de que referida Emenda ter tido por objetivo o contorno da jurisprudência do Supremo, assentada na Súmula 670, segundo a qual o serviço de iluminação pública não poderia ser custeado mediante taxa[331]. Além disso, ao final do voto, destaca um argumento de justiça fiscal:

> "Presidente, mais do que isso – e aqui lanço uma profissão de fé diante do quadro atual: qualquer acréscimo na carga tributária, hoje, configura confisco, pouco importando a nomenclatura que se dê ao tributo criado ou ao acréscimo de tributo já existente".

Nos dois votos, verifica-se o recurso ao argumento consequencialista, ainda que de forma menos evidente do que se

---

[331]. Nos termos do aparte realizado durante o voto do Ministro Gilmar Mendes, salienta o Ministro Marco Aurélio: *"poderia dizer que não há razoabilidade em se contornar uma decisão do Supremo mediante emenda constitucional"*.

viu nos casos relatados no primeiro bloco deste capítulo. O recurso à justiça fiscal, apresentada como razão de decidir, implica afirmar, necessariamente, que as consequências do julgado em certo sentido serão melhores do que em outro, tendo em vista a maior potencialidade de realização do Estado Democrático de Direito, de um ponto de vista lato, e da melhor distribuição dos ônus e bônus da tributação, de uma perspectiva mais estrita. Para o Ministro Ricardo Lewandowski, a progressividade das alíquotas é constitucional porque se trata de medida de realização da isonomia, através da capacidade contributiva, que culmina na maior justiça na distribuição da carga tributária (consequência desejável). Já para o Ministro Marco Aurélio, trata-se de considerar que a medida da justiça corresponde à ausência de aumento da carga tributária atual (já suficientemente pesada) e a utilização de recursos de impostos para custear o serviço que se pretende ver financiado pela COSIP – uma decisão em sentido oposto resultaria na desconsideração da justiça e ofensa ao princípio do não confisco (consequência não desejável).

Portanto, em todos os casos, verifica-se que a alusão à justiça fiscal não é realizada com pretensões de fundamentar politicamente a decisão. Trata-se de um argumento jurídico que pode ser incorporado às razões de decidir e, portanto, às justificativas da decisão, sem a necessidade de se recorrer a um "direito tributário invertebrado". Trata-se, apenas, da aplicação de uma dada concepção de direito tributário na análise das razões relevantes para a decisão e das consequências desejáveis ou não pelo ordenamento jurídico.

3. Conclusões

Diante dos casos expostos, fica mais evidente como a presente concepção de direito tributário pode auxiliar na definição e identificação de argumentos consequencialistas na prática tributária. Trata-se, pois, de reconhecer o *status* jurídico de argumentos relacionados com a necessidade de manutenção dos níveis de arrecadação, ou mesmo de questões relacionadas com a justiça na tributação, como forma de trazê-los para o debate sobre a melhor solução para o caso concreto, sem que isso implique a prevalência inconteste dos argumentos da Fazenda – que sempre irá destacar o interesse público na arrecadação. Ao contrário. O ponto é conferir, também, mais um instrumento aos contribuintes que, ao lidarem diretamente com as questões suscitadas pela concepção de direito tributário aqui proposta, ampliam o espectro do debate judicial e obrigam os juízes a justificarem suas decisões também tendo-se em vista (i) o papel mantenedor e constitutivo do Estado que o direito tributário assume e (ii) a necessidade de garantia da justiça distributiva, pelas mãos do Estado Democrático de Direito.

Capítulo 6
CONSIDERAÇÕES FINAIS

O objetivo da presente obra foi o de estabelecer o conteúdo material possível dos argumentos consequencialistas em matéria tributária. Tendo-se em vista que nem todos os resultados advindos da decisão podem ser qualificados como consequências relevantes para fins de determinar a substância possível de tais argumentos, inicialmente, no capítulo 2, delineou-se a teoria dentro da qual referidos argumentos aparecem e a orientação teórica utilizada foi a de Neil MacCormick.

Estabelecido que apenas as consequências cuja preocupação fossem os efeitos da universalização da decisão judicial seriam aquelas passíveis de serem consideradas jurídicas, indagou-se como seria possível determinar se a consequência era desejável ou não. Nos termos das premissas teóricas estabelecidas, seriam desejáveis apenas aquelas consequências que realizassem ou não subvertessem valores relevantes para a área do direito em questão, o que demandou o estabelecimento de uma concepção de direito tributário.

Para fins de melhor delinear essa concepção e, desde logo, prever as possíveis críticas a ela, entendeu-se necessário a apresentação de uma concepção rival, cuja incorporação afasta os argumentos consequencialistas. Trata-se, aqui, da concepção defendida por Alfredo Augusto Becker, para quem o direito tributário deve ser estudado completamente dissociado de suas finalidades, sob pena de criação de um "direito tributário invertebrado".

O objeto do capítulo 3 foi o de apresentar a teoria de Becker e, a partir dela, construir as críticas possíveis que encaminhavam e justificavam a construção de uma outra concepção de direito tributário. A teoria de Becker é uma resposta à maneira pela qual os estudos tributários vinham sendo conduzidos até então. Conforme se pode verificar em referido capítulo, a partir de um breve apanhado da cronologia que denota a independência do direito tributário em face de outras áreas do direito, como o direito administrativo, Ciência das Finanças e, posteriormente, do direito financeiro, Becker visa, no Brasil, terminar em definitivo com a confusão que assolava a doutrina e estabelecer uma concepção "pura" de direito tributário, que deixasse de lado os aspectos econômicos, políticos e financeiros da disciplina. O resultado foi não apenas a separação didática do direito tributário dessas outras áreas, mas, especialmente, o divórcio conceitual em relação ao direito financeiro.

Partindo da consideração de que o direito tributário apenas se justifica pelo poder de coação do Estado, Becker rejeita toda e qualquer ideia de conexão conceitual da finalidade essencial do direito tributário (que é a de obter receitas para a manutenção do Estado) com as normas que definem a criação, modificação e arrecadação de tributos. Nos termos em que destacado no item 4 do capítulo 03, há dois tipos de problemas na teoria de Becker: um, relativo à teoria do Estado que desenvolve para justificar a ausência de quaisquer elementos distantes do simples dever jurídico de cumprimento de uma prestação vinculada ao direito tributário; outro, relacionado com a teoria do Direito: o autor apresenta um tratamento superficial do raciocínio e argumentação no Direito, de forma que a interpretação nada mais seria do que o resultado de um processo lógico e mecânico de subsunção. Esse último ponto mostra, de forma inequívoca, a impossibilidade da incorporação de argumentos consequencialistas no contexto de tal teoria.

Em relação à primeira crítica, conforme visto, a teoria do Estado que o autor desenvolve não pode ser aceita por duas razões: em primeiro lugar, porque considera o Estado mero antecedente lógico do direito e, assim, também do direito tributário, e, em segundo lugar porque assume que o direito tributário não se altera a partir de diferentes orientações do Estado. O equívoco da teoria está no fato de que o direito não é dependente do "Estado-Realidade Natural" como seu antecedente lógico, mas, tão somente, da linguagem. A linguagem constitui, a um só tempo, o direito, o Estado e, consequentemente, o direito tributário – todos essas instituições estão imbricadas e são linguagem-dependentes. Além disso, não é possível dizer que os modelos de tributação e, portanto, a forma pela qual o direito tributário é constituído não dependem do modelo político de Estado que tenha sido adotado (liberal, intervencionista, social, etc.). Nos termos em que desenvolvido no capítulo 4, o fato de o Brasil ser um Estado Democrático de Direito influi tanto na demarcação quanto na interpretação do sistema tributário.

No que se refere à segunda crítica, relativa à teoria do Direito que o autor adota, deve-se reconhecer que, ao lado da teoria das fontes, a teoria do Direito comporta uma teoria da argumentação jurídica. Contudo, considerações desse tipo somente são possíveis caso se tome uma posição diferente da de Becker quanto à interpretação: tendo em vista o papel que a linguagem assumiu na teoria do direito, não há que se falar em interpretação simplesmente como resultado de um raciocínio lógico-dedutivo, sem a consideração da atividade construtiva do intérprete, na linha da teoria desenvolvida por Paulo de Barros Carvalho.

O desenvolvimento de tais críticas levou às seguintes conclusões: (i) a Constituição da República tem um papel que vai além de ser mero antecedente lógico das categorias de direito tributário (e, portanto, simples fonte formal); **trata-se, ao invés, do instrumento institucional pelo qual se positiva uma dada concepção de direito tributário, que não pode ser apartada de sua finalidade mantenedora do Estado**, e (ii) essa concepção de direito tributário deve ser aplicada na resolução de casos tributários e um instrumento exemplar para tanto são os argumentos consequencialistas.

A partir dessas conclusões ficou claro que a incorporação dos argumentos consequencialistas no discurso jurídico-tributário somente é possível a partir da adoção de uma **concepção diversa de direito tributário**. O desenho do direito tributário por Becker não dá conta de resolver as questões cada vez mais presentes na jurisprudência, que envolvem os limites das justificações das decisões judiciais e, assim, os critérios para a identificação de boas razões para tanto. Daí, portanto, a necessidade de abandonar tal teoria e delinear uma outra concepção de direito tributário. Esse delineamento foi o objeto do capítulo 4.

A demarcação dessa outra concepção de direito tributário, em verdade, mostrou-se como instrumento para demarcar o conteúdo material possível dos argumentos consequencialistas em matéria tributária. Ora, se, nos termos em que estabelecido no capítulo 2, a substância dos argumentos consequencialistas deve limitar-se aos valores inerentes à área do direito no qual a discussão de estabelece, a definição da concepção de direito tributário é essencial para essa definição. Como a concepção de Becker não se mostra adequada – pelos motivos acima expostos e detalhados no capítulo 3 –, a única solução é a proposta de uma outra concepção.

Referida concepção parte da premissa de que o direito tributário deve ser interpretado a partir do papel que a discriminação de rendas assume no texto constitucional e, por essa lente, é que se deve analisar as formas pelas quais o poder tributário pode ser realizado. Esse ponto de partida está justificado nas razões históricas pelas quais o direito tributário surge: conforme visto pela análise das Constituições brasileiras e do debate existente por detrás da autonomia dos entes federados, essa área específica emerge do direito administrativo com a função de prover receitas ao Estado e tal função não pode ser negligenciada.

Sendo assim, caso se considere que a base do direito tributário está na delimitação da competência tributária e, tendo-se em vista que tal delimitação decorre da necessidade específica de prover autonomia política e administrativa aos entes da Federação, conclui-se que as demais disposições constitucionais tributárias nada mais são do que **meios, instrumentos**, que viabilizam o exercício da atividade de obtenção de receitas e, assim, garantem a almejada e referida autonomia política e administrativa. Dessa feita, o fundamento do direito tributário não estaria nos princípios constitucionais que limitam o poder de tributar, mas sim na necessidade de tributação, tendo em vista seu papel financiador. É este o princípio da tributação; **as demais disciplinas normativas apenas operacionalizam referida função**.

A partir dessas considerações, concluiu-se que referida concepção contempla dois elementos: um, relativo à necessidade de prover recursos ao Estado para a garantia da prestação de serviços públicos essenciais. Esse dado se manifesta pela análise do tema da competência tributária e, assim, da discriminação de rendas e determinação das espécies tributárias. O outro elemento decorre do fato de o Brasil estar constituído na forma de um Estado democrático de direito com inclinações liberais do ponto de vista político, o que agrega à tributação a função de garantir a justiça fiscal e, de um ponto de vista mais específico, a justiça distributiva.

Portanto, nos termos do capítulo 4, a concepção que se defendeu possível foi formulada nos seguintes termos: *o direito tributário consiste na prática normativa relativa à criação, cobrança, fiscalização e pagamento de tributos que se justifica em face da necessidade de os particulares fornecerem meios materiais para o Estado cumprir com suas tarefas básicas, como segurança e ordem interna. Contudo, tendo-se em vista a premissa de que o direito tributário é parte constitutiva do Estado, é defensável afirmar que ele será também um instrumento para a realização dos fins estatais e isso está diretamente conectado com o modelo de Estado constituído.*

O resultado disso é que **argumentos cujo foco esteja voltado para a realização ou mitigação de um desses elementos, tendo em vista as consequências decorrentes da universalização da decisão judicial, serão argumentos consequencialistas válidos e, portanto, argumentos jurídicos passíveis de integrarem a justificação de uma dada decisão judicial**. Ilustrações da utilização prática dos argumentos consequencialistas e dos respectivos limites materiais foram realizadas no capítulo 5.

Por fim, cumpre destacar que, conforme salientado no capítulo 4, esta tese não refuta a importância de bem delimitar os contornos da disciplina do Direito Tributário e, inclusive, de sua especialização em face do Direito Financeiro. Essa estruturação é importante não apenas para identificar as normas pertencentes a esta área como também para o rigor nas construções doutrinárias que se seguiram. Contudo, essa mesma delimitação não deve gerar uma alienação do direito tributário em relação às demais áreas do direito e, em especial, em relação àquela pela qual ele se constitui. O capítulo 3 demonstrou que o direito tributário apenas ganhou foros de autonomia a partir da evolução do direito financeiro e de muitos debates em torno das atividades pelas quais o Estado angaria e despende recursos: nessa rápida cronologia, passa-se pelo direito administrativo, pela consideração econômica das funções do Estado, pelo enfoque político e posteriormente integralista da Ciência das Finanças, para chegar na análise estritamente jurídica desse fenômeno, que gera a especialização do direito tributário. Afirmar, a pretexto de garantir uma investigação rigorosamente jurídica, que a finalidade pela qual o direito tributário se desenvolve não é relevante equivale a dizer que esta área representa um fim em si mesmo, desconectado de qualquer função ou valor presente no ordenamento jurídico.

A separação aceitável, que não retira a instrumentalidade do direito tributário é unicamente a didática, que conferiu ao Direito Tributário o *status* de ciência e disciplina autônoma, assim como se deu com o Direito Financeiro, quando foi descolado do Direito Administrativo e dos aspectos políticos e econômicos que lideravam seu estudo. Contudo, o ponto relevante de se notar é que essa separação didática não implica autonomia conceitual, nem sequer a possibilidade de afirmar que os tributos existem desvinculados da atividade financeira do Estado, da forma como o Estado se constitui ou que se justificam simplesmente diante do dever de os contribuintes cumprirem com um prescrição jurídica, como fez Becker.

Com isso se quer afirmar que inserir o tributo dentro do quadro mais geral da atividade financeira do Estado e vinculá-lo à sua função primordial, que é a de prover recursos para o Estado, ou mesmo afirmar que a tributação apresenta limites a partir da consideração de que ela visa assegurar e realizar a manutenção de um Estado Democrático de Direito, não equivale a negar o grau de especialização que atingiu o direito tributário, nem sequer postular que o objeto de estudo dessa Ciência está incompleto ou deva ser ampliado. **Trata-se, apenas, de reconhecer que a prática da tributação não está desvinculada dessa finalidade e, por esse exato motivo, argumentos a ela relacionados poderão ser suscitados como razões de decidir.**

Referências Bibliográficas

1. Legislação e documentos

Trabalhos da Comissão Especial do Código Tributário Nacional. Rio de Janeiro, Ministério da Fazenda, 1954.

Reforma da Discriminação Constitucional de Rendas (anteprojeto). Fundação Getúlio Vargas, Comissão de Reforma do Ministério da Fazenda, 1965.

"El principio de Seguridad Juridica en la creación y aplicación del tributo (Trabalho do relator geral das 'XVI Jornadas Latinoamericanas de Derecho Tributario', promovidas pelo ILADT, Lima, Peru, 1993). *Revista de Direito Tributário,* n. 62, São Paulo: Malheiros, pp. 133-156.

IPEA, Comunicado da Presidência n. 22: *Receita Pública: quem paga e como se gasta no Brasil?* Disponível em: http://www.ipea.gov.br/sites/000/2/comunicado_presidencia/09_06_30_ComunicaPresi_22_ReceitaPublica.pdf

2. Livros e artigos

AMARO, Luciano. *Direito Tributário Brasileiro.* São Paulo: Saraiva, 2008.

ALESSIO, Francesco. "Premessa allo studio del diritto finanziario". *Rivista Italiana di Diritto Finanziario*, vol. I, 1937, pp. 111-132.

ALEXY, Robert. *A Theory of Legal Argumentation: the Theory of Rational Discourse as Theory of Legal Justification*. Trad. Ruth Adler e Neil MacCormick. Oxford University Press: Oxford, 1989.

ATALIBA, Geraldo. *Apontamentos de Ciência das Finanças, Direito Financeiro e Tributário*. São Paulo: Revista dos Tribunais, 1969.

―――――. "Limitações Constitucionais ao Poder de Tributar". *Revista de Direito Tributário*, n. 62, São Paulo: Malheiros, pp. 111-132.

―――――. "Constituinte e Sistema Tributário". *Revista de Direito Tributário*, n. 36, São Paulo: Revista dos Tribunais, pp. 139-146.

―――――. "IPTU – Progressividade". *Revista de Direito Público*, ano 23, n. 93, São Paulo: Revista dos Tribunais, pp. 233-238.

ATIENZA, Manuel. *As Razões do Direito – Teorias da argumentação jurídica*. Trad. Maria Cristina Guimarães Cupertino. São Paulo: Landy, 2002.

ÁVILA, Humberto. *Sistema Constitucional Tributário*. São Paulo: Saraiva, 2008.

BALEEIRO, Aliomar. *Alguns Andaimes da Constituição*. Rio de Janeiro: Aloísio Maria de Oliveira, Editor, 1950.

―――――. *Constituições Brasileiras: 1891*. Brasília: Senado Federal e Ministério da Ciência e Tecnologia, Centro de Estudos Estratégicos, 2001.

BANDEIRA DE MELLO, Celso Antônio. *Conteúdo jurídico do princípio da igualdade*. São Paulo: Malheiros, 2004.

BAKER, Gordon, *Wittgenstein's Method – Neglected Aspects*. "Grammar of Aspects and Aspects of Grammar". Oxford: Blackwell Publishing, 2006.

BARRETO, Paulo Ayres. *Contribuições – Regime jurídico, destinação e controle*. São Paulo: Noeses, 2008.

BECKER, Alfredo Augusto. *Teoria Geral do Direito Tributário*. São Paulo: Lejus, 2002.

BELL, John. "The Acceptability of Legal Arguments", in MACCORMICK, Neil, BIRKS, Peter (ed.). *The Legal Mind – Essays for Tony Honoré*. Oxford: Claredon Press, 1986, pp. 45-65.

BERLIRI, Antonio. *Principi di Diritto Tributario, vol. I*. Milano: Giuffrè Editore, 1952.

BERNARDES, C. de Alvarenga, ALMEIDA FILHO, J. Barbosa de. *Direito Financeiro e Finanças*. São Paulo: Atlas, 1967.

BOBBIO, Norberto. *Teoria Geral da Política – A Filosofia Política e as Lições dos Clássicos*. Rio de Janeiro: Campus, 2000.

BOGGERI, Maria Luisa, SUNDELSON, J. Wilner. "Italian Theories of Fiscal Sciences". *Political Science Quarterly*, vol. 53, n. 2, jun/1938, pp. 249-267.

BORGES, José Souto Maior. "Segurança jurídica: sobre a distinção entre as competências fiscais para orientar e autuar o contribuinte". *Revista de Direito Tributário*, v. 100, São Paulo: Malheiros, pp. 19-26.

CARRAZZA, Roque Antonio e outros. Palestra proferida no V Congresso Brasileiro de Direito Tributário, realizado nos dias 24 a 26 de abril de 1991. *Revista de Direito Tributário*, v. 56, São Paulo: Malheiros, pp. 153-175.

CARVALHO, Paulo de Barros. *Direito tributário, linguagem e método*. São Paulo: Noeses, 2008.

————. *Direito Tributário – Fundamentos jurídicos da incidência*. São Paulo: Saraiva, 2006.

————. *Curso de Direito Tributário*. São Paulo: Saraiva, 2002.

————. "Isenções tributárias do IPI, em face do princípio da não-cumulatividade (parecer)". *Revista Dialética de Direito Tributário*. São Paulo: Dialética, n. 33, pp. 142-66.

————. "O princípio da segurança jurídica". *Revista de Direito Tributário*, n. 61, São Paulo: Malheiros, pp. 74-90.

————. "Sobre os princípios constitucionais tributários". *Revista de Direito Tributário*, n. 55, São Paulo: Revista dos Tribunais, pp. 143-155.

————. "Medidas provisórias em matéria tributária". *Revista de Direito Tributário*, n. 75, São Paulo: Malheiros, pp. 162-170.

CAMPOS FILHO, Paulo Barbosa de. "Codificação do Direito Tributário Brasileiro". *Revista Forense*, n. 108, outubro, 1946, pp. 5-12.

CANOTILHO, José Joaquim Gomes. *Direito Constitucional e Teoria da Constituição*. Coimbra: Almedina, 2003.

CARRAZZA, Roque Antonio. *Curso de Direito Constitucional Tributário*. São Paulo: Malheiros, 2006.

COÊLHO, Sacha Calmon Navarro. "O novo Sistema Tributário". *Revista de Direito Tributário*, n. 36, São Paulo: Revista dos Tribunais, pp. 112-134.

CARVALHO PINTO, Carlos Alberto A. de. *Discriminação de Rendas – Estudo apresentado à conferencia nacional de legislação tributária, instalada no Rio de Janeiro, aos 19 de maio de 1941, em defesa da tese proposta pela delegação do Estado de São Paulo*. Prefeitura do Município de São Paulo: 1941.

CASTRO, Araújo. *A Constituição de 1937*. Edição fac-similar. Brasília: Senado Federal, Conselho Editorial, 2003.

CAVALCANTI, Amaro. *Elementos de Finanças. Estudo Theorico-pratico*. Rio de Janeiro: Imprensa Nacional, 1896.

CONTI, José Maurício. *O princípio da capacidade contributiva e a questão da progressividade*. São Paulo: S.N., 1994 (Dissertação de mestrado defendida na Faculdade de Direito da Universidade de São Paulo, 2005).

COSSA, Luigi. *Primi Elementi di Scienza delle Finanze*. Milano: Ulrico Hoepli Editore, 1905.

COSTA, Alcides Jorge. "Capacidade contributiva". *Revista de Direito Tributário*, n. 55, São Paulo: Revista dos Tribunais, pp. 297-302.

————. "IPTU – Progressividade". *Revista de Direito Público*, ano 23, n. 93, São Paulo: Revista dos Tribunais, pp. 239-242.

COSTA, Regina Helena. *Curso de Direito Tributário*. São Paulo: Saraiva, 2009.

————. *Princípio da capacidade contributiva*. São Paulo: Malheiros, 2003.

DEODATO, Alberto. *Manual de Ciência das Finanças*. São Paulo: Saraiva, 1984.

DERZI, Misabel Abreu Machado. "Revisitando a imunidade recíproca, o princípio federal e a autonomia dos Municípios". *Revista de Direito Tributário*, v. 100, São Paulo: Malheiros, pp. 53-78.

————. "Princípio da praticabiliade do direito tributário (segurança jurídica e tributação)". *Revista de Direito Tributário*, v. 47, São Paulo: Revista dos Tribunais, pp. 166-179.

————. "Medidas provisórias: sua absoluta inadequação à instituição e majoração de tributos". *Revista de Direito Tributário*, n. 45, São Paulo: Revista dos Tribunais, pp. 130-142.

DWORKIN, Ronald. *Law's Empire*. Harvard University Press: Cambridge, Massachusetts, 1986.

———. "Hard Cases". *Harvard Law Review*, n. 6, vol. 88 (abril, 1975), pp. 1.057-1.109.

EINAUDI, Luigi. *Principî di scienza della finanza*. Milano: Giulio Einaudi Editore, 1948.

ENGISCH, Karl. *Introdução ao pensamento jurídico*. Trad. João Baptista Machado. Lisboa: Fundação Calouste Gulbenkian, 2001.

FALCÃO, Amílcar de Araújo. *Sistema Tributário Brasileiro – Discriminação de Rendas*. Rio de Janeiro: Edições Financeiras, 1965.

FERRAZ JR., Tércio Sampaio. "Princípio da Igualdade no Sistema Tributário". *Revista de Direito Tributário*, v. 15, n. 58, São Paulo: Malheiros, pp. 204-208.

FERREIRO LAPATZA, José Juan. *Curso de Derecho Financiero Español – Istituciones*. Madrid: Marcial Pons, 2006. P. 40-41.

FLUSSER, Vilém. *Língua e Realidade*. São Paulo: Annablume, 2004.

GAMA, Tácio Lacerda. *Contribuição de Intervenção no Domínio Econômico*. São Paulo: Quartier Latin, 2003.

GIANNINI, Achille Donato. *I concetti fondamentali del Diritto Tributario*. Torino: Unione Tipografico-Editrice Torinese.

GIFFONI, Francisco de Paula, VILLELA, Luiz A. *Estudo para a Reforma Tributária, tomo 2. Tributação da Renda e do Patrimônio*. IPEA, marco de 1987. Disponível em: http://www.ipea.gov.br/pub/td/1987/td_0105.pdf

GRIZIOTTI, Benvenuto. *Studi di scienza delle finanze e diritto finanziario*. Milano: Giuffrè, 1956.

HARE, R.M. *Moral Thinking – Its Level, Method and Point*. Oxford: Clarendon Press, 1981.

———. *Sorting out Ethics*. Oxford University Press, 2004.

———. "Universability". *Proceedings of the Aristotelian Society*, New Series, vol. 55 (1954-1955), pp. 295-312.

———. "Principles". *Proceedings of the Aristotelian Society*, New Series, vol. 73 (1972-1973), pp. 1-18.

HART, H.L.A. *The Concept of Law*. Oxford: Oxford University Press, 1997. 2nd. edition. Posfácio.

HENSEL, Albert. *Derecho tributario*. Trad. Andrés Báez Moreno, María Luisa González-Cuéllar Serrano e Enrique Ortiz Calle. Madrid: Marcial Pons, 2005.

HORVATH, Estevão. "As contribuições na Constituição brasileira. Ainda sobre a relevância da destinação do produto da sua arrecadação". *Revista de Direito Tributário*, v. 100, São Paulo: Malheiros, pp. 122-129.

JARACH, Dino. "La teoría financiera de Benvenuto Griziotti", *in* GRIZIOTTI, Benvenuto. *Princípios de Ciencia de las Finanzas*. Trad. Dino Jarach. Buenos Aires: Roque Depalma Editor, 1959.

KELSEN, Hans. *Teoria Pura do Direito*. Trad. João Baptista Machado. São Paulo: Martins Fontes, 1998.

LAFER, Horácio. "Política econômica e discriminação de rendas", *in* NOGUEIRA, Octaciano (org.). *Doutrina Constitucional Brasileira – Constituição de 1946, tomo II*. Brasília: Senado Federal, Conselho Editorial, 2006, pp. 243-278.

LEITE NETO, Francisco. "Discriminação de rendas", *in* NOGUEIRA, Octaciano (org.). *Doutrina Constitucional Brasileira – Constituição de 1946, tomo II*. Brasília: Senado Federal, Conselho Editorial, 2006.

MACCORMICK, Neil. *Legal Reasoning and Legal Theory*. Clarendon Law Series, Oxford University Press: Oxford, 1978, pp. 12-3.

———. "On Legal Decisions and their Consequences: from Dewey to Dworkin". *New York University Law Review*. Vol. 58, maio de 1983, n. 2, pp. 239-58.

———. *Rhetoric and the Rule of Law: a Theory of Legal Reasoning*. Oxford University Press: Oxford, 2005, p. 114.

MACHADO, Hugo de Brito. "IPTU – Ausência de progressividade. Distinção entre Progressividade e Seletividade". *Revista Dialética de Direito Tributário*, n. 31, abr-1998, São Paulo: Dialética, pp. 82-91.

MAYER, Otto. *Derecho Administrativo Alemán*. Tomo I, Parte General. Trad. do original francês por Horacio H. Heredia e Ernesto Krotoschin. Buenos Aires: Editorial Depalma, 1949.

MEUCCI, Lorenzo. *Istituzioni di Diritto Amministrativo*. 6ª edição. Torino: Fratelli Bocca Editori, 1909.

MURPHY, Liam, NAGEL, Thomas. *The Myth of Ownership – Taxes and Justice*. New York: Oxford Univeristy Press, 2002.

NUNES, Castro. *A jornada revisionista. Os rumos, as ideias, o ambiente. (Estudo crítico da Constituição). Em torno da these: "Da necessidade ou conveniencia da revisão ou emenda da Constituição Federal*. Rio de Janeiro: Almeida Marques & C., 1924.

OLIVEIRA, Yonne Dolácio. "Progressividade do IPTU e princípios da capacidade contributiva e da redistribuição". *Cadernos de Direito Tributário e de Finanças Públicas*, ano 5, n. 17, São Paulo: Revista dos Tribunais, pp. 40-45.

PACIULLI, José. *Direito Financeiro – Ciência das Finanças, Finanças Públicas, Direito Tributário*. São Paulo: Saraiva, 1973.

PATTERSON, Dennis. "Law's Pragmatism: Law as Practice and Narrative". *In* PATTERSON, Dennis (ed.). *Wittgenstein and Legal Theory*. Westview Press: Boulder, 1992.

PEREIRA DO REGO, Vicente. *Elementos de Direito Administrativo Brasileiro, para uso das Faculdades de Direito do Imperio*. 2ª edição. Recife: Typographia Commercial de Geraldo Henrique de Mira & C., 1860.

PERELMAN, Chaïm. *Justice, Law, and Argument – Essays in Moral and Legal Reasoning*. Trad. Vários. Netherlands: D. Reidel Publishing Company, 1980.

———. "Juízos de valor, justificação e argumentação". *Retóricas*. Trad. Maria Ermantina de Almeida Prado Galvão. São Paulo: Martins Fontes, 2004.

———, OLBRECHTS-TYTECA, Lucie. *Tratado da argumentação – A nova retórica*. Trad. Maria Ermentina de Almeida Prado Galvão. São Paulo: Martins Fontes, 2005.

PISCITELLI, Tathiane dos Santos. "Uma proposta harmonizadora para o tema da destinação: análise a partir do PIS e da COFINS". *In*: Instituto Brasileiro de Estudos Tributários. (Org.). *Direito Tributário, Linguagem e Método: As grandes disputas entre jurisprudência e dogmática na experiência brasileira atual*. São Paulo: Noeses, 2008, pp. 949-969.

PONTES DE MIRANDA, F.C. *Comentários à Constituição de 1946* – vol. I (arts. 1-36). Rio de Janeiro: Henrique Cahen Editor, s.d.

PRESUTTI, Errico. *Istituzioni di Diritto Amministrativo Italiano*. 2ª edição, vol. I. Roma: Athenaeum, 1917.

RAWLS, John. *A Theory of Justice – revised edition*. Cambridge, Massachusetts: Harvard University Press, 2000.

SAINZ DE BUJANDA, Fernando. *La autonomía del Derecho financiero en el cuadro de disciplinas de las Facultades de Derecho*. Madrid: Universidad de Madrid, Seccion de Publicaciones, 1958.

SEARLE, John R. *The Construction of Social Reality*. New York: Free Press, 1995.

SILVA, José Afonso. *Tributos e normas de política fiscal na Constituição do Brasil*. São Paulo, 1968, p. 12.

SOUSA, Paulino José Soares de. Visconde do Uruguai. *Estudos práticos sobre a administração das províncias no Brasil*. Rio de Janeiro: Tipografia Nacional, 1865. Tomo I.

TELLES JR., Goffredo da Silva. *O Sistema Brasileiro de Discriminação de Rendas*. Imprensa Nacional: Rio de Janeiro, 1946.

TESORO, Giorgio. "La causa giuridica dell'obbligazione tributaria". *Rivista Italiana di Diritto Finanziario*, vol. I, 1937, pp. 31-46.

TOMÉ, Fabiana Del Padre. *Contribuições para a Seguridade Social*. São Paulo: Juruá, 2002.

VARELA, Alfredo. *Direito Constitucional Brasileiro: reforma das instituições nacionais*. Ed. fac-similar. Brasília: Senado Federal, Conselho Editorial, 2002.

VARSANO, Ricardo. *Estudo para a Reforma Tributária, tomo 3. Tributação de Mercadorias e Serviços*. IPEA, marco de 1987. Disponível em:

http://www.ipea.gov.br/pub/td/1987/td_0106.pdf

VEIGA FILHO, João Pedro da. *Manual da Sciencia das Finanças*. São Paulo: Espindola & Comp, 1906.

VEIGA, Clóvis de Andrade. *O Sistema Tributário na Constituição de 1967*. São Paulo: Revista dos Tribunais, 1967.

VILANOVA, Lourival. *As Estruturas Lógicas e o Sistema de Direito Positivo*. São Paulo: Noeses, 2005.

VILELLA, André. "Distribuição Regional das Receitas e Despesas do Governo Central no II Reinado, 1844-1889". *Estudos Econômicos*. São Paulo, 37 (2), abr-jun 2007, pp. 247-274.

VITI DE MARCO, Antonio de. *I primi principii dell'Economia Finanziaria*. Roma: Attilio Sampaolesi Editore, 1928.

VITTA, Cino. *Diritto Amministrativo*. 2ª edição, vol. II. Torino: Unione Tipografico-Editrice Torinense, 1937.

UCHÔA CAVALCANTI, João Barbalho. *Constituição Federal Brasileira (1891) comentada*. Edição fac-similar. Brasília: Senado Federal, Conselho Editorial, 2002.

WARREN, Alvin. "Would a consumption tax be fairer than an income tax?" *The Yale Law Journal*, vol. 89, 1980, pp. 1081-1124.

WITTGENSTEIN, Ludwig. *Philosophical Investigations – The German text, with a revised English translation*. Trad. G. E. M. Anscombe. Oxford: Blackwell Publishing, 2007.

―――――. *Investigações Filosóficas*. Trad. Marcos G. Montagnoli. São Paulo: Vozes, 2005.

Impressão e Acabamento
Bartira
Gráfica
(011) 4393-2911